大学生网络文化图景与价值观引导研究

栗蕊蕊 著

人民出版社

序

2024 年,是中国接入互联网的第 30 年。

这 30 年间,以大学生为主体的青年一代始终是互联网的先锋力量,他们富有激情和创造性,成为网络文化的创造者、引领者和实践者。在他们的参与下,网络文化样态在时空交错中萌生、繁盛、流变、演绎。

这 30 年间,一个个现象级的文化景观接踵而至,网络文化样态和类型呈井喷之势,规模和体量呈指数级增长,谱系和版图呈叠加效应。网络文化逐渐由幕后走向台前,由零散走向聚集,由边缘走向中心。

网络文化与青年,是形影不离的。于大学生而言,网络文化并非外在性存在,而就是生活方式本身,是精神世界的生动镜像,是完整身心的重要组成部分。当我们打开网络文化这扇视窗,看到的不只是喧嚣热烈的文化景观,更是青年关于精神生活的多重需求、丰富想象与主动体验,是关于自我、他者、群体、社会、国家的认知和理解。

表面看来,网络文化是喧嚣的、热烈的、流变的、驳杂的,其中一些文化样态随时代变化而改变了形式、内容,失去流行度和关注度;但无论形式如何变化,网络文化背后隐匿的精神心理是统一的、连贯的、群体性的、时代性的。以网络文化为线索,深入青年的生活世界,考察青年日常化、社会化过程中所展示出的行为、情感和价值表征,跨越个体、私人经验的局限而提取出青年精神生活的时代性风貌,为价值观形塑指示方向,为精神丰盈增添注脚,这充满着学术魅力。

进入这一研究领域,对我而言,并非偶然的。作为一名学生工作者,几乎时时刻刻都与青年"在一起",受到他们关于新的潮流、新的话语、新的文本、新的情感的"馈赠",从中触发关于网络文化的真诚理解,更触发关于"如何读懂青年"这一问题的深层反思。在不断的理解和反思中,真实确切地"读懂"青年的思想观念及面临的疑问、困惑,在共情共鸣的基础上予以回应、满足、疏导和引领,将青年的认知提升到更为理性和辩证的层面,并以具有亲和力、建设性和规律性的方式做好新时代大学生价值引领,这充满着实践魅力。

能够浸润在这充满理论魅力和实践魅力的研究领域,无疑是幸福的。

在读懂青年这条道路上,希望能够走得更远!

研究中有很多不足之处,恩请专家、同行和青年朋友们不吝指教。

栗蕊蕊

目　　录

绪　　论

一、研究缘起：互联网是大学生的"第二人生"

"因特网首先应当是一种文化创造。"①对于新时代大学生而言，互联网的意义远远超越工具论范畴，成为建构思想文化的丰沃土壤，演绎出形形色色的文化实践。网络文化递次涌现、此起彼伏、林林总总、喧嚣热闹，涌动成日常性、普泛化的精神生活方式，深刻影响年轻一代的认知结构和思维模式，也悄然塑造他们的精神体验和价值观念。不可否认，互联网及其衍生的文化样态，比任何一个时代都更加纷繁复杂却又意义重大。网络世界正与现实世界并行，构筑起虚拟世界的"第二人生"，成为理解、关切和引导新时代大学生成长发展的重要论域。

（一）问题提出

数字原住民，是新时代大学生鲜明的群体标识，是时代和互联网

---

① ［美］曼纽尔·卡斯特：《网络星河：对互联网、商业和社会的反思》，郑波等译，社会科学文献出版社 2007 年版，第 38 页。

赋予的典型印记。我国高校在读大学生规模体量为 4655 万人①,适逢互联网迅猛发展、新技术迭代升级、新应用层出不穷、新业态日新月异,数字媒介深度嵌入并全面重构日常生活实践,促使其获得不同于前辈的文化心理和精神体验。数媒土著、网络族群、网络新生代、在线一代、移动一代、景观一代、二次元世代、Cyberkids② 等语汇往往用以指称和概括这一代人的崭新特质。应该说,数字技术迭代和深度媒介化已然成为新时代大学生的普遍境遇,从中衍生出与这一境遇相匹配的一系列文化现象,融入并影响社会发展的整体进程与方向。一个时代的性格,是青年代表的性格;一个时代的精神,是青年代表的精神。当我们试图勾勒大学生的生存图景、描摹大学生的思想特点、追问大学生的成长期许、着力培育时代新人时,就不能不将数字化、网络化作为重要的考察维度,以历史的、动态的、演进的视角在宏阔的时代境遇中窥探新时代大学生独特的成长历程和精神气质。

我国在校大学生出生于 1995—2006 年间,往往划入"95 后""00 后"和"05 后"群体。物质生活上,成长在繁荣昌盛的主旋律下,享受着极度丰裕带来的种种优越感和富足感,是真正意义上的"丰裕一代";精神体验上,身处于"两个一百年"奋斗目标的历史交汇期,国家综合实力快速提升,是名副其实的"强国一代";全球视野下,见证了中华民族日益走近世界舞台中央,深切热爱国家与民族,自信从容

---

① 《全国共有各级各类学校 51.85 万所》,《中国教育报》2023 年 7 月 6 日。

② S.L.Holloway, G.Valentine, *Cyberkids: Youth Identities and Communities in an On-line World*, London: Routledge, 2014, p.1.

地走向世界,是当之无愧的"平视一代"。富裕、安定、开放、自由的社会氛围中成长起来的新时代大学生,展现出蓬勃向上、开阔自信、务实进取的总体姿态,映射出中国和平发展的鲜明烙印和价值底色。一方面,社会主义市场经济体制、社会主义政治文明建设、多元文化格局、信息社会发展等①宏大布景和社会事件,显著而生动地融入他们的成长历程,塑造着关于精神生活的格局和想象;另一方面,当今世界百年未有之大变局加速演进、全面融入全球化的价值冲突,将他们置于前所未有的思想碰撞和精神激荡之中。社会时空的复杂性交织叠合,促动大学生在社会心态、价值取向和行为方式上呈现多样性、变动性和矛盾性特征。

个人成长维度上,物质生活的充分享有和满足,使大学生不再囿于名利、身份、地位、财富等生存性追求,转而偏重个性、自由、幸福、意义等发展性追求;不再囿于单一化、同质化的精神生活,转而偏重个性化、分众化的精神体验。他们既谋求自我价值和自我实现,又在现实冲击下选择佛系、淡淡;既在网络上纵横驰骋、高谈阔论,又自诩社恐、社死;既渴望奋斗与自我成就,又陷入内卷、内耗之中;既向往集体生活和美好情感,又无法摆脱个体化和原子化境遇;既葆有强烈的家国情怀,又沉浸于小确幸和锦鲤文化不能自拔;既高度认同主流文化,又受到社会思潮的影响;既热心公共事务,又对权威保持一定的疏离;既渴望投身国家建设,又钟情于日常消费和娱乐狂欢;等等。

不难看出,新时代大学生群体中蕴含着空前丰富立体、多元多

---

① 郑永廷等:《中国精神生活发展与规律研究》,中山大学出版社2012年版,第159页。

维、异质复合的精神图景,求知、审美、社交、情感、娱乐、理想、道德等诉求充分张扬,自由表达、主动参与、获取认同等愿望愈加强烈,自我意识、个体价值、生存意义、文化话语权等议题备受关注。描摹并透析他们的精神世界,成为追踪和理解新时代大学生的重要线索。

数字化、网络化时代,大学生的精神世界是可观可感的,五彩斑斓的网络文化景观就是其外化形式和具象承载。"我们个人和集体存在的所有过程都直接受到新技术媒介的'塑造'"①,数字技术和媒介平台迭代更新、蓬勃兴起,与大学生的成长周期深度契合,广泛而深刻地嵌入日常生活,成为形塑大学生精神心理的新空间,为释放多重需求提供新场域,为文化实践创造前所未有的机会和可能性。以年轻、新潮、自由、创造为外观的网络文化空前活跃,由后台走向前台,由小众走向流行,互联网及其衍生的文化形态俨然成为与现实生活相并行的"第二人生"。

历时性上,新时代大学生见证了互联网技术和文化的发展全貌。1994 年中国接入国际互联网,正式开启 Web1.0 时代,门户网站、新闻网站、BBS、QQ、E-mail 等应用得以普及,跨地域、跨身份、跨年龄、跨边界交流成为现实,表情包、颜文字、星座迷、网络文学迅速流行。2004 年进入 Web2.0 时代,以去中心化、社交化和定制化为特点,P2P、SNS、TAG 为传播方式,维客、博客、播客成为核心应用,内容生产趋向交互性和民主化,网络文化呈井喷式增长,黑客、极客、拍客、影客、声客、掘客等客文化,剧迷、御宅族、晒秀族等迷一族,同人群、字幕

---

① [英]曼纽尔·卡斯特:《网络社会的崛起》,夏铸九等译,社会科学文献出版社 2001 年版,第 83 页。

组、网配圈等新部落百花齐放、应接不暇,涌动成一种无法忽视的文化潮流。2020 年以来,云计算、大数据、区块链、人工智能、元宇宙等驱动万物互联,AI、算法等新技术嵌入,网络文化的形态、内涵、特征加速拓深,生产、流行和迭代的周期不断缩短,圈层化、小众化和融合化特征日益显著,多元文化样态在新媒介空间中碰撞竞斗、迭代丛生。

共时性上,新时代大学生正享受着前所未有的文化多样性。二次元、游戏电竞、潮玩酷物、御宅族、偶像圈、快文娱、Cosplay、新舞音等持续活跃,大学生游弋于 B 站、百度贴吧、微博超话、知乎、知识星球等社交平台,通过网络流行语、网络游戏、网络文学、网络影视等方式集结,赛博朋克、洛丽塔、V 家等各有拥趸,YYDS、绝绝子、破防、集美、种草、扩列、社恐、社牛等话语频现,彰显出年轻人专属的认知和情感结构,也打开了窥探新时代文化风格的一扇视窗。

不可否认,新媒介、新技术从根本上重塑了当代大学生的生活方式和交往实践,衍生出多姿多彩的文化景观。伴随着新一代数字技术发展,元宇宙、人工智能技术革新、渐进演变,沉浸式、泛在化的媒介形态促使大学生深度参与移动式文化情境中,文化生产传播的速度、广度与深度都大大超越以往。在媒介技术融合及辗转变换中,文化发生着承旧迎新的交融式和微渐式变迁,具有隐匿性和潜藏性,从长远来看其对人与社会都将产生深远影响。[①] 于大学生而言,新媒介、新技术及其衍生的文化现象并非外在性存在,而就是生活方式本

---

① 付茜茜:《Web3.0 时代媒介技术演进与文化形态变迁》,《当代传播》2015年第 2 期。

身,是思想意识的生动表达,是完整身心的重要组成部分,对其进行全面盘点和深入洞察,是高校育人的逻辑前提。

(二) 研究意义

1.面向网络文化现象的学理探索。近年来,数字技术发展迅猛、更迭频繁,催生出网络直播、网络短视频、网络微短剧、网络社群、网络圈层等丰富多彩的媒介形态。大学生是新技术的忠实拥趸,往往领先一步使用数字媒介空间和软硬件应用,衍生出形形色色的文化样式,国风、二次元等无不彰显着大学生的符号创造力和文化话语权。可以说,数字技术及其媒介环境,是展现大学生文化自主性和创造性的载体、平台。究其根本,网络文化是一种技术文化和媒介文化,以技术规则与媒介逻辑为基底。当前,数字技术和媒介在种类、形态、规模和生产方式等显性标识上发生革命性变化,引发网络文化纵深发展,符号表征体系急速增殖和扩容,构成新时代大学生普遍的社会情境,成为日常生活的重要组成部分,深刻形塑大学生的行为、认知、情感和价值观。对此进行学理探讨,尤其是对网络文化蕴含的价值取向加以研判、辨析和引导,始终是教育工作者需要直面的重要议题。

2.推动高校育人范式的创新发展。网络文化是发端于青年、传播于青年、作用于青年的流行产品、思想观念或生活方式的综合体现。作为青年群体的先锋力量,新时代大学生以主动姿态参与网络文化的生产、创造、传播与消费,这一现象得到学者的密切关注和热烈探讨,并试图采用不同的研究范式进行分析。但由于研究视角和理论假设各有不同,目前形成两条研究路径:一是倾向于以文化生产和传播活动为视角,探究大学生媒介应用和文化创新能力;二是倾向于以文化价值观和道德观为视角,分析大学生文化迷失和价值偏移。这两条路径并不直接矛盾,反而相互补充、相互支撑。无论是遵循哪种研究路径的学者,都对此抱有深刻的学术关切,试图探索网络文化语境下育人理念和实践的革新发展,这是丰富思想政治教育理论的积极尝试,也是理论研究对现实问题的主动观照。

3. 引导大学生成长成才的前提审思。习近平总书记明确要求,解决好培养什么人、怎样培养人、为谁培养人这个根本问题。培养、教育和引导大学生,就必须走近大学生、理解大学生、读懂大学生。明确新时代大学生的精神需求及其实现精神需求的方式、过程,这是开展育人实践的前提审思,也是引导大学生成长成才的基础性、关键性问题。把握大学生思想特点的深度、广度及对其引导的力度、效度,关乎高校立德树人根本任务,关乎未来一代人成长成才,关乎中华民族伟大复兴奋斗目标的实现。

（三）概念厘定

1. 新时代大学生:我国在校大学生主要为 1995—2006 年间出生的人群。自出生起就与互联网无缝对接,见证了中国互联网时代降生的所有标志性技术、文化和事件,受数字技术、网络媒介、即时通信、智能设备等影响较深,不仅在互联网中生活、学习、娱乐和交往,而且运用网络力量影响和改变世界。以数字化、网络化视角去理解和描摹新时代大学生,学界也称其为数字原住民、数字青年、网络世代等。

2. 网络文化:宽泛地讲,网络文化包括一切与网络技术相关联的物质活动、精神活动及其活动成果的总和。狭义地讲,网络文化是基于网络技术的信息文明与精神文明及其成果的集合,主要包括人的心理情感、价值观念、思维方式、审美情趣、行为方式及网络法规与制度等。本研究采取狭义释义,并进一步聚焦于当下时段在大学生群体具有较强流行性、参与性、追随性和效仿性的文化类型。

3. 价值观:价值观是基于感官经验对事物进行认知、辨别和判断而形成的立场和观点等;本书中指涉广义的价值观,既包括个人的价值主张,也包括这种主张得以形成的社会意识形态环境。

（四）核心议题

新时代大学生、网络文化都是学界关注的前沿热点,研究成果丰硕、蔚为大观,较为全面地展现了以大学生为主体的网络文化现象,体现了社会对互联网文化实践的关注,为本书提供了重要镜鉴。尽管如此,一些问题仍未得到清晰的解答:一是新时代大学生网络文化的样态、谱系、结构、层序有哪些特征,呈现哪些新现象、新规律和新特点? 二是网络文化中蕴含着怎样的价值取向,不同价值取向之间如何进行碰撞、竞斗、分化和融合,使得大学生价值观变迁成为可能? 三是在网络文化主导的生存境遇中,我们以何种态度、何种方式对大学生进行价值引导,是鼓励、支持抑或规训、抑制,是主动满足、积极引导抑或适度接纳、合理批判,其中的边界、限度、策略有哪些? 这些都是亟待探寻和回应的问题。

二、网络文化研究概况：域外与本土

互联网、数字媒介及其衍生的文化现象，以其海量异质、驳杂流变、个性时尚、泛在易得等特性俘获年轻人的精神世界，由幕后走到台前，吸引学者目光，纳入理论视野，研究浪潮此起彼伏。聚焦网络文化，形成一个问题意识突出、层次丰富、主题众多的论域。在诸多问题域中，首先需要厘定的是，网络文化的本质与内核是什么？围绕网络文化，形成了哪些焦点议题和理论范式？在技术、媒介急剧变迁的社会语境下，网络文化及其研究将如何走向？面对于此，我们应抱持何种态度，是宽容、理解和接纳，还是无视、排斥和批判？循着这些问题，对网络文化现象进行整体性追踪与观察，把握核心议题、内容、观点和方法，从中洞见其脉络与趋向，既是学术研究的情怀与立场所在，更是促动网络文化之花繁盛、融入社会文化主潮的题中之义。

（一）国外网络文化研究概况

梳理国外网络文化研究概况，就不得不回溯互联网发展史。1945 年，世界上第一台电子计算机埃尼阿克在美国诞生。1969 年 9 月 2 日，美国加州大学洛杉矶分校实验室将两台计算机联网成功，形成阿帕网。1970 年，阿帕网在美国东海岸建立首个国内节点。1973 年，阿帕网在英格兰和挪威建立了首个全球节点。1983 年 1 月 1 日，阿帕网正式将其网络核心协议由 NCP 替换为 TCP/IP 协议，奠定了互联网的基石。20 世纪 90 年代，诞生了早期的互联网应用，一个炫目、多变、虚拟、自由的新空间——赛博空间向人们徐徐展开。在这一空间中,文化的存在形态、产生方式、传播载体都发生重大变化,甚至"文化"概念本身也需要被重新定义。

正如美国未来学家泰普斯科特讲到的,"网络不仅仅是一个技术概念,更是一个社会文化的概念"①,网络文化是互联网发展史上异常瑰丽绚烂的结晶,是网络技术的衍生品和伴生物。对网络文化的关注和研究,几乎与互联网发展同步。早在20世纪90年代初,美国的一些报纸、杂志就开始研究互联网,早期互联网用户、连线记者、作家、学者陆续撰写文章、书籍等,对互联网、互联网技术、互联网空间、互联网使用等话题展开讨论,兼及互联网文化。他们对互联网这一新生事物充满期待,以一种先锋性、前瞻性的姿态向民众推广互联网,他们所表达的立场、观点和态度潜移默化地影响着民众。譬如,《时代》杂志连续发表关于互联网的封面故事;《新闻周刊》将《男人、女人和电脑》作为封面故事;大众读物《网络和哑巴》《网络全书》在民众中畅销。"互联网""网络"这些新鲜词汇、新鲜事物经过杂志的推介,慢慢被民众所了解。彼时民众对互联网的看法呈现分化态势,一部分人带有对互联网的乌托邦式想象,倾向于将互联网空间看作一个新文明的前沿,一个培养民主参与意识的契机,一个破除经济和社会不平等的领域。譬如,美国《连线》杂志倾向于将互联网视为某种新兴的、革命性的东西,怀抱着美好的憧憬,其发行人路易斯·罗赛特坚信,网络空间是"一种新经济,一种新的反主流文化,超越了

---

① [美]唐·泰普斯科特:《数字化成长3.0》,云帆译,中国人民大学出版社2009年版,第136页。

政治樊篱"①;执行编辑凯文·科利宣称,"技术是绝对的、百分之百的积极因素"②;特约撰稿人约翰·佩里·巴娄认为,"随着因特网的发展,随着网络交流的逐步深入,我们将置身于自它诞生以来的绝大部分技术进步事件之中"③。又譬如,鲁什科夫强调"没有任何地方能够比电子前沿更能显示出美国先锋精神的新生"④;等等。与之相反,一些人则带有强烈的反乌托邦色彩,他们忧心忡忡、紧张不安,倾向于认为互联网、互联网文化会引发无法控制的种种弊端——政治经济对立、制造社会分裂、破坏民众教养、带来网络沉迷等。譬如,伯克兹警示道,网络、超文本和电子技术本位将导致人们写作水平下降,导致对现实世界的感受力下降;网络凶兆预言家斯托则直接号召民众远离电脑,认为"真实世界中的生活远比电脑屏幕上所发生的任何事情都要更加有趣,更加重要,更加丰富"⑤;等等。显然,这一时期人们对网络、网络应用及其后果的争论,受到二元对立思维的影响,倾向于从非好即坏、非此即彼、非黑即白的价值判断出发,做出乌托邦式或反乌托邦的结论。尽管这些结论在今天看来显得简单、武断,甚至充满着过度恐慌或过度乐观的复杂情绪,但当时为人们展开关于互联网的讨论提供了线索和启迪。

---

① 赵红:《信息文化学》,海南出版社 2007 年版,第 105 页。

② 王国荣:《信息化与文化产业》,上海文化出版社 2004 年版,第 167 页。

③ 解学芳:《网络文化产业协同创新与治理现代化》,复旦大学出版社 2015 年版,第 41 页。

④ 王怀诗:《网络文化帝国主义:起源、表现及其伦理影响》,《图书与情报》2006 年第 6 期。

⑤ 赵红:《信息文化学》,海南出版社 2007 年版,第 105 页。

伴随着这些讨论,人们对网络、网络空间、网络文化逐渐形成更多思考和观点,研究主题更加聚焦,成果也更为丰富,学者们开始专注于网络文化本体研究,其中网络空间首先成为研究焦点,网络空间的衍生概念——网络社区、身份认同、网络沉迷等亦备受关注。网络空间是什么? 它与现实空间有哪些差异? 人们在网络空间能做什么? 带着这些问题,学者做出诸多研究。譬如,1991 年迈克尔·本尼迪克特在《网络空间:第一步》中,对网络空间做出 9 种描述性定义,具体为:(1)基于计算机和因特网而生的一个与物质宇宙并行的新宇宙;(2)任何接入计算机网络系统的计算机都可以到达的一个无限的场域;(3)一个无所不在又无处可在的世界,一个无物会被忘却,所有的东西都在变化的场域;(4)一个公共的精神交感环境,一个流动着数据与谎言、心智与记忆和千万双眼睛的地方,一场可询问、交易、追逐共同的梦想和直接拥有的无形的"音乐会";(5)哪里有电子与智慧的交汇,哪里就会形成网络空间的通道;哪里有数据的聚集和存储,哪里就有网络空间的房间,每一幅图像、文字和数字,每添加一次数据,每贡献一份思想,都会增加网络空间的深度;(6)通过无数不停歇地工作的摄像头,使遥远的地域和面孔,无论当下或恒久、无论真实或虚假,都能在一起出场;(7)网络空间使人类的组织变成了有机体,金钱在流动,义务和契约在汇集,人们面对电子界面进入虚拟的空间;(8)在网络空间中,人们可以发现每一项与个人和组织生活有关的重要信息;(9)纯粹的信息王国,对物质世界的信息抽象。①

①　Michael Benedict, *Cyberspace : First Step* , London : MIT Press, 1991, p.123.

在对网络空间做出界定后,迈克尔·本尼迪克特认为互联网信息"一部分源于与自然和物质世界相关的运作,而更多的则来自维系人类的科学、艺术、商业和文化活动的巨大信息流"①,他阐释了网络空间与文化的某种内在关联,揭示网络文化具有数字化、虚拟化、流动性等特征。同年,网络理论家阿卢克雷·罗珊·斯通也对网络空间做出定义,认为"毫无疑问地是一个社会空间,在这里,人们仍然是面对面地相遇,不过对'相遇'和'面对面'要重新定义"②。在阿卢克雷·罗珊·斯通看来,网络空间虽然有别于真实的邻里、城市或国家,但却为进入互联网的人们提供了极为真实的机会,让他们能够在网络空间建立社区和个人身份。

在这些观点的基础上,学术研究持续走向深入,学者转向了网络文化的两根支柱——虚拟社区和在线身份研究。1993 年,迈克尔·海姆在《从界面到网络空间:虚拟实在的形而上学》一书中指出,"我们可以在网络空间作没有尽头的旅行,没有任何限制,因为这个空间是电子的,用电子的方式我们不仅能表现实际的物理宇宙,而且也能表现那些可能和想象出来的世界"③。学者霍华德·瑞恩高德在《虚拟社区》一书中,提出了"虚拟社群"概念,将其定义为"一群主要借

---

①　Michael Benedict, *Cyberspace*: *First Step*, London: MIT Press, 1991, pp. 122 - 123.

②　A.R.Stone, "Will the real body please stand up?: Boundary Stories about Virtual Cultures", in *Cyberspace*: *First Step*, Michael Benedict, London: MIT Press, 1991, p.85.

③　［美］迈克尔·海姆:《从界面到网络空间》,金吾伦等译,上海科技教育出版社 2000 年版,第 81 页。

计算机网络彼此沟通的人们,彼此有某种程度的认识、分享某种程度的知识和信息,在相当程度上如同对待友人般彼此关怀,所形成的团体"①,并进一步阐发了网络社区、网络社群生活可能带来的风险,"我们当前已经拥有了一种工具,它能够把欢乐和理解带入我们的生活并有助于公共领域的重建。同样的工具,如果不适当地控制和使用,将会变成暴政的工具。公民设计、公民控制的全球传播网络的梦想是一种技术乌托邦主义的翻版,它可以被称作'电子集会'的幻想"②。除了迈克尔·本尼迪克特、迈克尔·海姆、阿卢克雷·罗珊·斯通之外,20 世纪 90 年代集中涌现出一大批开展网络研究的学者,形成一系列颇具开创性的研究成果。譬如,1992 年乔治·兰道的《超文本》、1995 年雪莉·特克尔的《屏幕生活:因特网时代的身份》、1996 年尼古拉斯·尼葛洛庞帝的《数字化生存》、1997 — 2000 年曼纽尔·卡斯特的《信息时代三部曲:经济、社会与文化》,不断开阔互联网、互联网文化研究视域。

值得一提的是,尼古拉斯·尼葛洛庞帝的"数字化生存"、曼纽尔·卡斯特的"媒介即隐喻"等观点具有划时代意义,至今影响深远。1996 年,美国未来学者、当代"数字教父"尼古拉斯·尼葛洛庞帝在《数字化生存》一书中指出,"数字时代已势不可挡,无法逆转。人类无法阻止数字时代的前进,就像无法对抗大自然的力量。数字

---

① Howard Rheingold, *The Virtual Community*: *Homesteading on the Electronic Frontier*, London: MIT Press, 1993, p.6.

② Howard Rheingold, *The Virtual Community Homesteading on the Electronic Frontier*, Cambridge: MA, MIT Press, 1993, p.14.

化的未来将超越人们最大胆的预测,数字化生存是人类要面临的最重要现实"①。提及网络文化,尼古拉斯·尼葛洛庞帝指出,不同文化非线性、全方位的碰撞,可能会使个人精神世界和价值追求发生扭曲,也可能给民族国家安全带来不利影响。1997—2000 年,曼纽尔·卡斯特《信息时代三部曲:经济、社会与文化》——《网络社会的崛起》《认同的力量》《千年终结》陆续出版,书中指出,"我们的媒介是我们的隐喻,我们的隐喻创造了我们的文化内容……文化本身,也就是我们在历史上创造出来的信念与符码系统的影响而有了根本的转变"②。曼纽尔·卡斯特进一步强调,文化在网络中脱离了血缘民族、地理国家的束缚,变得更具开放性、共享性和流动性,只有掌握网络化逻辑才能掌握社会的支配性力量,"流动的权力优先于权力的流动"③,"卷入其中的行动主体不可避免地都受到网络化逻辑的支配,被重组、被解构、被结构,无限流动,残酷地彰显'社会形态胜于社会行动的优越性'"④。这些著作及其后出版的《因特网星系》《网络社会:一个跨文化视野》《网络社会:从知识到政策》《移动通讯和社会》等系列论著,可谓互联网研究的奠基之作,为关注这一领域的学者提供了思想智慧和理论框架。此外,约瑟夫·斯特劳

---

① ［美］尼葛洛庞帝:《数字化生存》,胡泳等译,海南出版社 1996 年版,第 269 页。

② ［美］曼纽尔·卡斯特:《网络社会的崛起》,夏铸九等译,社会科学文献出版社 2001 年版,第 407 页。

③ ［美］曼纽尔·卡斯特:《网络社会的崛起》,社会科学文献出版社 2001 年版,第 434 页。

④ ［美］曼纽尔·卡斯特:《网络社会的崛起》,社会科学文献出版社 2001 年版,第 569 页。

巴哈和罗伯特·拉罗斯合著的《今日媒介——信息时代的传播媒介》、约瑟夫·奈的《软实力:世界政坛成功之道》、唐·泰普斯科特的《数字化成长——网络世代的崛起》等也成为这一时期关于网络文化研究的鼎力之作,而学者们开启的关于网络空间、虚拟社群、在线身份、数字化生存等新视角,成为网络文化研究的重要理论资源。

至此,网络文化作为一个显性的、专门的研究领域,逐渐浮出水面,进入学者的研究视野。当时人们把网络文化理解为一种与计算机媒介通信和在线交流相关联的文化形式。学者认识到,互联网作为一种媒介,具有文化塑造功能。互联网空间里不仅正在产生一种新的文化形式,而且这种文化形式还会影响到其他空间中的文化,甚至影响主流文化。网络文化是一个多元的复合体,不仅包含与互联网行为有关的规范、习俗、礼仪、语言符号等形态,也包含网际欺诈、信息滥发、网上狂言等现象,既有前卫、时尚的元素,也有反社会、反主流的元素,既有黑客、网虫,也有致幻剂者、神秘主义者、政治狂热分子等。互联网文化的丰富性和多样性向人们铺展开来,或具有建设性,或具有破坏性,交织涌现,悄然渗透和塑造着人们的思想观念。

2000年以后,网络文化研究走向了更加宽广、宏阔的视域。有关数字交往、文化消费、文化心理、后现代主义等的研究成果,为学界阐释网络文化提供了理论框架,网络文化研究成果更加丰硕。特别值得一提的是,一些学者开始研究网络文化对人的影响,尤其是对青少年群体的影响,就青少年的互联网经验及自我意识、自我认同、自我统一性等问题展开批判性研究。2006 年,安德鲁·基恩在《网民的狂欢:关于互联网弊端的反思》一书中,列举了网络"剪贴文化"的种种弊端——数字盗版、网络侵权、信任危机等,他主张在互联网空间加强主流媒体和主流文化建设。2010 年,亚当·乔伊森的《网络行为心理学:虚拟世界与真实生活》,首次从行为心理学的视角出发,对个体的因特网行为与人际间因特网行为进行了全面阐释,揭示了网络生活的阴暗面和积极面,对网络成瘾、网络论战、网络浪漫、在线情感支持等进行深度分析,告诫人们科学利用网络,合理认识虚拟世界与现实生活。2011 年尼古拉斯·卡尔在《浅薄:互联网如何毒化了我们的大脑》一书中讲道,我们跟计算机越来越密不可分,我们越来越多的人生体验通过电脑屏幕上闪烁摇曳、虚无缥缈的符号完成,而这一状况带来的最大危险在于,我们即将开始丧失我们的人性,牺牲人之所以区别于机器的本质属性;尼古拉斯·卡尔不无担忧地讲到,互联网带给我们的信息内容广阔延伸但极其稀薄,"深厚的文化遗产的内部库存"日趋枯竭,我们面临着变成"扁平人的危险","人类文明并不只是互联网所表现出来的'全世界信息'的总和,也不只是可以简化为二进制代码并上传到互联网的所有内容。人类文明保持勃勃生机,就必须在每一代人所有成员的头脑当中重建。记忆外包,文明消亡"①。理查德·保罗和琳达·埃尔德在《思考的力量》一书中写道,当我们面临一个日新月异和危机四伏的世界时,更需要一种批判性的思考,"批判性思考的工具能够为那些吸收利用

---

① ［美］尼古拉斯·卡尔:《浅薄:互联网如何毒化了我们的大脑》,刘纯毅译,中信出版社 2010 年版,第 214 页。

它的国家和文化作出特别的贡献"①。对网络文化做出批判性研究，逐渐成为一种趋势和潮流，一批学者专门从事网络文化批判研究，形成了一系列研究成果。比如，吉尔特·洛温克的《黑纤维：探索批判的网络文化》《零度评论：博客和批判的网络文化》，戴维·西尔沃、艾德丽安·马安瑞和史提夫·琼斯的《批判性网络文化研究》，基尔特·洛文克的《社交媒体深渊：批判的互联网文化与否定之力》等。在这一研究领域，任何网络文化现象——网络语言、网络文学、网络艺术、网络交往、网络黑客等，都值得进行批判性的反思和分析。网络文化愈发展，网络文化批判的样本和对象就愈丰富，从而会更加激发网络文化批判的活力。在网络文化批判中，学者试图为文化发展和人类未来提供更多建设性指引，以建构一种更加美好的数字生活、数字文化和数字文明。

海曼指出，"没有文化转型，就没有技术革命"②。网络文化不仅是互联网发展中的一颗璀璨明珠，也是人类社会发展史上的精神资源。国外网络文化理论研究成果，为我们回溯网络文化发展史提供了重要线索，也为我们观察正在涌现的、推陈出新的本土网络文化现象，对其做出时代性、整体性和实质性的精神诊断提供了宝贵镜鉴。

---

① [美]理查德·保罗等：《思考的力量》，丁薇译，上海人民出版社 2006 年版，中文版序。

② [美]派卡·海曼：《黑客伦理与信息时代精神》，李伦等译，中信出版社 2002 年版，第 132 页。

（二）我国网络文化研究概况

1994 年 4 月 20 日我国正式接入互联网。1994—2024 年间，网络文化研究主要循着两条路线进行，一是将网络文化作为社会总体文化的一个分支、一种类型，探究网络文化与政治、经济、文化、技术等的关系；二是将网络文化作为总体现象，对其谱系、分型、样态及流变规律、阶段性特征进行更为细腻、微观、动态的追踪和阐释。这两条线路视角不同、理路各异，却交叉重叠、互为补充，共同构成我国新时代大学生网络文化研究的问题域。同时借鉴这两重路径，能够对 30 年来我国网络文化理论和实践发展做出全景式追踪。

1. 30 年来我国学术著作相关研究进展

在"读秀学术搜索"中搜索图书类网络文化成果。以"网络文化"作为书名字段，按年份统计，数量分布及趋势为：1996 年 1 本、1997 年 1 本、1998 年 1 本、1999 年 2 本、2000 年 4 本、2001 年 6 本、2002 年 7 本、2003 年 8 本、2004 年 5 本、2005 年 10 本、2006 年 9 本、2007 年 9 本、2008 年 10 本、2009 年 15 本、2010 年 11 本、2011 年 15 本、2012 年 19 本、2013 年 16 本、2014 年 23 本、2015 年 16 本、2016 年 27 本、2017 年 18 本、2018 年 21 本、2019 年 16 本、2020 年 15 本、2021 年 22 本、2022 年 16 本、2023 年 11 本、2024 年 12 本。

以"大学生""网络文化"作为书名字段，分年度统计，数量分布及趋势为：2002 年 1 本、2006 年 1 本、2007 年 1 本、2008 年 2 本、2012 年 2 本、2013 年 1 本、2014 年 1 本、2016 年 1 本、2017 年 1 本、2018 年 2 本、2020 年 1 本、2021 年 2 本。

1994 年中国接入互联网,学界开始兴起网络研究热潮,不少学者开始引入、翻译国外关于网络文化的书籍,譬如 1996 年翻译比尔·盖茨的《未来之路》、1997 年翻译尼古拉斯·尼葛洛庞帝的《数字化生存》等。同时,我国一批学者专注于网络、网络文化研究,形成了一系列早期研究成果,使得我国网络文化研究呈现本土与域外交叉融通、蓬勃发展的态势。我国学者的代表性著作,譬如 1997 年胡泳和范海燕的《网络为王》,1997 年郭良的《网络文化丛书》,1998 年吴伯凡的《孤独的狂欢:数字时代的交往》,1998 年严耕和陆俊的《网络悖论:网络的文化反思》,1998 年刘吉和金吾伦的《千年警醒:信息化与知识经济》,1999 年严耕的《透视网络时代丛书》,1999 年陆俊的《重建巴比塔:文化视野中的网络》,1999 年陈炎的《Internet 改变中国》等。值得一提的是,1997 年郭良的《网络文化丛书》、刘华杰的《计算机网络文化译丛》,都直接使用了"网络文化"概念;吴伯凡在《孤独的狂欢:数字时代的交往》中引入了 Cyber culture 这一词汇;1998 年出版的系列丛书《电脑文化译丛》《赛博文化系列》中,使用"电脑文化""赛博文化"概念,这些学术概念和研究成果颇具本土化特色,是网络文化研究在中国语境中的探索和起步。

2000 年以后,党和国家高度重视信息网络技术,强调思想政治工作、宣传工作等都要适应这一新变化,不同领域的专家学者进入网络文化研究领域,针对网络文化的内涵、本质、功能、特征、影响等展开论述,一些学者还专注于"高校""大学生""网络文化"研究。2002 年敬枫蓉的《大学生与网络文化》,是我国较早专门研究高校网络文化的著作。2003 年刘兰平的《网络文化与青少年教育》,2006

年宋元林和陈春萍的《网络文化与大学生思想政治教育》,2006 年杨鹏的《网络文化与青年》等一系列著作出版,对网络文化与中国青年、大学生的互动影响展开追踪、深描和价值判断,提出了有针对性的对策建议。

党的十七大报告中提出,加强网络文化建设和管理,营造良好的网络环境。学界不仅仅关注网络文化现象本身,更关注网络文化的育人功能,学者们以更加宽广的视野来观察和分析网络文化,网络文化研究趋向成熟。2007 年高鸣等的《网络文化与大学生思想政治教育新论》,2007 年党静萍的《如何应对网络时代:网络文化下的青少年主体性建构研究》,2008 年李萍的《大学生网络文化现状调查》,2008 年黄亲国等的《穿越时空的美丽——大学生与网络文化》,2010年李晓彦等的《校园网络文化建设与管理》,2010 年张辉的《和谐网络文化视域下的高校网络思想政治教育研究》,2011 年钟家全的《和谐校园视域下高校网络文化建设研究》、2011 年唐亚阳等的《高校网络文化研究》等著作陆续出版。

党的十八大报告指出,"加强和改进网络内容建设,唱响网上主旋律"①。网络文化研究成果持续涌现,聚焦大学生网络行为、高校网络文化建设、社会主义核心价值观引领网络文化发展等,形成一批专著,如 2012 年刘辉的《大学生思想政治教育的网络文化环境建设研究》,2012 年周宗奎的《网络文化安全与大学生网络行为》,2013年肖地楚的《网络文化背景下的大学生核心价值观教育》,2013 —

---

① 《十八大以来重要文献选编》(上),中央文献出版社 2014 年版,第 26 页。

2015 年上海市教育卫生系统思想政治工作研究会的《繁荣网络文化　创新校园管理》《培育社会主义核心价值观　繁荣高校网络文化》,2013 年佐斌的《网络文化与青少年发展研究》,2014 年张朝霞等的《网络文化对大学生的影响》,2015 年张开文的《网络文化背景下大学生人际交往研究》,2016 年丁义浩的《以"微"博大　新媒体环境下高校网络文化建设》,2017 年刘晓娟的《高校网络文化研究》,2018 年梁绿琦的《网络文化建设与青少年发展》,2018 年何荣卉的《大学生网络文化教育研究》等。

近年来,以习近平总书记关于网络强国的重要思想为指引,把网络文明建设作为社会主义精神文明建设和网络强国建设的重要任务,学者围绕网络文化传播、网络文化治理等议题展开研究。如 2019 年张羽程等的《融合视阈下网络文化育人研究》,2019 年吴凡的《穿透现实:媒介与社会变革》,2020 年闫婕的《网络环境下高校校园文化建设研究》,2020 年刘华的《新时代高校网络文化育人研究》,2021 年周鹏的《高校网络空间治理问题寻踪》,2021 年郝文斌的《网络亚文化观察——基于当代大学生的调查研究》,2023 年刘茜的《网络时代红色文化的认知传播研究》,2023 年周舒燕的《新媒体文化导论》等研究成果丰硕。当前,基于人工智能、元宇宙、数字孪生等信息呈现形式,数字文化、文化数字化、人工智能文化研究成为网络文化发展的新态势、新命题,学界开启了前瞻性、前沿性研究,译介了一系列国外学者著作,如 2022 年翻译澳大利亚学者安东尼·艾略特的《人工智能文化:日常生活与数字变革》,2024 年翻译美国学者帕梅拉·麦考黛克的《人工智能往事:精英文化与思维》等,我国学界的研究正朝向文化研究的前沿议题迈进。

2. 30 年来我国期刊论文相关研究成果

（1）研究设计

①样本选择。以 CNKI 数据库平台中的"CSSCI 来源期刊""核心期刊"为检索资源，以"主题＝网络文化"进行"精确"检索，检索时段为 1994—2024 年，检索日期截至 2024 年 3 月 10 日，共检索到文献 4422 篇。剔除书评、卷首语、会议通知、征稿启事、时事报道、宣传、专访、述评等数据后，最终有效文献 2627 篇，基本涵盖了这一领域主流和有影响力的研究成果。题录中包含了分析所需的主要字段，包括论文题目、作者、机构、关键词、摘要、分类号、发表期刊、发表时间等信息。

②研究方法。运用 Excel、CiteSpace 和 ITGInsight 对文献进行量化分析。Excel 用于统计研究机构、发文量、热点论文、引用频次和高影响力作者等。CiteSpace、ITGInsight 运用节点、连线、标签等将知识图谱可视化，借助作者合作、机构合作、突现词、关键词共现、关键词聚类等，揭示大量数据背后隐含的规律，探寻网络文化研究的前沿与趋势。

（2）网络文化研究的概貌与进程

我国期刊论文对"网络文化"做出界定和释义，最早可见的论文是 1999 年李梁的《论网络传播中的文化现象》，文中提出网络文化概念，并将其划分为网络媒介文化和网络文化群体①；2002 年程士安

---

① 　李梁：《论网络传播中的文化现象》，《现代传播》1999 年第 3 期。

的《网络媒体与文化价值观》一文,探讨了互联网境遇下大学生全新的社会文化地位及其特有的文化传播类型①;2005年刘同舫的《网络文化的精神实质》一文,是迄今最早对网络文化做出内涵厘定和深刻剖析的论文,文章指出网络文化包含主流文化、精英文化和大众文化,它们完全共存、互相兼容、彼此渗透,"网络文化消解了文化的多重界限,使各种亚文化原有的特性趋于模糊……网络文化成为真正意义上的人民大众文化"②,这为网络文化研究提供了宝贵的学理参照,也为人们理解和厘定网络文化提供了思路和框架。

①年度发文量分析

实践发展总是先于学术发展。作为互联网的衍生品,网络文化在1994—2024年的完整脉络中,愈加郁郁葱葱、生机盎然,成为精神生活的一抹亮色、一汪活泉。因此,对网络文化脉络和历程的追溯,既是对中国互联网30年的回望与省思,也是对中国人尤其是青年一代精神生活的透视与深描。

1994—2024年的理论探索表明,相关的研究成果从无到有、由少到多,渐趋成熟,形成一个热门、前沿的学术领域。就30年的研究历程而言,大体划分为三个阶段:萌芽阶段(1994—2006年),研究领域初步形成,发表论文数量尚不多但增长迅猛,年度发表量由8篇增至74篇,其中1994—1998年未见相关论文,1999年有8篇论文发表;快速发展阶段(2007—2013年),多学科介入研究,文献数量呈逐

---

① 程士安:《网络媒体与文化价值观——兼析网络影响和当代大学生亚文化的形成》,《新闻大学》2002年第3期。

② 刘同舫:《网络文化的精神实质》,《天津社会科学》2005年第6期。

年递增态势,年度发表量介于 133—269 篇,其中 2009 年达到第一个小高峰,引起学者们普遍关注;成熟稳定阶段(2014 年至今),学科文献渐趋减少,出现小幅振荡,但年均发表量仍维持在 100 篇左右,这并不代表网络文化研究的下降与停滞,反而说明这一领域研究的核心议题逐渐形成,由零散、个别研究转向整体、系统研究。可以预测的是,在新媒介、新技术迭代发展的境遇下,网络文化研究势必会持续勃兴、日益繁荣。

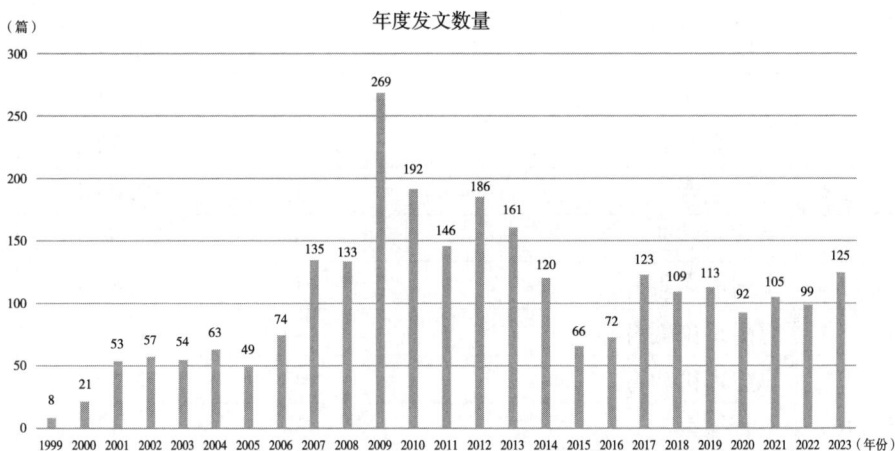

图 1　1994—2024 年网络文化研究发文量情况

(注:1994—1998 年网络文化研究发文量为 0,故图 1 不显示)

②来源期刊分布

30 年间发表的 2627 篇论文,刊载在 414 种 CSSCI 来源期刊/核心期刊上,平均每份刊载论文 6 篇,这些期刊主要聚焦于马克思主义理论、传播学、教育学等学科领域。其中,发表论文数量最高为《学校党建与思想教育》,达 95 篇;另有 22 种期刊发表论文数在 20 篇以上,分别为《人民论坛》《中国青年研究》《新闻爱好者》《青年记者》

《教育与职业》《中国成人教育》《思想理论教育导刊》《思想理论教育》《教育探索》《思想教育研究》《现代传播》《黑龙江高教研究》《当代青年研究》《理论导刊》《中学政治教学参考》《现代远距离教育》《电化教育研究》《学术论坛》《中国高等教育》《求索》《新闻界》《新闻知识》。

表1　1994—2024 年网络文化研究论文的发表期刊情况

序号	期刊	发文数量	占比
1	学校党建与思想教育	95	3.62%
2	人民论坛	65	2.47%
3	中国青年研究	64	2.44%
4	新闻爱好者	61	2.32%
5	青年记者	55	2.09%
6	教育与职业	51	1.94%
7	中国成人教育	49	1.87%
8	思想理论教育导刊	44	1.67%
9	思想理论教育	42	1.60%
10	教育探索	39	1.48%
11	思想教育研究	39	1.48%
12	现代传播	38	1.45%
13	黑龙江高教研究	37	1.41%
14	当代青年研究	29	1.10%
15	理论导刊	29	1.10%
16	中学政治教学参考	29	1.10%
17	现代远距离教育	27	1.03%
18	电化教育研究	26	0.99%
19	学术论坛	22	0.84%
20	中国高等教育	22	0.84%

序号	期刊	发文数量	占比
21	求索	21	0.80%
22	新闻界	21	0.80%
23	新闻知识	20	0.76%

③研究机构分布

机构发文的统计数据,用于揭示不同单位在某领域理论研究及学科发展中的研究特色、综合实力与学界影响力。以文献来源机构为研究维度,将第一作者所属机构进行统计分析发现,网络文化研究主体为高等院校,社会科学院、党校、政府有关部门也有部分成果发表;就高等院校而言,传播(新闻)学院、马克思主义学院、文学院、政法学院、哲学院、教育学院、思想政治工作研究中心、青年研究中心、网络文化研究中心等发文最为集中。

就发文数量来看,发文量最多的是中国传媒大学(41 篇),其他依次为:北京师范大学(35 篇)、湖南师范大学(34 篇)、湖南科技大学(32 篇)、复旦大学(31 篇)、武汉大学(31 篇)、中国社会科学院(28 篇)、南京师范大学(28 篇)、中南大学(27 篇)、中国人民大学(27 篇)、清华大学(26 篇)、北京大学(25 篇)、四川大学(25 篇)、苏州大学(25 篇)、北京邮电大学(24 篇)、电子科技大学(22 篇)、山东大学(22 篇)、华东师范大学(22 篇)、暨南大学(22 篇)、东南大学(19 篇)、上海交通大学(18 篇)、中国矿业大学(16 篇)、陕西师范大学(16 篇)等,在网络文化领域的研究成果较为集中。

表2 1994—2024 年网络文化研究机构情况

序号	机构	发文数	占比
1	中国传媒大学	41	1.56%
2	北京师范大学	35	1.33%
3	湖南师范大学	34	1.29%
4	湖南科技大学	32	1.22%
5	复旦大学	31	1.18%
6	武汉大学	31	1.18%
7	中国社会科学院	28	1.07%
8	南京师范大学	28	1.07%
9	中南大学	27	1.03%
10	中国人民大学	27	1.03%
11	清华大学	26	0.99%
12	北京大学	25	0.95%
13	四川大学	25	0.95%
14	苏州大学	25	0.95%
15	北京邮电大学	24	0.91%
16	电子科技大学	22	0.84%
17	山东大学	22	0.84%
18	华东师范大学	22	0.84%
19	暨南大学	22	0.84%
20	东南大学	19	0.72%
21	上海交通大学	18	0.69%
22	中国矿业大学	16	0.61%
23	陕西师范大学	16	0.61%

④高被引文献分析

高被引文献代表一个研究领域最具影响力和借鉴性的成果,文中的框架、方法、结论影响这一领域的整体发展,因此对高被引文献的统计分析有助于从外部特征上把握某一领域的发展走向。选取"网络文化"研究排名前 50 位的高被引文献发现,被引次数均在 80以上,平均单篇引用频次为 138;其中,引用次数最高的是蔡骐《网络虚拟社区中的趣缘文化传播》(622 次),其次是彭兰《网络的圈子化:关系、文化、技术维度下的类聚与群分》(453 次)、秦秀白《网语和网话》(341 次)、匡文波《论网络文化》(311 次)、陈向东等《博客文化与现代教育技术》(273 次)、蔡骐《网络与粉丝文化的发展》(251 次)、杨立淮等《"微博"网络生态下的高校网络思想政治教育》(211 次)、姜继红《网络文化与高校思想政治工作》(210 次)、袁贵仁《扎实推进高校思想政治教育进网络工作》(204 次)等,说明这些研究成果具有很强的学术性、借鉴性和引导性,指示着网络文化研究的脉动。

⑤核心作者统计

对参与文献发表的第一作者进行统计,剔除重复作者后,合计1945 名作者发文。其中发表 1 篇文献的作者占据绝对多数,共 1642人,约占作者总数的 84.42%;发表 2 篇文献及以上的作者共有 303人,占作者总数的 15.58%。美国学者阿弗雷德·洛特卡提出的"倒数平方定律"认为,作者数与发表文献数量之间具有一定关系,如果发表 1 篇文献的作者数与所有作者数之比低于 60% 的临界值,则该领域已经形成核心队伍,反之亦然。① 据此可知,网络文化研究领域尚未形成稳定的核心作者群,主题积累以及研究的长期性、连贯性和深入性仍需持续加强。

---

① 叶鹰等:《情报学基础教程》,科学出版社 2006 年版,第 2—3 页。

表3 1994—2024年网络文化研究的高被引文献情况

序号	作者	题名	刊名	年	期	页码	被引频次	下载频次
1	蔡骐	网络虚拟社区中的趣缘文化传播	新闻与传播研究	2014	9	5—23+126	622	9975
2	彭兰	网络的圈子化：关系、文化、技术维度下的类聚与群分	编辑之友	2019	11	5—12	453	11933
3	秦秀白	网语和网话	外语电化教学	2003	6	1—6	341	2668
4	匡文波	论网络文化	图书馆	1999	2	20—21	311	2174
5	陈向东、王兴辉、高丹丹、张际平	博客文化与现代教育技术	电化教育研究	2003	3	17—21	273	2348
6	蔡骐	网络与粉丝文化的发展	国际新闻界	2009	7	86—90	251	11550
7	杨立淮、徐百成	"微博"网络生态下的高校网络思想政治教育	中国青年研究	2011	11	114—116	211	4386
8	姜继红	网络文化与高校思想政治工作	高等教育研究	2002	1	83—85	210	1853
9	袁贵仁	扎实推进高校思想政治教育进网络工作	中国高等教育	2002	12	5—9	204	1563
10	骆郁廷、魏强	论大学生思想政治教育的网络文化话语权	教学与研究	2012	10	74—81	194	5969

续表

序号	作者	题名	刊名	年	期	页码	被引频次	下载频次
11	路郁廷、史姗姗	论意识形态安全视域下的文化话语权	思想理论教育导刊	2014	4	66—73	175	6405
12	杨新敏	网络文学刍议	文学评论	2000	5	87—95	162	4926
13	贾毅	网络秀场直播的"兴"与"衰"——人际交互·狂欢盛宴·文化陷阱	编辑之友	2016	11	42—48	146	6535
14	李煜	文化资本、文化多样性与社会网络资本	社会学研究	2001	4	52—63	144	4481
15	吴迪、严三九	网络文化群体的互动仪式链模型探究	现代传播（中国传媒大学学报）	2016	3	17—20	138	8913
16	袁爱清、孙强	回归与超越：视觉文化心理下的网络直播	新闻界	2016	16	54—58	131	6867
17	蔡骐	对网络恶搞文化的反思	国际新闻界	2007	1	55—58	130	4679
18	万峰	网络文化的内涵和特征分析	教育学术月刊	2010	4	62—65	127	4320
19	张宽裕、丁振国	论网络意识形态及其特征	学校党建与思想教育	2008	2	37—38	120	2507
20	冯刚	思想政治教育创新发展的四个着力点	教学与研究	2017	1	23—29	119	5135

续表

序号	作者	题名	刊名	年	期	页码	被引频次	下载频次
21	倪邦文	中国网络青年意见领袖的构成、特征及作用	中国青年研究	2011	9	5—9+102	119	3769
22	杨聪	浅析网络时代的青年亚文化	中国青年政治学院学报	2008	5	53—56	119	4023
23	李勇	新媒体环境下社会主义核心价值观传播体系的建构研究	电化教育研究	2015	2	27—31	118	5953
24	杨占良	对新媒体时代大学生思想政治教育的思考	教育探索	2013	6	132—133	116	1989
25	彭兰	文化隔离圈:新老媒体融合中的关键障碍	国际新闻界	2015	12	125—139	108	6830
26	冯刚	学习贯彻党的十八大精神努力提升大学生思想政治教育质量	思想理论教育导刊	2013	2	44—49	108	7944
27	张琼	网络境域下大学生社会主义核心价值观认同探析	思想教育研究	2013	4	21—25	106	4541
28	冯刚	新形势下推动高校网络文化建设的思考与实践	思想教育研究	2015	8	3—5+29	104	1877
29	蒋建国	网络族群:自我认同、身份区隔与亚文化传播	南京社会科学	2013	2	97—103	103	5441

续表

序号	作者	题名	刊名	年	期	页码	被引频次	下载频次
30	范笑仙、刘东锋	网络对大学生价值观念的影响及应对	黑龙江高教研究	2001	1	80—82	103	1512
31	曹晋、张楠华	新媒体、知识劳工与弹性的兴趣劳动——以字幕工作组为例	新闻与传播研究	2012	5	39—47+110	102	5118
32	余霞	网络红人:后现代主义文化视野下的"草根偶像"	华中师范大学学报(人文社会科学版)	2010	4	105—110	100	5017
33	魏晓文、李晓虹	大学生思想政治教育网络话语权建构的策略探讨	思想理论教育	2014	10	90—94	96	2800
34	杨新敏	国外网络文化研评介	国外社会科学	2002	3	74—81	96	3054
35	关洁	社会主义核心价值观的网络培育途径	当代世界与社会主义	2013	2	80—83	95	3491
36	李兴保、胡凡刚	网络文化与教育	电化教育研究	2001	2	36—41+48	95	1121
37	伍静	新媒体时代表情包发展的传播学解析	出版广角	2016	15	83—85	94	9224
38	王清杰	网络流行语的文化生态与社会心理分析	河南师范大学学报(哲学社会科学版)	2011	4	43—45	94	4881

续表

序号	作者	题名	刊名	年	期	页码	被引频次	下载频次
39	陈俊	网络时代红色文化融入大学生思想政治教育的途径探析	学校党建与思想教育	2014	19	90—92	93	3397
40	肖伟胜	作为青年亚文化现象的网络语言	社会科学研究	2008	6	190—195	93	3474
41	盛若菁	网络流行语的社会文化分析	江淮论坛	2008	4	119–121+158	93	5879
42	黄一玲、焦连志、程世勇	网络文化"泛娱乐化"背景下的社会主义核心价值观认同培育	湖北社会科学	2016	11	175—182	90	4750
43	张骥,方晓强	论网络文化对我国社会主义意识形态建设的影响	求实	2009	2	40—43	90	2159
44	冯刚	增强高校思想政治工作的文化力量	思想理论教育	2017	7	4—9	89	3747
45	冯刚	坚持立德树人 强化思想引领 全面提升大学生思想政治教育工作质量	思想教育研究	2015	3	6—11	88	1978

表4　1994—2024 年网络文化研究领域作者发文量情况

发文量	作者人数	所占比率	发文量	作者人数	所占比率
1	1642	84.42%	7	1	0.05%
2	232	11.93%	8	6	0.31%
3	36	1.85%	9	1	0.05%
4	13	0.67%	10	1	0.05%
5	9	0.46%	11	1	0.05%
6	3	0.15%			

核心作者群是指在某一刊物上发表论文数量较多、影响较大的作者集合,也即活跃作者群。依据赖普斯定律,核心作者最低发文量计算公式 $N = 0.749 \times \sqrt{n_{max}}$ (N:核心作者发文量, n_{max}:最高产作者的发文量),得到 $N \approx 2.8$,即发文量 ≥3 篇即为核心作者。通过 CiteSpace 后台数据统计分析,发文量 ≥3 篇的核心作者共有 71 人,占作者总数的 3.65%。其中,发表论文数量最高为解学芳,合计发表 14 篇;其他作者依次为杨文华(10)、蔡骐(10)、蒋建国(9)、张元(8)、赵惜群(8)、臧志彭(8)、宋元林(8)、陶鹏(8)、蒋广学(8)、王志永(7)、吴克明(7)、张瑜(6)、徐翔(6)、李娟(6)、欧阳友权(6)、丁三青(6)、郑洁(5)、王文昇(5)、孙进(5)、骆郁廷(5)、李琳(5)、李忠春(5)、季桂林(5)等。

表5　1994—2024 年网络文化研究的核心作者情况

排序	作者	发文量	排序	作者	发文量
1	解学芳	14	66	杨文阳	3
2	杨文华	10	67	张晓明	3

排序	作者	发文量	排序	作者	发文量
3	蔡骐	10	68	征鹏	3
4	蒋建国	9	69	张筱荣	3
5	张元	8	70	郑淑芬	3
6	赵惜群	8	71	张勋宗	3
7	臧志彭	8	72	张屹	3
8	宋元林	8	73	张际平	3
9	陶鹏	8	74	汤俏	3
10	蒋广学	8	75	王文宏	3
11	王志永	7	76	唐魁玉	3
12	吴克明	7	77	唐亚阳	3
13	张瑜	6	78	王希鹏	3
14	徐翔	6	79	吴小玲	3
15	李娟	6	80	沈望舒	3
16	欧阳友权	6	81	徐建军	3
17	丁三青	6	82	王树亮	3
18	郑洁	5	83	史原	3
19	王文昇	5	84	孙黎	3
20	孙进	5	85	王丹	3
21	骆郁廷	5	86	王岳川	3
22	李琳	5	87	宋伟	3
23	李忠春	5	88	任祥	3
24	季桂林	5	89	王静	3
25	于颖	4	90	吴满意	3
26	张智华	4	91	王军	3
27	张社强	4	92	王蕾	3
28	张红霞	4	93	申小蓉	3
29	张茂聪	4	94	田贵平	3

排序	作者	发文量	排序	作者	发文量
30	石日顺	4	95	王培峰	3
31	宋佳音	4	96	李海燕	3
32	王冬梅	4	97	吕福玉	3
33	沈建红	4	98	罗冰眉	3
34	苏星鸿	4	99	金毅	3
35	魏钢	4	100	马秀峰	3
36	唐登蓥	4	101	李文明	3
37	王岑	4	102	陆海	3
38	鲁宽民	4	103	李钢	3
39	孟宪平	4	104	李耘耕	3
40	马倩	4	105	李亚宁	3
41	李怀杰	4	106	金春平	3
42	刘同舫	4	107	刘旺旺	3
43	曲青山	4	108	刘波	3
44	李超民	4	109	刘勇	3
45	彭兰	4	110	李丹	3
46	马中红	4	111	刘基	3
47	刘成新	4	112	刘胜枝	3
48	付丽	4	113	李欲晓	3
49	白雪	4	114	代金平	3
50	陈联俊	4	115	陈旻	3
51	胡凯	4	116	何明升	3
52	翟中杰	4	117	曾静平	3
53	董小玉	4	118	黄燕	3
54	张波	3	119	曾令辉	3
55	杨聪	3	120	郭丽英	3
56	杨向荣	3	121	曾长秋	3

续表

排序	作者	发文量	排序	作者	发文量
57	张丽萍	3	122	洪晓楠	3
58	张苑琛	3	123	方晓强	3
59	张璐璐	3	124	黄楚新	3
60	张红薇	3	125	白淑英	3
61	郑忠梅	3	126	黄永宜	3
62	张勇	3	127	高鸣	3
63	尹韵公	3	128	郭静舒	3
64	元林	3			
65	张舒予	3			

对发文量较高的作者进行学术合作关系分析,绘制图谱发现,丁三青与张元、解学芳与臧志鹏合作程度较高,而其余作者多独立开展研究,整体上网络文化研究领域有待形成统一、紧密的学术合作体系。

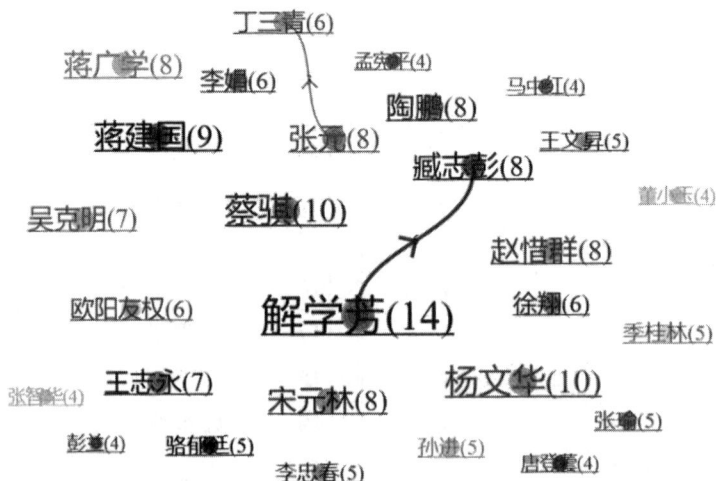

图2 1994—2024 年网络文化研究的作者合作图谱情况

（3）网络文化研究的前沿与热点

运用 CiteSpace、ITGInsight 软件进行关键词共现分析、聚类分析和突变分析，绘制科学知识图谱，可以探索网络文化研究的前沿热点和演进脉络。

①网络文化研究热点分析

关键词，是从论文的题目、正文和摘要中抽取出来，用于提示论文主题内容特征、具有实质意义和未经规范处理的词或词组，是论文主旨的高度概括。关键词虽然只有 3—5 个，却代表着论文的核心和精髓。如果某些关键词反复出现，往往代表某一领域研究的热点主题；关键词词频越大，表示越受学界关注，越代表研究热点。对 1994—2024 年研究网络文化的 2627 篇文献进行关键词词频统计。

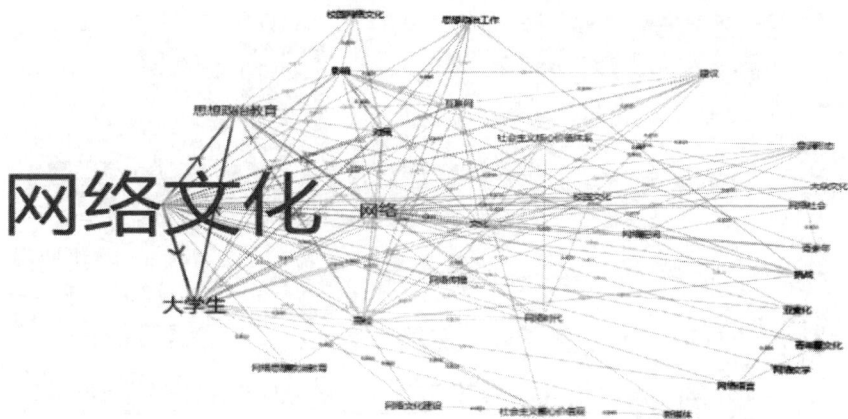

图 3　1994—2024 年网络文化研究的关键词共现图谱情况

运用 CiteSpace、ITGInsight 计量分析软件，对网络文化研究的关键词交叉统计。从高频关键词来看，"网络文化"与"思想政治教育""思想政治工作"关联密切，通常被视为网络思想政治教育研究的重要范畴。现有研究主要聚焦五类问题展开：（1）网络文化语境，主要探讨"网络""互联网""网络时代""网络空间""网络社会""新媒体""网络环境"等；（2）网络文化相近概念，主要探讨"文化""亚文化""大众文化""校园文化"等；（3）网络文化主体，主要探讨"大学生""青年"等；（4）网络文化影响分析，主要探讨"对策""影响""建设""创新""挑战""管理"等；（5）网络文化价值引领，主要探讨"意识形态""社会主义核心价值观"等。

②网络文化研究的演变路径

研究关键词的演变规律，往往能揭示某一研究领域的脉络和结构，从而追踪研究热点和发展趋势。1994—2024年，依据网络文化研究热点，绘制关键词云图。

图4　1994—2024年网络文化研究的关键词云图情况

更清晰、直观地呈现关键词时间线图,将关键词演进轨迹完整呈现。

表6　1994—2024 年网络文化研究的关键词时间线演进情况

年份	关键词	年份	关键词
1999	交互网络、国际互联网络、创造思维、创造性思维、创造主体、德育教育、电子邮件、多任务操作系统	2012	大学生、思想政治教育、网络、网络时代、影响、社会主义核心价值体系、对策、高校、网络文化建设
2000	大学生、网络、思想政治工作、网络空间、比特、大学生道德教育、大众文化、法律冲突	2013	大学生、思想政治教育、网络、高校、文化自觉、互联网、影响、网络文化产业、网络文化
2001	网络、对策、思想政治工作、网络空间、网络社会、冲击、大学生思想教育、大众文化、价值观	2014	大学生、网络、思想政治教育、网络传播、网络语言、对策、高校、社会主义核心价值观、文化
2002	网络、对策、思想政治工作、挑战、大学生、互联网、网络文学、文化、传播方式	2015	大学生、社会主义核心价值观、网络流行语、大学生思想政治教育、网络、亚文化、高校、构建、社会文化
2003	思想政治工作、网络、互联网、网络时代、先进文化、大学生、高校德育工作、高校思想政治工作、国际传播	2016	社会主义核心价值观、大学生、高校、高校网络文化、互联网、网络话语权、网络流行文化、网络思想政治教育、网络治理
2004	大学生、对策、思想政治教育、网络、高校德育、全球化、思想政治工作、网络传播、信息垃圾	2017	大学生、网络、网络空间、亚文化、青年亚文化、网络文学、高校、社会主义核心价值观、话语权
2005	网络、大学生、传播、德育教育、高校、高校思想政治教育、伦理失范、媒介、网络道德	2018	思想政治教育、社会主义核心价值观、网络社会、亚文化、网络文学、网络语言、习近平、高校、网络空间

续表

年份	关键词	年份	关键词
2006	网络、文化、思想政治教育、大学生、恶搞、互联网、网络社会、网络时代、网络文学	2019	大学生、青年亚文化、社会主义核心价值观、亚文化、互联网、思想政治教育、网络空间、网络青年亚文化、网络文化
2007	大学生、网络、高校、思想政治教育、对策、影响、互联网、网络文化建设、网络道德	2020	网络直播、青年、参与式文化、思想政治教育、网络治理、社交媒体、网络空间、网络文艺、网络文化
2008	大学生、网络、对策、校园文化、高校、社会主义核心价值体系、思想政治教育、影响、网络时代	2021	短视频、高校、青年亚文化、大学生、思想政治教育、网络文化、网络空间、网络思想政治教育
2009	大学生、网络、互联网、对策、建设、思想政治教育、文化、网络文化建设、挑战	2022	视觉文化、网络、网络空间、网络文学、亚文化、"Z世代"大学生、"大思政"
2010	网络、大学生、思想政治教育、社会主义核心价值体系、传播、高校、互联网、对策、特征	2023	数字文化、人工智能、文化认同、大众文化、流行语、心态、治理、消费、网络强国
2011	大学生、思想政治教育、网络、高校、社会主义核心价值体系、网络时代、网络传播、对策、网络环境	2024	略

　　运用 CiteSpace、ITGInsight 进行可视化分析,展示网络文化研究发展演变的时间跨度与研究进程,通过各时间段的连线可以显示该领域研究的时空演化关系。从关键词演进轨迹来看,1994—2024 年间网络文化的问题意识、研究热点和核心议题发生动态迁移,具体为:(1)1994—2004 年,网络文化研究起步,"网络社会""大众文化"

"思想政治工作"等关键词进入研究视野;(2)2005—2009年,聚焦"网络思想政治教育""亚文化""青年亚文化""网络文学"展开研究;(3)2010—2012年,"新媒体""网络语言""社会主义核心价值观"成为研究焦点;(4)2013—2016年,"意识形态""社会主义核心价值体系""网络传播"受到关注;(5)2017年后,研究重心转向"挑战""对策""建设"等上来;(6)2023年后,"数字文化""人工智能""网络强国"等研究热度增强。应该说,学界对网络文化的认识经历由浅入深、依次递进的过程,从文化现象逐步拓延至样态、价值、影响与引领等多重分析上来。

网络文化是时代性的产物,是媒介技术变革的伴生物。互联网技术由萌芽到兴盛,网络文化随之展现出强烈的建构性、发展性和开放性特征。新兴样态次第涌现、蔚然壮观,研究成果日益丰硕、百花齐放。对网络文化研究进行全局式的扫描回顾显然是必要的,但对其内部的文化类型、样态、风格、谱系进行细致勾勒则别有价值,这有助于清晰地剖解网络文化的内在丰富性、流变性以及不同样态互动、交叉、演化、衍生、融合和分流的态势。

(4)网络文化研究的典型样态分析

自网络时代以来,网络文化在不同时期呈现出诸多新样态,形成了形态各异的"风格超市",构成网络文化的时代景观。对1994—2024年间网络文化研究领域学者所关注的典型样态进行追踪梳理,可以窥见不同历史条件和发展阶段大学生群体涌现的文化风格和样态表征。

表7 1994—2024年网络文化研究的典型样态情况

年份	典型样态
1994—2005	/
2006	网络同居、Q版
2007	网络流行语、网络文学、网络电影、播客、博客、恶搞文化、蔻文化
2008	网络流行语、贱客文化、恶搞文化
2009	网络流行语、自拍文化、酷文化、迷文化、恶搞文化
2010	网络流行语、网络游戏、微视频、晒文化、客文化、恶搞文化
2011	网络流行语、网络文学、博客、动漫文化、宅文化、山寨文化、恶搞文化
2012	网络流行语、网络游戏、网络族群、字幕组、无厘头文化、屌丝文化、御宅文化
2013	网络流行语、网络微电影、网络族群、屌丝文化、小清新文化、无厘头文化
2014	网络流行语、网络涂鸦、网络原创视频、趣缘文化、小清新文化、杀马特文化、屌丝文化
2015	网络流行语、动漫文化、粉丝文化、基友文化、圈子文化、审丑文化、吐槽文化、恶搞文化
2016	网络流行语、网络原创视频、网络娱乐配音、网络剧、网络字幕组、晒文化、古风音乐、弹幕文化、网络秽语、网络民族主义、表情包、穷游文化、动漫文化、鬼畜文化、吐槽文化、恶搞文化
2017	网络流行语、网络剧、网络涂鸦、网络恶搞配音、动漫文化、耽美文化
2018	网络流行语、网络剧、网络游戏、网络迷群、网络小说、网络直播、弹幕文化、同人文化、二次元文化、粉丝文化、污文化、佛系文化、恶搞文化
2019	网络流行语、网络直播、网络短视频、网络剧、网络文学、二次元文化、锦鲤文化、佛系文化、佩奇文化、丧文化、粉丝文化、祈愿文化
2020	网络流行语、饭圈文化、国风文化、戏精文化、夸夸文化、污文化、迷信文化、语C文化、自拍文化、祖安文化、皮文化、偶像文化、戏仿文化、星座文化、佛系文化、丧文化、土味文化、祈愿文化

续表

年份	典型样态
2021	网络流行语、网络直播、弹幕文化、凡尔赛文化、饭圈文化、黑界文化、祖安文化、自嘲文化、爆梗文化、杠精文化、社死文化、丧文化、躺平文化、盲盒文化
2022	网络流行语、弹幕文化、暗语文化、摆烂文化、躺平文化、梗文化、出征文化、蒸汽朋克文化、丧文化、内卷文化、粉丝文化、人设文化
2023	网络流行语、二次元文化、孔乙己文学、躺平文化、粉丝文化、自嘲文化、鼠鼠文化、圈层文化、网红文化、搭子文化
2024	饭圈文化、网络微短剧、脆皮文化、国风文化、治愈系文化

对文献的细致梳理发现，网络文化研究视角多元、内容丰富，整理出一幅细腻、鲜活、动态、流变的图景。上述罗列的文化样态未尽囊括30年来网络文化的全部；类型划分显得繁杂、含混和多元，不尽严谨科学；网络文化样态在理论探讨与实践发展之间存在时滞；有些文化概念表述笼统，不够明确具体；有些文化样态之间存在交叉重叠等。但透过这一幅图景，足以窥探到网络文化蔓生长的姿态及其对大学生精神心理影响的微观变化。对此，我们可以从以下几个维度去理解和观察大学生网络文化：

第一，网络文化是一个包罗万象的总体概念，是一个"概念丛林"，这一概念的内涵和外延是流动的，而非既定的；是发展的，而非封闭的；是多元的，而非单一的；是弥散的，而非聚合的；是平面的，而非纵深的；是增殖的，而非减损的，有学者将其概括为"根茎式"[1]。

---

① 丁建新、朱黎黎：《"根茎"、新媒体与青年亚文化景观》，《江西师范大学学报（哲学社会科学版）》2021年第2期。

从这个意义上讲,随着数字化、网络化的深入,网络文化的体量规模会愈加庞大,衍变周期会愈加短缩,类型结构会愈加复杂,影响程度会愈加深刻。

第二,在网络文化这一总体概念之下,内部已经分化出若干次级概念和微观样态,不同微观样态之间既交叉融合,又存有壁垒,以部落、族群、圈层等方式相共存,构筑一个个兴趣联盟,一个个文化圈层。譬如,网络流行语、内卷、饭圈、ACG、玩梗、躺平、丧、盲盒、祖安、杠精、ASMR、迷、土味、弹幕、Lo娘、锦鲤祈愿、赛博朋克、凡尔赛、戏精、网络自嘲、皮、萌、星座、电子竞技、御宅、人设、Cosplay、同人、污、鬼畜、恶搞、客、吐槽、审丑、晒、秀、屌丝、网红、森女、宅、国潮、国风等新兴、小众的文化类型广为流行;网络直播、网络综艺、网络剧、网络音乐、网络游戏等文化形态蓬勃发展;趣缘文化、社群文化、部落文化、圈层文化、二次元文化等颇受关注。

第三,诸种文化样态都以大学生作为先锋和主体。大学生在任何时代都是最富激情、最有张力、最具创造性的,因而天然成为网络文化的创造者、引领者和消费者。尤其是当前智能语境下,文化生产和传播进一步趋向数字化、智能化,大学生在深度互联的网络世界中拥有了更大的活动空间和行动能力,使得大学生的话语权力更加张扬、话语地位更加凸显,具有交融、异质和杂糅特性的个体化话语、叙事和行动在网络场域更易于得到广泛呼应,网络文化在一定程度上成为青年文化、潮流文化的代名词和指示器。

无论国外还是国内,网络文化研究都是研究的前沿热点。从网络文化中提取和淬炼某种关键特质,与更宏阔的社会政治、经济、文化、教育层面发生链接,从中把握其实质、辨析其价值、评价其功能、促动其发展,融入网络强国的总体进程,这是新时代开展网络文化研究的根本要义。对此,我们既要注重在义理层面对各种网络文化现象的来龙去脉、层序结构、样态谱系、传播规律等,做从里到外、全方位的研究,又要时刻关注并挂怀"我们的研究和批判能否对现行文化价值观的重构产生积极的影响"①。透过网络文化,洞悉青年人的精神世界,为他们的价值观形塑指示方向,为精神的丰盈增添注脚,恐怕是网络文化研究最特别、最瞩目的力量——也是研究者真正应该为之着迷、为之痴狂的。

三、新时代大学生网络文化研究:双重视角

(一) 网络文化研究视角

网络文化的流动性、杂糅性、短暂性、碎片化、融合化特征日渐显著,网络文化作为个体经验所折射的生活化、世俗化、感性化、消费性、娱乐性特征得以凸显。尤其是当网络文化蓬勃生长,许多新奇异质的文化样态共时性呈现,此起彼伏、喧嚣热闹,在时空交错中萌生、繁盛、流变、消失,成为某一代、某一群青年的精神生活剖面。人们逐渐觉察到,网络文化就是年轻一代的生活日常,就是他们的情感、精神、自我意识、社会心理的附着物,是他们日常消费、交往和观念的集合体,是精神世界的感性外观,是情感需求的外在化和具象化表达。

---

① 盛宁:《走出文化研究的困境》,《文艺研究》2011 年第 7 期。

网络文化蕴含着极大的进步意义,满足了大学生的精神需求,充实了大学生的情感世界,增进大学生的主体性和创造性,对他们的自我意识觉醒和个性发展具有独特意义,这是解放的、启蒙的[①],是具有进步政治意义的[②],是应当获得同情、理解和宽容的[③],其对社会文化的繁荣发展起到不可替代的作用。因此,我们不能执拗于乌托邦和反乌托邦的判断,不能恪守于简单的排斥或抑制态度,反而应当加以关注、理解、共情、共鸣。在此基础上,对网络文化中的消极、负面、有毒、有害、非主流、反主流的倾向加以研判和导引。因此,运用单一视角来解释网络文化,恐怕难以勾勒出其多维多面、丰富立体的时代图景,也难以深刻揭示其隐匿的精神世界和情感倾向,需要我们从大学生视角和观察者视角同步加以分析。

(二) 双视角:局内人—局外人

一种视角就是一种观察方法,一种观察特定现象的立足点、聚焦点或者有利位置,是解释某种社会现象、过程、逻辑、关系的切入点。面对具体鲜活的社会现象,究竟是采用单视角还是多视角分析,取决于现象本身的丰富性、复杂性,以及该现象与其他现象之间的内在联系。基于研究视角不同,人们往往区分为不同的类型,譬如"局内人

---

① 闫方洁:《"世俗化"与"崇高之殇":从自媒体景观看当代青年的双重精神图景》,《中国青年研究》2018 年第 3 期。

② 陶东风:《大众消费文化研究的三种范式及其西方资源——兼答鲁枢元先生》,《文艺争鸣》2024 年第 5 期。

③ 马中红:《国内网络青年亚文化研究现状及反思》,《青年探索》2011 年第 10 期。

的"和"局外人的"、"文化主位的"和"文化客位的"、"现象学的"和"对象化的"、"第一人称的"和"第三人称的"①等等。语言人类学家肯尼斯·派克提出局内人（insider）—局外人（outsider）理论方法，"局内人"指某种文化的内部持有者，"局外人"指该文化的外部观察者或研究者。美国学者马文·哈里斯则从行为当事人和旁观者两种角度，系统提出主位研究法和客位研究法，前者是以参与者或文化负荷者的观念为准，是当时人、当地人、当事人的自我认识、评价、估量和判断；后者是观察者自己的立场分析、描述、阐释某一文化，是对某一文化的外来的、客观的、科学的观察。

从这两种角度出发进行观察，可以做出科学的、客观的评价。马文·哈里斯进一步以"主位的""客位的""思想的""行为的"作为关键维度，区分为四种观察内容：Ⅰ主位的/行为的；Ⅱ客位的/行为的；Ⅲ主位的/思想的；Ⅳ客位的/思想的。

	主位的（行为当事人）	客位的（旁观者）
行为的	Ⅰ	Ⅱ
思想的	Ⅲ	Ⅳ

这四种观察内容，既有研究者观点，也有被研究者观点，既有对思想的描述，也有对行为的描述，这样就能够规避在对现象的解释中仅仅反映研究者的单一立场，可以较为客观、完整、真实地反映文化

① 陈向明：《质的研究方法与社会科学研究》，教育科学出版社 2000 年版，第134 页。

情境中发生的行为、事件,揭示其中蕴含的思想、情感、心理和价值观及背后的机制、原因,从而使得研究结果更具客观性和说服力。

对上述理论的引入和应用中,有些学者将"局内人—局外人""主位—客位"理论方法统称为双视角理论,其中"主位"是指站在"局内人"视角对文化现象持有的观念立场,"客位"是站在"局外人"视角对文化现象持有的观念立场。

回溯 1994—2024 年间网络文化的研究中,"局外人—客位""局内人—主位"研究视角交互使用、同步发展,为当下以双视角解读分析新时代大学生网络文化提供宝贵借鉴。显然,囿于年龄、经历、生活情境等因素,研究者常常不自觉地将网络文化视为"年轻一代的""他们的"文化样式,或许也隐约地感觉这些文化样式"与我无关""比较遥远",因而熟稔并擅长采用"局外人—客位"视角观察网络文化,但却遗忘或疏于进入网络文化的另一种视角——"局内人—主位"。采用"局内人—主位"视角,我们虽然无法完全沉入大学生群体,成为他们所经历的真实鲜活的网络文化的一员,实现完全本土化,但却可以易位、移情于他们的生活世界,尽可能地置于他们的生活情境中,用他们的思维方式去想问题,克服局外人观察异质文化现象的隔膜与疏离感,避免先入为主地以自己的文化价值观、立场和态度,去评价大学生网络文化。换言之,去深度感受和体验新时代大学生的文化细节和心理动态,真实地理解他们的思维模式、情感表达与生活方式背后的意义,这种体验和感受被称为"共情"①。

---

① 王硕:《"共情"对质性研究效度的影响》,《教育学术月刊》2011 年第 7 期。

　　"社会理论的任务并不仅仅是去将视角多元化,而是提供新颖的能说明问题的视角以便引起人们对新现象的关注,揭露那些迄今为止一直被遮蔽的关系,甚至提供新的看待问题的方法"①。主位与客位是你中有我、我中有你的关系,双重视角下的研究不是力图对世界本相的再现,而是努力激活和触发对新的、鲜活的、灵动的、富于时代感的网络文化以真诚的理解和阐释。

---

① 　[美]斯蒂文·贝斯特等:《后现代理论:批判性的质疑》,张志斌译,中央编译出版社 1999 年版,第 345 页。

第一章　大学生网络文化30年发展历程（1994—2024）

自1994年接入互联网,我国网络文化走过30年历程。30年间,信息技术的迭代升级和媒介形态的演变更新,催生出一个个现象级的文化景观,网络文化样态、类型呈井喷之势,规模、体量呈指数级增长,谱系、版图呈叠加效应。作为一种流行景观,网络文化逐渐由幕后走向台前,由零散走向聚集,由边缘走向中心,演绎成社会文化中备受瞩目的现象,构筑起大学生精神生活的主潮。从历时性的演进机制和发展态势描述网络文化的变迁历程,梳理和探索网络文化的迭代脉络和演进轨迹,找寻网络文化变迁的标识性特征和阶段性规律,挖掘背后隐藏的变迁逻辑,为我们审视网络文化与技术、经济、政治、社会变迁的深度勾连提供线索。

第一节　中国互联网30年发展脉络

尽管今日人们对"互联网"已经司空见惯,但20世纪90年代,

"互联网"仍是一个充满幻想、魔力和不确定性的词条。时人对互联网的理解犹如面对阿里巴巴的宝库，又似打开潘多拉魔盒，互联网会带给我们什么？人们津津乐道、翘首以待，在时光穿梭中参与和见证了网络时代的到来。

2024 年是中国正式接入国际互联网的第 30 年。30 年间，无论是网络技术、网民规模、上网方式，还是媒介实践、权力关系、影响范围，都经历了波澜壮阔的大变革。任何时代的文化实践总是与当时最先进的技术结合在一起的。作为数字技术孕育的产物，网络文化发展史与网络发展史、网络技术发展史紧密勾连。因而，在厘定网络文化发展及其阶段性特征之前，有必要回望和廓清中国互联网 30 年的发展历程、演化线索和标志性事件。

一、中国互联网 30 年发展主线

互联网的影响是革命性、整体性和全局性的。学者尝试对中国互联网的发展历程和阶段周期进行划分，目前采用的划分依据主要有数字技术进步、传播方式变革、网民群体特征、商业模式演变、社会价值体现、国家战略导向、网络社会交往等。

第一，以技术进步作为主要依据，是学者惯常采用的一种方式。方兴东等基于 1994—2014 年中国互联网观察，将这 20 年的历程划分为三次浪潮——第一次浪潮发生于 1994—2001 年，Web1.0，以互联网技术的引入和初步应用为主要特征，中国互联网的发展处于摸索阶段，制度管理以社会化形态为主；第二次浪潮发生在 2001—2008 年，Web2.0，互联网管理从产业部门转向意识形态部门，网民主导网络文化发展的格局开始形成;第三次浪潮发生在 2009 — 2014 年,Web3.0,开始进入即时传播时代,国家网络安全意识逐渐上升,开始介入到互联网监管中,互联网法制建设也进一步完善①。方兴东等认为,中国互联网技术进步带来了三次重大传播变革,分别是:第一次变革是 2002 年开始的博客,让每一个人都可以拥有个人媒体;第二次变革是 2008 年开始的微博,使个人具备了大众媒体的传播能力;第三次变革是 2012 年开始的微信,使得传统传播能力非常有限的一对一为主的人际传播具备了大众传播的能力。

表 1-1 中国互联网发展阶段与特征②

阶段名称	史前阶段	第一阶段 Web1.0	第二阶段 Web2.0	第三阶段 Web3.0	第四阶段? (预测)
大致时间	1994 年之前	1994 — 2001 年	2001 — 2008 年	2009 — 2014 年	2015 — 2024 年
阶段特性	科研阶段	商业化阶段	社会化阶段	即时化阶段	网络空间阶段
突出属性	学术属性	媒体属性	社交特性	即时属性	网络空间属性
中国网民临界点	无	3%(3370 万,2001 年)	22%(3 亿,2008 年)	50%(7 亿,2015 年)	70%(10 亿,2024 年)
全球网民数临界点	0.4%(1600 万,1995 年)	8.6%(5.73 亿,2002 年)	23.9%(15.87 亿,2008 年)	40%(30 亿,2015 年)	65%(50 亿,2024 年)

① 方兴东、潘可武、李志敏、张静:《中国互联网 20 年:三次浪潮和三大创新》,《新闻记者》2014 年第 4 期。

② 方兴东、潘可武、李志敏、张静:《中国互联网 20 年:三次浪潮和三大创新》,《新闻记者》2014 年第 4 期。

续表

阶段名称	史前阶段	第一阶段 Web1.0	第二阶段 Web2.0	第三阶段 Web3.0	第四阶段? (预测)
商业创新	邮件	门户、B2C	博客、视频、SNS	微博、微信	变革各行各业
制度创新	科研机构	产业部门	九龙治水	意识形态主导	网络空间治理
文化创新	国际交流	网络媒体	个人媒体		
中国领军企业或应用	邮件	新浪、搜狐、网易、8848等	百度、阿里、腾讯等	新浪微博、腾讯微信等	腾讯、阿里、百度等
全球领军企业	AOL、Compuserve等	Netscape、Yahoo、Amazon等	Google、Yahoo、eBay等	Facebook、Youtube、Twitter等	Google、Apple、Facebook等
全球基本格局	美国主导	美国主导	中国开始快速发展	中国快速发展	中美两强竞相发展

2019年,方兴东、陈帅对"三次浪潮"的观点进行补充。依据社会网络发展和人类社会联结程度,将1994—2019年中国互联网发展划分为三个阶段:第一阶段,1994—2008年,以PC互联网为主的社会弱联结阶段;第二阶段,2008—2016年,移动互联网主导的社会强联结阶段;第三阶段,2016年以后,以5G和智能为特点的社会超联结阶段①。25年中,中国互联网发展的最突出的贡献就是中国社会从1994年典型的弱联结社会,发展到了一个真正的强联结社会,以联结为第一特性的中国网络社会初步形成。

---

① 方兴东、陈帅:《中国互联网25年》,《现代传播(中国传媒大学学报)》2019年第4期。

表 1-2　中国互联网发展阶段与社会联结程度①

阶段	弱联结阶段	强联结阶段	超联结阶段
技术特性	PC 互联网	移动互联网	智能物联网
时间节点	1994—2008 年	2008—2016 年	2016 年—
代表性应用	门户（邮件、搜索、新闻）	博客、微博、微信	云、短视频、VR、AI
联结主体	电脑互联	人与人互联	物与物互联
普及率	0—20%	20%—50%	50%—
治理主要矛盾	技术和产业治理	内容治理体系	社会综合治理体系
中美关系	追随阶段	部分自主阶段	部分引领阶段

　　第二,以信息传播方式作为主要依据。方兴东、严峰、徐忠良基于社会信息传播范式演进,将中国互联网发展划分为三个阶段:第一阶段,网络传播(20 世纪 90 年代),内容驱动为主,主要媒介形式是门户网站;第二阶段,自传播(21 世纪初),用户驱动为主,主要媒介形式是 BBS、博客、微博、微信;第三阶段,智能传播(21 世纪 20 年代),数据驱动为主,主要媒介形式是短视频、AI。② 在此基础上,方兴东、顾烨烨、钟祥铭从媒介融合视角,将中国互联网发展进一步细化为四个阶段:第一阶段,20 世纪 90 年代,Web1.0 技术主导,以内

---

　　①　方兴东、陈帅:《中国互联网 25 年》,《现代传播(中国传媒大学学报)》2019 年第 4 期。

　　②　方兴东、严峰、徐忠良:《5G 驱动下的社会变革、风险特性与治理对策——基于互联网 50 年技术演进历程与传播机制变革》,《新疆师范大学学报(哲学社会科学版)》2021 年第 2 期。

容数字化为核心特点;第二阶段,21 世纪初,Web2.0 技术主导,以个人数字化为核心特点;第三阶段,21 世纪 10 年代,移动互联技术主导,以个人深度数字化为核心特点;第四阶段,21 世纪 20 年代,智能物联技术主导,以社会数字化为核心特点。

表 1-3　中国互联网发展阶段与媒介融合进程①

年代	技术阶段	新媒体典型	传播驱动	媒体融合典型	融合战略	网民数量	普及率	核心特点
20 世纪 90 年代	Web1.0	三大门户	内容驱动	中华网、强国论坛	进攻性战略	0—1000 万	0—1%	内容数字化
21 世纪初	Web2.0	博客、微博	精英用户驱动	人民网、新华网、人民微博	防御性战略	0.1亿—3.84亿	1%—28.9%	个人数字化
21 世纪 10 年代	移动互联	微信、头条	大众用户驱动	县级融媒体	舆论主导权	3.84亿—9.04亿	28.9%—64.5%	个人深度数字化
21 世纪 20 年代	智能物联	短视频	数据驱动	健康码、人民数据	舆论场和社会治理	9.04亿—全民	64.5%—全民	社会数字化

　　第三,以网民群体画像作为主要依据。方兴东、王奔基于网民数量和群体特性的变化,将中国互联网的发展划分为四个阶段:第一阶段,20 世纪 90 年代,先驱网民的理想与激情,这一阶段网络暂时还是奢侈品,处在研究和开发阶段,网民年龄主要集中在 20—39 岁,大学专科以上的学历人群占 80%以上;第二阶段,21 世纪初,大众网

①　方兴东、顾烨烨、钟祥铭:《中国媒体融合 30 年研究》,《新闻大学》2023 年第 1 期。

民逐渐成为互联网主体,中国互联网开启大众化进程,其中最令人瞩目的事件是 2008 年中国网民数和宽带网民数同时超过美国,居全球第一;第三阶段,21 世纪 10 年代,手机接管互联网,全民联网时代到来。特别值得一提的是,21 世纪 10 年代末期,手机上网占比达 99%以上,网民随时随地可以接入互联网;第四阶段,21 世纪 20 年代,大规模同时在线,引爆智能物联新阶段。

表 1-4　中国互联网发展阶段与网民群体画像特征①

年代	技术阶段	网民群体特征	接入方式
20 世纪 90 年代	Web1.0	先驱网民为主。主要由高学历、高经济水平群体构成,网民年龄集中在 20—39 岁,大学专科以上的学历人群占 80%以上	PC 端为主
21 世纪初	Web2.0	大众网民为主。在网民学历结构的构成上,从原来占绝对优势的"大学本科及以上"开始下沉,大学本科以下学历的网民占比不断提升	PC 端为主
21 世纪 10 年代	移动互联	全民上网。在网民的学历结构比例变化中,"初中及以下"学历的网民比例持续上升,高中/中专/技校学历的网民比例反而开始下降,大学专科和本科网民则基本保持稳定	智能手机为主
21 世纪 20 年代	智能物联	全民上网。网民的性别、年龄、学历结构趋于稳定	智能手机为主,VR、AR、蓝牙音箱、智能家居等都可以上网

① 方兴东、王奔:《中国互联网 30 年:一种网民群体画像的视角——基于创新扩散理论重新发现中国互联网的力量与变革之源》,《传媒观察》2023 年第 1 期。(整理而成)

第四,以中国社会的网络化进程作为主要依据。刘少杰从网络交往实践出发,根据互联网向社会生活的深入程度和扩展广度,把中国社会网络化进程划分为两个阶段:第一阶段,1994—2009 年,学习起步阶段,主要表现为对西方网络技术和网络交往行为的学习、引进和模仿;第二阶段,2010 年至今,大规模扩展阶段,网络群体大量诞生和网络交往实践向社会各领域广泛扩展,中国网络社会走出了自己的发展道路,呈现出与西方网络社会发展不同的明显特点和发展逻辑①。

表 1-5 中国互联网发展阶段与中国社会网络化进程②

年代	中国社会网络化发展阶段	中国社会网络化发展特征
1994—2009 年	学习起步阶段	中国网络社会的发展,主要表现为对西方网络技术和网络行为的学习、引进和模仿
2010 年至今	大规模扩展阶段	中国网络社会走出了自己的发展道路,呈现出与西方网络社会发展不同的明显特点和发展逻辑

第五,以互联网重点应用方向作为主要依据。陈建功、李晓东强调互联网从单纯的技术应用向具有深远社会影响的转变,根据互联网重点应用方向的变迁,将 1994—2014 年中国互联网发展划分为三

① 刘少杰:《中国网络社会的交往实践和发展逻辑》,《学术月刊》2022 年第 8 期。

② 方兴东、王奔:《中国互联网 30 年:一种网民群体画像的视角——基于创新扩散理论重新发现中国互联网的力量与变革之源》,《传媒观察》2023 年第 1 期。(整理而成)

个阶段：第一阶段，20 世纪 80 年代至 1994 年，引入期（学术牵引期），互联网的很多关键性、基础性标准在这一时期得以确立；第二阶段，1995—2005 年，商业价值发展期，来自民间的、商业的、应用层面的力量大规模进入互联网，互联网呈现蓬勃发展趋势；第三阶段，2006 年以后，社会价值凸显期，互联网成为影响社会发展的重要力量。

表 1-6　中国互联网发展阶段与重点应用方向①

年代	网络应用阶段	网络社会阶段特征
20 世纪 80 年代至 1994 年	引入期	互联网的很多关键性、基础性标准得以确立
1995—2005 年	商业价值发展期	来自民间的、商业的、应用层面的力量大规模进入互联网
2006 年以后	社会价值凸显期	互联网成为影响社会发展的重要力量

第六，以信息化建设作为主要依据。林爱珺、莫继严从信息化发展的角度，将 1994—2014 年中国互联网发展分为三个阶段：第一阶段，1949—1993 年，自主创新计算机与电子通信业阶段，以全球第一台通用电子数字计算机埃尼阿克诞生为指引，中国积极迎接信息革命的挑战并不断探索信息产业化、规模化发展路径，自主研发计算机和电子通信技术，建立国家计算机网，逐步形成了以电子计算机和半导体等电子信息产业为基础的国家信息化发展产业；第二阶段，

---

① 陈建功、李晓东：《中国互联网发展的历史阶段划分》，《互联网天地》2014年第 3 期。

1994—2012 年，信息化建设正式起步、全方位发展，我国全面接入互联网，中国的信息技术产业逐步走向集成化、网络化、产业化；第三阶段，2012 年以后，实施网络强国和数字强国战略，信息核心技术不断创新，以信息化推进国家治理体系和治理能力现代化，构建网络空间命运共同体。

表 1-7　中国互联网发展阶段与信息化建设①

年代	中国信息化建设阶段	中国信息化建设阶段特征
1949—1993 年	自主创新计算机与电子通信业阶段	我国自主研发计算机和电子通信技术，建立国家计算机网，逐步形成了以电子计算机和半导体等电子信息产业为基础的国家信息化发展产业
1994—2012 年	信息化建设正式起步、全方位发展	我国的信息技术产业逐步走向集成化、网络化、产业化
2012 年以后	网络强国、数字中国战略阶段	我国信息核心技术不断创新，以信息化推进国家治理体系和治理能力现代化，构建网络空间命运共同体

第七，以互联网的舆论影响力和公众参与度作为主要依据。黄浩宇、方兴东、王奔以网络舆论演变为视角，将中国互联网变革划分为四个阶段，第一阶段，20 世纪 90 年代，网络舆论初具雏形阶段，网络舆论的主体是民众中有能力和有动机接触网络的特殊人群，是社会的精英阶层，属于群体中的少数；第二阶段，21 世纪初，网络舆论

①　林爱珺、莫继严：《中国信息化发展的历史路径与时代贡献》，《暨南学报（哲学社会科学版）》2023 年第 5 期。

能量凸显阶段,网民成为直接的内容生产者和信息发布者;第三阶段,21 世纪 10 年代,网络舆论空前繁荣阶段,移动互联网时代的全面到来,为网民提供了更为自由和便捷的网络舆论话语表达空间;第四阶段,21 世纪 20 年代,数据驱动的复合型舆论阶段,万物互联和智能传播为网络舆论带来未知和不确定性。

表 1-8　中国互联网发展阶段与互联网舆论变革①

年代	网络舆论发展阶段	网络舆论发展阶段特征
20 世纪 90 年代	网络舆论初具雏形阶段	网络舆论主体是民众中有能力和有动机接触网络的特殊人群
21 世纪初	网络舆论能量凸显阶段	网民成为直接的内容生产者和信息发布者
21 世纪 10 年代	网络舆论空前繁荣阶段	网民在移动互联时代获得了更为自由和便捷的网络舆论话语表达空间
21 世纪 20 年代	数据驱动的复合型舆论阶段	万物互联和智能传播为网络舆论带来未知和不确定性

第八,以互联网演进的学术视角作为主要依据。苏敏、喻国明追踪了 1994—2019 年中国互联网 25 年学术演进,认为 2000 年、2008 年、2014 年是互联网发展的最有现实代表性的时间节点,将中国互联网发展划分为四个阶段:第一阶段,1994—2000 年,初始接入与起步阶段,重在基础建设及基础知识的认识与普及;第二阶段,2001—

---

① 黄浩宇、方兴东、王奔:《中国网络舆论 30 年:从内容驱动走向数据驱动》,《传媒观察》2023 年第 10 期。

2008 年,互联网的社会化、普及化阶段,互联网发展对现实观照度高,对人们生活的影响更加多元和深化;第三阶段,2009—2014 年,互联网融入日常生活阶段,即时化、社交化的连接功能凸显;第四阶段,2015 年以后,互联网井喷式发展阶段,向智能化和个性化服务转变。

表 1-9 中国互联网发展阶段与互联网演进的学术视角①

年代	互联网发展阶段	互联网发展阶段特征
1994—2000 年	初始接入与起步阶段	基础建设及基础知识的认识与普及
2001—2008 年	社会化、普及化阶段	互联网对人们生活的影响更加多元和深化
2009—2014 年	互联网融入日常生活阶段	即时化、社交化的连接功能凸显
2015 年后	互联网井喷式发展阶段	互联网向智能化和个性化服务转变

第九,以平台演化作为主要依据。陈昌凤、袁雨晴结合中国代表性的互联网应用与核心技术迭代,从传播平台演化的视角,分析中国互联网 1994—2024 年间 Web1.0、Web2.0、Web3.0 的变迁特征,划分为三个阶段:第一阶段,1991—2004 年,Web1.0 静态网络阶段,以门户网站和数字化新闻为主,这一时期的传播模式是以点对面的、中

① 苏敏、喻国明:《以人为本的成长逻辑:中国互联网发展的第一个 25 年——基于学术视角的 Citespace 可视化分析》,《辽宁大学学报(哲学社会科学版)》2019 年第 6 期。

心化的、集中控制式的大众传播为主,呈现"发布→浏览"的单向特征,基本逻辑是将传统媒体的内容"照搬"到互联网上,以条目的方式陈列在静态网站上供网民检索浏览;第二阶段,2004 年至今,Web2.0 阶段,以社会化媒体与用户导向为主,SNS、移动互联网、算法推荐作为核心应用,强调由用户主导参与、交互、分享与生成内容;第三阶段,Web3.0 阶段,数智平台与媒介化基础设施加速,以区块链、数字身份识别等为底层技术架构,与人工智能、虚拟现实、元宇宙、物联网等协同适应,万物互联、虚实相融、价值共创的数字经济系统和互联网生态方兴未艾,人与物交互、全面互联、精准感知、智慧解读仍在持续发展。

表 1-10 中国互联网发展阶段与平台演化①

	Web1.0	Web2.0	Web3.0
阶段特征	数字化	社交化、场景化	智能化、生态化
代表性传播平台	门户网站	社会化媒体	数智基础设施
核心技术	超链接	算法推荐	大语言模型、区块链、虚拟现实等
平台属性	内容集合	关系连接	服务提供
主要的内容生成方式	网站策划	用户生成	生成式人工智能
功能迭代	可读	可读+可写	可读+可写+可拥有

---

① 陈昌凤、袁雨晴:《平台演化:中国互联网 30 年与传播变迁》,《新闻与写作》2024 年第 4 期。

续表

	Web1. 0	Web2. 0	Web3. 0
传播模式	大众传播	人际传播与群体、组织传播为主	媒介化
新闻传播理论转向	数字化新闻学	用户导向的新闻传播理论	媒介化基础设施理论

第十,以连接逻辑作为主要依据。喻国明、刘彧晗将 1994 —2024 年中国互联网发展划分为两个阶段:第一阶段,互联网上半场(社会的媒介化进程),拓展人类的纵向自由度,实现随时随地与任何人的连接,将个体从那些纵向的社会禁锢中解放出来(诸如时空、群体、身份等),让人类愈加具备突破"物质个体"限制的能力,使个体在社会层次中流动穿行成为可能;第二阶段,互联网下半场(社会的深度媒介化进程),拓展人类的横向自由度,从游戏与元宇宙的虚拟世界架构,到 ChatGPT、Sora 等生成式 AI 的大量介入,借助机器智能力量,赋予用户更便捷、更平等地利用和调度社会资源的能力,拓宽个体活动半径,所有传播活动不仅可基于本我能力,还可基于 AI 辅助的超我能力。①

此外,学者基于不同的标准,对中国互联网发展阶段采用不同的理论框架和划分方法。如吴军在《浪潮之巅》一书中,认为中国互联网发展分为四个阶段,即门户网站——"制播分离"的网络平台——

---

① 喻国明、刘彧晗:《中国互联网 30 年:演进逻辑、传媒业态与研究取向的变迁》,《新闻与写作》2024 年第 4 期。

移动互联网——万物互联①;何心巨、代锐、吴华清将中国互联网发展划分为三个阶段,即门户网站兴起的阶段(1994—2000 年)——社交化、娱乐化与便民化阶段(2001—2010 年)——移动互联网时代(2011 年至今)②;郑振宇根据我国互联网治理历程划分为四个阶段,即互联网治理的前期准备阶段(1978—1993 年)、互联网治理框架初步建立阶段(1994—2002 年)、互联网治理的发展阶段(2003—2011 年)、互联网治理的深化阶段(2012 年至今)③;等等。

二、中国互联网 30 年发展特征

一般地讲,学者倾向于以 10 年、15 年、20 年、25 年、30 年作为一个时段,对中国互联网发展阶段加以回望和梳理。追踪互联网发展阶段和突出特征,有助于从历时性的视角将议题嵌入其中进行考察,更深刻地把握其发展规律与阶段性特征。尽管划分标准不尽统一,但依然能够从中解析出一些共同的、关键性的线索;当然,不同阶段、周期之间并没有泾渭分明的分界线,主要以能够有效地总结规律、说明问题和研判趋势为目标。对上述主要的阶段划分方法罗列比对如下:

---

① 吴军:《浪潮之巅》,人民邮电出版社 2016 年版,第 599—633 页。

② 何心巨、代锐、吴华清:《中国元宇宙的发展与治理——对比中国互联网发展历史》,《产业经济评论》2023 年第 2 期。

③ 郑振宇:《改革开放以来我国互联网治理的演变历程与基本经验》,《马克思主义研究》2019 年第 1 期。

表 1-11　学界关于中国互联网发展阶段的主要划分方法

作者	研究成果	划分依据	时段	阶段划分	阶段特征
方兴东、潘可武、李志敏、张静	《中国互联网 20 年：三次浪潮和三大创新》	技术发展和商业化应用	1994—2014 年	1994 年之前	史前阶段，科研阶段
				1994—2001 年	互联网 1.0/商业化阶段
				2001—2008 年	互联网 2.0/社会化阶段
				2009—2014 年	互联网 3.0/即时化阶段
				2015—2024 年	网络空间阶段
陈建功、李晓东	《中国互联网发展的历史阶段划分》	互联网发展重点应用方向	1995—2005 年	20 世纪 80 年代至 1994 年	引入期
				1995—2005 年	商业价值发展期
				2006 年之后	社会价值凸显期
苏敏、喻国明	《以人为本的成长逻辑：中国互联网发展的第一个 25 年》	学术演进	1994—2019 年	1994—2000 年	初始接入与起步阶段
				2001—2008 年	社会化、普及化阶段
				2009—2014 年	互联网融入日常生活阶段
				2015 年之后	互联网井喷式发展阶段
方兴东、金皓清、钟祥铭	《中国互联网 30 年：一种全球史的视角》	互联网技术演进	1994—2022 年	20 世纪 80 年代	信息社会思想启蒙阶段
				20 世纪 90 年代	Web1.0
				21 世纪初	Web2.0
				21 世纪 10 年代	移动互联
				21 世纪 20 年代	智能物联

续表

作者	研究成果	划分依据	时段	阶段划分	阶段特征
方兴东、顾烨烨、钟祥铭	《中国媒体融合30年研究》	媒体融合进程	1994—2023年	20世纪90年代	内容驱动
				21世纪初	精英用户驱动
				21世纪10年代	大众用户驱动
				21世纪20年代	数据驱动
喻国明、刘彧晗	《中国互联网30年:演进逻辑、传媒业态与研究取向的变迁》	互联网连接逻辑	1994—2024年	21世纪20年代之前	互联网上半场（社会的媒介化进程）
				21世纪20年代之后	互联网下半场（社会的深度媒介化进程）
陈昌凤、袁雨晴	《平台演化:中国互联网30年与传播变迁》	平台演化逻辑	1994—2024年	1991—2004年	Web1.0阶段
				2004年至今	Web2.0阶段
				尚在进行	Web3.0阶段

就上述划分方法来看,以互联网技术演进划分和以年代划分,是观察互联网发展进程与规律最具代表性的两种方法,而 1994 年、2004 年、2008 年、2020 年通常被认为是互联网发展史上的重要时间节点,用作不同阶段之间的分界线,这几个年份表征着中国互联网发展史上某个关键性时刻——中国接入国际互联网、Web2.0 模式开启、智能手机崛起、智能物联时代全面到来等。囿于技术构想到落地再到大规模应用之间的时滞,不同学者对这些重大时刻的认定并无本质性差异,但对其具体时间段的界定往往存在着 2 年的差距。

正如麦克卢汉所讲,"我们透过后视镜来观察目前,我们倒着走向未来"①。对互联网发展历史、阶段和特征的充分把握,可以清晰地看见互联网对中国社会、中国民众所带来的巨大影响和深刻变革。一言以蔽之,互联网不仅定义了人们的生存空间与发展境遇,也界定和影响了整个时代的文化特征。作为互联网发展史中最显性、最喧嚣的表征,也是最灵动、最富有意味的观察视角,网络文化的形塑构造、阶段划分、发展规律和流变特征始终不能脱离互联网发展历程。甚至可以说,从发生史上来看,网络文化就是技术文化,是互联网技术决定并界定的文化样式。德国技术哲学家拉普曾说,"实际上,技术是复杂的现象,它既是自然力的利用,同时又是一种社会文化过程"②。从电子邮件、门户网站、电子论坛到博客、微博、微信、快手、

---

① Marshall McLuhan, *The Medium is the Massage: an Inventory of Effects*, New York: Bantam Books, 1967, pp.74-75.

② Marshall McLuhan, *The Medium is the Massage: an Inventory of Effects*, New York: Bantam Books, 1967, pp.74-75.

腾讯微视、抖音、B 站再到 ChatGPT、Sora 等 AI 技术形态,不仅制约并塑造着文化发展的程度和文化的形态,也实现着文明与文化的升迁与迭代。

第二节　大学生网络文化 30 年发展阶段

迈克尔·海姆深刻地指出,"电脑、因特网带给我们的不仅仅是作为工具的技术,它们已经造成了人们新的生存方式、生活方式、思维方式和价值观"[①]。以新时代大学生为主体的青年人群,在我国互联网发展史、互联网文化发展史上具有样本意义。一方面,他们的生命周期与互联网发展周期完全契合,见证并参与了互联网的每一个浪潮、每一次革命。他们的童年、少年、青年阶段恰逢中国互联网的"童年""少年""青年"阶段,时代烙印在大学生的代际特征截面上留痕,那些曾经在互联网中风起云涌的文化样态、类型、事件,都无声地浓缩并镌刻进大学生的生命历程和精神基因。另一方面,新时代大学生以极大的热情和创造性,始终立于潮头,在互联网这片新天地里恣意挥洒,以他们独有的认知、经验、观念和立场孕育新文化,为中国互联网注入青春底色,成为网络文化走向繁茂不可或缺的力量。因此可以说,中国互联网、中国互联网文化与新时代大学生同龄、同

[①]　[美]迈克尔·海姆:《虚拟实在的形而上学》,金吾伦译,上海科技教育出版社 2000 年版,第 7 页。

步、同源,"互联网天然是属于青年的"①,我国互联网文化 30 年衍变为我们提供了观察互联网、观察大学生的时代视角。

将网络文化置于考古学研究范式可以得知,传播工具决定网络文化演变和文化分期。② 网络文化遵循互联网技术演进和传播变革的规律,在不同技术和传播形态下,网络文化呈现出不同的特性,这些特性深刻地体现在不同阶段的网络文化的标志性事件之中。因此,当我们考虑网络文化分期时,不得不将其置于我国互联网发展的总体脉络中,去厘清数字技术和传播工具变革所引发的文化形态迭代,遵循"技术—传播—文化"的逻辑理路,去探知网络文化衍变态势。

借鉴我国学者关于互联网发展阶段和历史分期的研究成果,拟以 1994 年我国正式接入国际互联网为起点,10 年为一个阶段进行划分,通过标志性的技术应用和文化事件,对每一个阶段的历程进一步展开解析和观察,系统梳理中国网络文化 30 年的演进与嬗变,窥探我国网络文化的变化逻辑和演进规律。尽管十年一代的划分方法,准确性有待考证,不同阶段之间的文化分期不尽合理,甚至有些文化样态存在一定的重叠与错位,但以年代来划分,符合互联网领域技术和媒介层面的变革周期,能够抓住影响网络文化变革的关键技术要素,为远眺中国网络文化未来发展趋势和规律提供线索,也为我们站在社会变革的角度,以文化作为观察视角来审视互联网之于中

---

① 张颐武:《互联网·青年·文化创新》,《大数据时代》2019 年第 10 期。
② 郑达威:《网络文化的演变与传播工具的公共性》,《当代传播》2016 年第 1 期。

国发展的重大意义提供新思路和新范式。

一、20 世纪 90 年代：Web1.0 技术驱动与网络文化初现

1994 年接入国际互联网，年轻人最为欢呼雀跃，体会到了真正的精神狂欢——"坐在电脑面前，轻快地敲打着键盘，没有了第三者注视的眼光，没有编辑的挑剔，没有人知道是谁在说话，是谁在骂人，是谁在梦呓，是谁在狂言，是谁在哭泣，是谁在光缆上舞蹈，合着光波的节奏，登上了网络舞台"①，以大学生为主体的青年人群，不约而同地上涌入互联网，从此开启了一种革命性的文化变迁历程。

（一）Web1.0 技术与网络传播

1987 年 9 月，中国第一封电子邮件"越过长城，走向世界"从北京发出；

1994 年 4 月 20 日，中国开通 64K 国际专线，运行 TCP/IP 协议，全功能接入国际互联网，这是中国互联网时代的起始点；

1994 年 5 月 15 日，中国科学院物理研究所架设了国内第一个 Web 服务器，推出中国第一套网页；

1994 年 5 月 21 日，中国科学院计算机网络信息中心完成了中国国家顶级域名.CN 服务器的设置；

1994 年 5 月 22 日，国家智能计算机研究开发中心开通曙光

---

① 宁荣生：《谁掌握了网络时代的话语权》，《五邑大学学报（社会科学版）》2003 年第 1 期。

BBS 站;

1995 年 1 月,《神州学人》杂志经中国教育和科研计算机网进入 Internet;

1995 年 5 月,北京中关村南区的一块巨型广告牌"中国人离信息高速公路还有多远——向北 1500 米",瀛海威第一次让互联网概念深入人心;

1995 年 8 月,清华大学 BBS"水木清华"正式对外开放;

1997 年 6 月,网易成立;

1998 年 2 月,搜狐网成立;

1998 年 3 月,大型个人社区网站"西祠胡同"创办;

1998 年 11 月,腾讯公司成立;

1998 年 12 月,新浪网成立;

1999 年 2 月,腾讯 OICQ 发布;

1999 年 3 月,B2B 网站阿里巴巴成立;

1999 年 3 月,天涯虚拟社区诞生;

1999 年 6 月,强国论坛成立;

1999 年 8 月,ChinaRen 网站上线;

1999 年 9 月,北京大学 BBS"一塌糊涂"建立;

1999 年 11 月,盛大成立并推出中国第一个图形化网络虚拟社区游戏"网络归谷"。

20 世纪 90 年代,从电子邮件服务、文件传输服务、网络新闻服务到全球信息网服务、电子公告牌、网络游戏等,网络展现出传统媒介无法比拟的新特点、新功能。与传统媒介相比,互联网的核心产品是将数字化信息或数字化的传统媒体信息通过互联网进行传输、聚合与检索。这一时期称作"第一代互联网"①,即 Web1.0。Web1.0的本质是聚合、联合和搜索,其聚合的对象是海量、芜杂的互联网信息。这些碎片的、离散的、看似微不足道的图像、文本、音频、视频等信息,经过聚拢,形成一种强大的话语力量和丰富的价值表达,满足人们的沟通交流和信息传播需求。Web1.0 时代的互联网,主要特征是数据传输和信息传递,完成浏览、搜索、通信等操作。这一时期,用户利用 PC 端登录,可以浏览和获取互联网上虚拟、海量、快捷、多元的信息,典型的媒介形式有门户网站、数字化新闻、搜索引擎、OICQ、BBS 等。

(二) Web1.0 时代大学生网络文化典型样态

以大学生为主体的青年人群年轻热情、充满朝气、富有活力、思维敏捷,是互联网最积极的使用者和创造者,最早涌入互联网,构成早期互联网用户的主流人群。1997 年发布的首次《中国互联网络发展状况统计报告》显示,我国上网用户数为 62 万,其中 15 岁以下占比 0.3%,21—25 岁占比 36.3%,26—30 岁占比 29%,31—35 岁占比 13.2%,36—40 岁占比 4.3%,41—45 岁占比 6.8%,50 岁以上占比 4.8%,其中年龄在 21—35 岁之间的青年人占 78.5%②;1998 年发

---

① 刘畅:《"网人合一":从 Web1.0 到 Web3.0 之路》,《河南社会科学》2008年第 2 期。

② 中国互联网络信息中心:《中国互联网络发展状况统计报告》,1997 年10 月。

布的《中国互联网络发展状况统计报告》显示,21—35 岁之间的青年人占 79.2%①;1999 年发布的报告显示,这一比例扩大为 79.7%②;2000 年为 78.4%③。毫无疑问,青年是互联网文化创新的主力军,中国早期互联网文化是青年创造的产物。张颐武认为,青年创造了三样东西:一是新的互联网的形态,二是互联网上大量新的具有原创性的内容,三是互联网与现实的连接上的多重文化形态。④ 这一阶段,一些标志性的文化现象、文化事件将青年引入网络文化的新秩序、新框架、新视野之中。Web1.0 时代典型文化现象、类型和样态包含:

1. 网络语言

网络语言缘起于 1982 年,美国卡耐基·梅隆大学的斯科特·法尔曼教授在电子公告板里第一次输入了一串字符::-),人类历史上第一张电脑笑脸就此诞生。这一符号在 20 世纪 90 年代风靡大学生群体,以此为蓝本,更多新符号、新语言纷纷涌现,例如;-)(眨眼微笑)、>(<(任性)、^_^(微笑)、@.@(搞不清楚状况)、:((难过)、:-@(惊讶)、@-(-@(震惊)、v_v(思考中)、-#(生病发烧中)、886(拜拜啦)、BT(变态)、斑竹(版主)、94(就是)、4U(为你)等,在 BBS、QQ、MSN 里随处可见。1999 年,中国社会出版社出版的《当代流行语》一书所收录的 50 余条"科技流行语"中,大多是与互联网有关的新语词,如"IP 电话""手提电脑""上网""千年虫""病

① 中国互联网络信息中心:《中国互联网络发展状况统计报告》,1998 年 7 月。
② 中国互联网络信息中心:《中国互联网络发展状况统计报告》,1999 年 7 月。
③ 中国互联网络信息中心:《中国互联网络发展状况统计报告》,2000 年 1 月。
④ 张颐武:《互联网·青年·文化创新》,《大数据时代》2019 年第 10 期。

毒""电子商务""电子私塾""电脑盲""电脑族""防火墙""黑客""数字化犯罪""网上书店""网民""网虫""网吧""因特网",一些新兴的网络流行语也被录入其中,如"爬网""贴帖子""菜鸟""下载"等。这些网络语言,往往被认为是"新新人类"的话语方式,是"键盘语言",是"领时尚之风骚"的新文化形态。

2. 网络文学

1998 年,我国台湾地区成功大学水利系学生蔡智恒("痞子蔡")的小说《第一次的亲密接触》连载完成。小说讲述的是博士生"痞子蔡"在网上邂逅少女"轻舞飞扬",通过在线聊天渐生情愫,但"轻舞飞扬"突然患上绝症的故事。小说一经发布就被转发到国内外多个华文论坛,占据畅销书榜,随后还被改编成话剧、电影、电视剧、电子游戏等,风靡一时。《第一次的亲密接触》以"网恋"为主题,通过网上聊天和线下网友见面,使物理现实和虚拟现实两种语境得以连接,展现了网络时代青年人的社交和情感特点,文中大量使用网络口语和虚拟昵称,如当机、见光死、恐龙等,带有强烈的媒介技术和媒介文化的痕迹,吸引了大学生群体的广泛关注,满足了他们对新媒介应用、时空转变、人际关系和情感表达的窥探欲,预示着我国新一代青年文化生活的变革,被视为中国网络小说的开端。除此之外,新浪 BBS、天涯论坛、猫扑论坛、起点中文网、榕树下、红袖添香、起点中文网、晋江文学城等共同促动网络文学的流行。

3. 网络参与

1999 年 5 月 9 日,北约袭击中国驻南联盟大使馆之后,人民日报网络版开通"强烈抗议北约暴行 BBS 论坛",迅速受到网民欢迎。

6 月 19 日,该论坛更名为"强国论坛"。强国论坛是新闻网站中最早开办的时政论坛,先后邀请多位官员、学者、社会精英等与网友在线论坛,成为中国网友对世界大事、国家大事发表意见的重要场所。在 BBS 这一相对自由的领域中,大学生借网民身份进行政治表达、讨论和争辩,监督权力机关的运行,各种观点相互交流、相互碰撞,形成强大的舆论声浪,也使网络虚拟社区成为新型集体文化的表现空间。

Web1.0 时期,E-mail、BBS、ICQ 和 HTTP 为网民的信息交流和文化互动提供了便利条件。网络语言、网络文学及网络参与初现,构成 20 世纪 90 年代大学生网络文化最鲜明的特征。这一时期,是我国网络文化的萌芽,也是大学生参与网络文化创制的起点。首先,大学生成为网民的主体。据统计,截至 2000 年 1 月,我国网民中 18—30 岁占比 75.6%,大专及以上文化程度占比 84%,学生占比 21%①。网络对大学生的影响异常深刻,这不仅体现在上网冲浪成为一种时尚、网络信息日益丰富、在线交流形式日益多样,更体现在网络作为一种新的文化生产方式和消费方式逐渐嵌入到大学生的日常生活之中。其次,大学生以虚拟身份进行网络社交。互联网打破了传统现实生活中社会关系的真实性,构筑了一种虚拟空间中的新型人际关系,大学生交往方式的深度、广度都不断拓展,开放性、自由性不断增强,电子邮件、网络浏览、QQ、BBS 以及各种网络交流分享平台,形成了各种虚拟社区和在线空间,为网络文化的生产、传播和消费提供了便利。就网民使用的网络服务来看,依次为电子邮箱(71.65%)、搜

---

① 中国互联网络信息中心:《中国互联网络发展状况统计报告》,2000 年 1 月。

索引擎(50.40%)、软件上传或下载服务(44.16%)、各类信息查询(39.31%)、网上聊天室(25.47%)、新闻组(16.99%)、BBS电子公告栏(16.32%)、网上游戏娱乐(13.64%)、免费个人主页空间(13.49%)、网上寻呼机(13.17%)①,等等。再次,大学生在虚拟社交中构建新型文化。网络技术重塑了文化的存储、加工和传输的方式,将一切数字、字符、声音、图形、图像数字化,"一种声音或光线,均可以变成基本的数码系统,不仅可以储藏,而且可以输送,还可以随时复制,最后还可以发明和改造"②。一切数字化的信息都存在于赛博空间,网络文化的存在、传承、创造与传播活动都在这一空间中进行,大学生以符号化、虚拟化的互动交往,进行信息获取、交换、储存、传播与融合,生成一种符号化的文化形态,即网络文化。因此可以说,Web1.0时代在现实文化之外构造了另一种新型的文化形态——网络文化,实现了文化虚拟化。尽管网络文化尚处于孕育与萌芽状态,但作为一种成长着的新生力量,必将在技术变革中实现转型与跃升,促动大学生思维方式、价值观念、行为方式、认知模式的深刻变革。

二、21世纪初:Web2.0技术驱动与网络文化发展

2000年后,我国互联网进入快速发展阶段,尤其是博客、百度贴

---

① 中国互联网络信息中心:《中国互联网络发展状况统计报告》,2000年1月。
② 高亮华:《人文主义视野中的技术》,中国社会科学出版社1996年版,第14页。

吧、豆瓣网、校内网、QQ 空间等一批 SNS 社交网站的出现,实现了信息传播模式的关键性变革,网络权力进一步向大众下沉,网民逐步掌握互联网的主动权,"个体—— 一个此前无人了解的思想史单位——从此踏上了世界的舞台……在传播领域,个体成为作者,个人获得的著作权保障了其作为作者的身份。人一跃成为创造者,而且也自知这一身份"[1],网民第一次成为传播主体,成为新媒体的使用主体,成为文化创新主体,实现了从"观看"到"参与"的转变,网络文化的流动性、多元性、分享性、开放性与聚合性的特征凸显,文化生产的速度、规模快速提升,开启了网络文化的繁荣时代。

(一) Web2.0 技术与社交传播 1.0

2002 年 8 月,方兴东、王俊秀引入"博客"概念并创办"博客中国";

2003 年 12 月,百度贴吧上线;

2004 年 3 月,博客中国推出 15 个频道的 RSS 新闻服务;

2004 年 8 月,新华网推出 RSS 聚合新闻服务;

2005 年 3 月,豆瓣网上线;

2005 年 6 月,QQ 空间上线;

2005 年 12 月,校内网上线;

2007 年 1 月,初代 iPhone 面市;

2007 年 6 月,AcFun 弹幕视频网成立;

---

① [德]克劳斯-吕迪格·马伊:《古登堡:500 年前塑造今日世界的人》,洪堃绿译,北京日报出版社 2021 年版,第 170 页。

2009 年 6 月,哔哩哔哩正式成立;

2009 年 8 月,中国最大的门户网站新浪网推出新浪微博内测版;

2009 年 10 月,iPhone 3G 登陆中国市场。

21 世纪初,以博客为代表的 Web2.0 让网民获得了互联网上的主体性地位,个人用户成为文化生产和传播的主要力量。2006 年,美国《时代周刊》把年度风云人物颁给了全世界的"网民"——你(You),这意味着以互动、分享为核心的 Web2.0 浪潮全面掀起。"互联网 2.0(Web2.0)是互联网的一次理念和思想体系的升级换代,由原来的自上而下的由少数资源控制者集中控制主导的互联网体系转变为自下而上的由广大用户集体智慧和力量主导的互联网体系"①,网民成为互联网生态主要的生产者和创造者,用户参与创造内容(UGC)模式流行。

(二) Web2.0 时代大学生网络文化典型样态

"博客、RSS、播客等符合 Web2.0 定义的技术,都在强调分众传播的对等信息交互,也就是信息接受者同时也是这些信息的创造者,若干的博客汇集成新的信息输出者,每个人在挤奶的时候还要喝奶"②。Web2.0 时代是"用户自主"的媒体时代,网民由 Web1.0 时代浏览、冲浪、聊天等随机性和趣味性活动,转向个性化、交互性、创

---

① 中国互联网协会:《2005—2006 年中国 Web2.0 现状与趋势调查报告》,2006 年 3 月。

② 冷冶夫:《民间影像的革命》,中国广播电视出版社 2007 年版,第 26 页。

造性活动,以用户为中心、以用户创造内容为核心逻辑驱动互联网进入技术发展和文化发展的新阶段。2001—2010 年间我国上网人数实现了质的飞跃,2001 年网民规模为 2250 万人,2010 年网民规模为 4.2 亿,10 年间完成了互联网的大众化过程。根植于亿万网民的数字生活实践,网络文化呈指数级增长,网络文化恣意生长,网络流行语、网络文学、网络社会思潮持续奔涌,网络电影、网络游戏蓬勃新兴,博客、播客走到前台,电子杂志、网络社区以及各种客文化百花齐放,恶搞文化、客文化、迷文化、自拍文化、晒文化等声浪迭起。

Web2.0 改变了以往大众传播自上而下的路径,形成传播者自我生产、自我引导、自我选择的大众自传播模式,强化网民在互联网中的影响力,展现着互联网传播权力下移的态势。网民,既是网络内容的消费者,也是网络内容的生产者和创造者,用户生成内容的 UGC 模式及其蕴含的文化平民主义和大众化意指,极大地促动网络文化繁荣,不仅网络文化形式、种类趋向丰富,而且网络文化的精神、内核趋向多元。相较于 Web1.0 时代,大学生网民的数字身份发生转型,由受众变成了产消者,以其超高的集体想象力、创造性和迫切的消费欲望,让网络文化中处处充盈着与"精英文化"截然不同的平民智慧。

三、21 世纪 10 年代:移动互联技术驱动与网络文化井喷

2011 年中国移动互联网落地,由 PC 端转向以智能手机为代表的移动终端,实现了"人随网走"向"网随人动"的重大转变,由基于

PC 的社交传播 1.0 转向基于智能手机的社交传播 2.0 时代。打开 App 商店,随时可以下载各种应用软件;利用各类移动搜索引擎,随地可以搜索信息;手机游戏、手机阅读、移动支付触手可及,永久在线、永久连线成为新生活方式,为信息获取、文化消费和精神娱乐提供了极大的时空便利。大学生以更大的热情拥抱新技术,以沉浸式的姿态投入网络空间,获得更多的网络话语权,参与性、自主性和创造性得以激发,促动网络文化的生产、传播与消费加速进行。大学生的自我、个性、需求、欲望被充分释放,"我就是我"上升为新的精神需求,而对文化风格、品位、族群、圈层的选择,就成为自我展现、自我表达、自我塑造的重要方式。

(一)移动互联技术与社交传播2.0

2011 年 1 月,微信问世;

2011 年 1 月,知乎上线;

2011 年 3 月,快手上线;

2012 年 3 月,字节跳动成立;

2012 年 8 月,今日头条出现;

2013 年 6 月,小红书成立;

2016 年 9 月,抖音诞生;

2017 年 8 月,抖音国际通用版本 Tik Tok 在海外上线。

21 世纪 10 年代,被称为移动互联网的黄金 10 年[①]。Wi-Fi、5G

---

① 方兴东等:《中国媒体融合 30 年研究》,《新闻大学》2023 年第 1 期。

等基础设施和智能终端逐渐完善,智能手机崛起,微博、微信、抖音、快手、知乎、今日头条、B 站、小红书等陆续成立,以移动互联网为特征的新技术潮流,促动人与人的网络连接实现新的突变,进入一个"所有人对所有人传播"的强联结社会,网民规模和网络交互形态都实现巨大飞跃。从网民规模来看,截至 2019 年 6 月,我国网民规模达到 8.54 亿,其中手机网民规模为 8.47 亿,占比 99.1%,大规模实时互动成为现实;从网络交互形态看,以短视频、智能算法推荐、圈层社交等为主导,重塑网民的互联网使用习惯,重构人们的生存方式、交往模式,促动网络文化井喷式增长,"一个新的文明正在我们生活中形成……这个文明带来了新的家庭形态,改变了工作、感情和生活方式……这个新文明的崛起是我们生活中最具爆炸性的事件"①,网络文化的蓬勃发展正以不可阻挡之势滚滚向前。

(二)移动互联时代大学生网络文化典型样态

2010 年以后,网络文化呈蔓生之势。从文化业态来说,手机即时通信、手机网络文学、手机网络音乐、手机网络游戏迅速崛起,网络视频、网络直播持续火热,动漫文化、御宅文化、吐槽文化、小清新文化、晒秀文化、粉丝文化、锦鲤文化、丧文化蜂拥而起,网络族群、圈层加速流行,成为大学生网络文化的时代风潮。移动互联时代典型文化现象、类型和样态包含:

1. 网络直播

网络直播,既是一种新型媒介技术,也是一种新兴文化样态,

---

① [美]阿尔文·托夫勒:《第三次浪潮》,新华出版社 1995 年版,第 3 页。

"它是依托移动互联的网络环境基础,以手机等移动终端设备和直播应用程序为软硬件支撑,基于兴趣形成的网络视频信息实时呈现和交互传播模式"①。得益于图像处理技术和移动互联网传输技术的发展,个人可以架设信号采集设备,配置电脑、手机、摄像头、话筒等,一时间视频直播蔚然成风。网络主播往往使用文字、语音、图像、视频等多媒体形式进行内容创作,配合有声语言、肢体语言、服饰语言、空间语言等多种手段传递信息,与受众进行音视频通话交流,并通过线上订阅、弹幕、留言、打赏等方式进行互动。2016 年为"网络直播元年",各类直播平台和短视频 App 争奇斗艳,快速风靡互联网,当年度我国网络直播用户规模达到 3.44 亿,占网民总体的 47.1%。② 网络直播兼具社交化、社群化、娱乐性特征,不仅满足了虚拟连接和情感交互的需求,更构筑一种新的数字文化传播体系和文化样态。

2. 虚拟偶像

从洛天依、初音未来到鹤追、翎 Ling、AYAYI 再到华智冰、柳夜熙,在新技术引擎的驱动下,虚拟偶像不断迭代,类型日趋丰富、样态愈加多元,从小众化转向主流化。尤其是 2018 年,新一代虚拟偶像呈爆发式增长,我国进入虚拟偶像新纪元。作为数字时代的新型偶像,虚拟偶像具有类人特质,在容貌、性格、衣着上具有独特的形象设定,以歌手、舞者、主持人等拟社会化角色,参与演出、选秀、综艺、走秀、广告代言、直播带货、线下陪玩等。由爱奇艺发布的《2019 虚拟

---

① 严小芳:《场景传播视阈下的网络直播探析》,《新闻界》2016 年第 15 期。
② 中国互联网络信息中心:《第 38 次中国互联网络发展状况统计报告》,2016 年 8 月。

偶像观察报告》显示，全国已经有 3.9 亿人，要么已关注虚拟偶像，要么正在关注虚拟偶像的路上。[①] 虚拟偶像文化源自于早期二次元文化，是数字技术生成的拟真世界，设计者围绕虚拟偶像的性格特征生产出文化产品，并赋予其拟人化特质，每个虚拟偶像都具有差异化、独特化的性格标签，以此来聚拢粉丝部落，形成"虚拟偶像饭圈文化"，展现出强烈的情感陪伴和文化消费意蕴。

3. 网络圈层

移动互联技术为大学生提供新的交往空间和聚合方式，使得文化圈层化、部落化、族群化趋势愈加普遍与显著，拥有相同或相似具体化的文化资本的人群相互吸引和凝聚，构筑起种类繁多的网络圈层，彰显出选择自由、身份独立、兴趣导向、内容小众等鲜明特征。无论是主动选择、被动参与或是无意识加入，大学生都可以划归某种圈层。网络圈层具有年轻、活跃、前卫、流变等特点，通过圈内的规则、意识、权力和秩序，生成自身的行动逻辑和话语风格，使圈层成员产生身份认同感和归属感，加速多元文化样态的生成和流变，电竞文化、御宅文化、二次元文化、国风文化、饭圈文化、手办文化、耽美文化、土味文化、说唱文化、网红文化、锦鲤文化都经由圈层而得以扩张，衍生为多样的媒介文化景观。以 B 站为例，就包含音乐、影视、科技等 15 个分区，衍生出 7000 多个文化圈层、800 多万个标签。[②]

---

① 爱奇艺全国创意策划中心：《爱奇艺：2019 虚拟偶像观察报告》，2020 年 3 月 6 日，见 http://www.199it.com/archives/1004591.html。

② 《B 站"出圈"启示：媒体融合如何"打破圈层"》，2020 年 5 月 20 日，见 ht-tps://new.qq.com/omn/20200119/20200119A03EC700.html。

从一定意义上讲,网络圈层具有专属的话语体系、文化体系和价值体系,是网络文化精细化和小众化发展的生动表征。

技术的每一次迭代更新,都衍生新的场景和平台,引发信息传播方式和效率的提升,也彰显新的文化风格和样式。智能手机爆发而形成的移动互联时代,网络真正深入每一个人的生活,深刻改变了信息获取方式和文化生产方式。扁平化、交互性、草根性、去中心化的技术特质愈加凸显,人人持有的智能手机及内嵌的微博、微信、抖音、快手、今日头条等各类 App 都成为文化生产、传播和消费的平台。文化生产趋向碎微化,一个表情、一张图片、一段文字、一声感叹,几十秒钟、三五分钟,都是"微文化"内容构成,"'微'不仅是一种文化理想和审美理想,更标志着我们这个时代政治、经济、文化和生活形态的转型"①。微文化更替流转速度快,交互性强,以海量、驳杂、弥散为特性,充满着活力和魅力,拆解和重构青年大学生的精神生活样式,成为新的互联网文化奇观。

四、21 世纪 20 年代:智能物联技术驱动与网络文化变革

2020 年以后,以 ChatGPT、Sora 为代表的生成式人工智能崛起,大数据、人工智能、区块链、元宇宙等智能技术指数级发展,迭代聚合、应用渗透,对社会产生根本性、变革性影响,人机融合时代即将到来。算法程序、生成式 AI、类人机器人、脑机接口、增强现实、虚拟现

---

① 陶东风:《理解微时代的微文化》,《中国图书评论》2014 年第 3 期。

实等智能技术群,正系统性地改变社会信息传播范式,构建新的传播景观。知识、信息、文化的生产和传播将由大众媒体、社交媒体转向大模型和智能体。伴随着自动化内容生成与信息精准分发的技术应用,Web2.0 时代社交媒体所构筑的"所有人对所有人传播"的格局,将进一步跃升为"所有信息对所有信息传播"的全新图景,互联网文化将面临整体性的变革,而非局部的调整。

2021 年 3 月,美国在线游戏公司 Roblox,以元宇宙之名上市;

2021 年 10 月,Facebook 改名 Meta,元宇宙旋风刮遍全球;

2022 年 11 月,OpenAI 推出对话式通用人工智能工具 ChatGPT;

2022 年 7 月,图像生成模型 Midjourney 发布;

2024 年 2 月,美国人工智能研究公司 OpenAI 发布人工智能文生视频大模型 Sora。

（一）智能物联时代大学生网络文化典型样态

智能物联时代已来,随着深度学习算法模型的迭代演进和大语言模型的日趋完善,人工智能成为文化生产的基础设施和通用工具,获得了对文本、图像、音视频以及听觉、视觉、嗅觉、触觉、脑电等的学习和理解能力,参与文化生产的深度和广度不断加深,人工智能正成为人之外的另一文化生产主体,文化生产朝着智能化方向发展,在人机融合中走向更加广阔的文化场景。

2020 年 5 月,澳大利亚 AI 团队创作的《美丽的世界》获得荷兰广播公司举办的"AI 欧洲歌唱大赛"冠军;

2022 年 8 月,AI 画作《太空歌剧院》在美国科罗拉多州博览会

的数字艺术类美术比赛中获得数字艺术类别冠军,它使用知名的 AI
绘画工具 Midourney 生成。

网络文化生产智能化趋向日渐显现,已经出现诸多代表性应用
场景和应用工具,如百度"文心一格"、Meta2Video 模型等。

表 1-12 智能物联时代的文化生产场景和应用工具

	应用场景	应用工具
文本生成图像	AI 绘画	百度"文心一格"、蓝色光标的创意画廊、阿里巴巴的鹿班、谷歌的 DALL·E,Meta 的 Text2Image,Stability Ai 的 Stable Diffusion
文本生成视频	短视频、动漫、影视等	腾讯的智影、Meta 的 Text2Vedio 模型、Open Ai 的 Sora 模型
文本生成音频	数字音乐的编曲作曲、影视配乐、新闻播报、有声读物制作等	网易的网易天音、昆仑万维的 StarX MusicX Lab、谷歌的 Text-toSpeech、亚马逊的 Polly、IBM Watson 的 Textto-Speech
文本生成3D 模型	数字环境、虚拟分身、虚拟场景营造等	影谱科技的影宙、英伟达的 Magic3D 模型
图像生成文本	AI 作诗、编剧、写小说、写新闻等	Neutral.love、Open AI 的 GPT-3、Image Captions
音频生成文本	AI 作诗、编剧、写小说、写新闻等	Descript、Assembly AI

智能物联时代是 AI、5G、大数据技术主导的新阶段。以 ChatGPT、
Sora 为代表的一系列颠覆性数字技术不断渗入人们的组织方式、交
往形式和社会结构,正在形塑一个全新的社会形态,被称为人工智能
时代、AI 时代、数智时代、智能世、人机世等。其中最具变革性的是,

机器逐渐从单纯的辅助工具转变为能够与人类进行更深层次协作的伙伴[①],催生人机协同的新景观,引领信息传播进入一个新境遇,推动互联网内容生产的生态级变革。这一变革方兴未艾,人类同人工智能深度融合的生产方式正在形成,并将长期伴随着网络文化发展历程,仍有待持续追踪和观察。

第三节　大学生网络文化 30 年发展规律

网络技术与应用的发展,为网络文化建构起厚实的基础。网络技术的一次次创新,促动网络文化的革命性变革,集中体现于网络文化场景、生产方式和话语权的多重衍变。

一、网络文化场景升维

互联网作为人类文明的新成果,其对大学生最显见、最直接的意义,在于各类互联网应用的崛起和普及。追踪 1994—2024 年间互联网应用情况,可以发现不同阶段占据主导地位的互联网应用和文化产品是不同的。

[①]　喻国明等:《人机协同下合作行为的发生机制与演变路径》,《山东师范大学学报(社会科学版)》2024 年第 1 期。

表 1-13　1994—2008 年中国互联网应用统计

CNNIC报告次数	时间	互联网应用（选取前 8 种）	
1	1997 年 10 月	/	
2	1998 年 7 月	/	
3	1999 年 1 月	查询信息	95%
		收发电子邮件	94%
		下载共享或免费软件	77%
		在网上和人聊天交流	42%
		游戏、娱乐	35%
		使用 IP 电话,网上寻呼等新技术	19%
		电子商务、网上购物	15%
4	1999 年 7 月	电子邮箱	90.90%
		搜索引擎	65.50%
		软件上传或下载服务	59.60%
		各类信息查询	54.80%
		网上聊天室	29.20%
		BBS 电子公告栏	28%
		免费个人主页空间	21.60%
		新闻组	21.40%
5	2000 年 1 月	电子邮箱	71.65%
		搜索引擎	50.40%
		软件上传或下载服务	44.16%
		各类信息查询	39.31%
		网上聊天室	25.47%
		新闻组	16.99%
		BBS 电子公告栏	16.32%
		网上游戏娱乐	13.64%
6	2000 年 7 月	电子邮箱	87.65%
		搜索引擎	55.91%
		软件上传或下载服务	50.69%
		各类信息查询	49.28%
		网上聊天室	38.81%
		新闻组	25.37%
		BBS 电子公告栏	21.17%
		网上寻呼机	20.72%

续表

CNNIC 报告次数	时间	互联网应用（选取前 8 种）	
7	2001 年 1 月	电子邮箱	95.07%
		搜索引擎	66.76%
		软件上传或下载服务	50.56%
		各类信息查询	44.65%
		网上聊天室	37.53%
		新闻组	19.33%
		BBS 电子公告栏	16.72%
		网上寻呼机	24.64%
8	2001 年 7 月	电子邮箱	74.90%
		搜索引擎	51.3%
		软件上传或下载服务	43.90%
		各类信息查询	39.5%
		网上聊天室	21.90%
		网上寻呼机（OICQ、QQ、ICQ 等）	31.60%
		新闻组	10.7%
		BBS 电子公告栏	9.0%
9	2002 年 1 月	电子邮箱	92.20%
		搜索引擎	62.70%
		软件上传或下载服务	55.30%
		各类信息查询	46.70%
		网上聊天室	22.0%
		网上寻呼机（OICQ、ICQ 等）	37.60%
		新闻组	13.40%
		BBS 电子公告栏	9.80%
10	2002 年 7 月	电子邮箱	92.90%
		新闻组	20.4%
		搜索引擎	63.8%
		软件上传或下载服务	51.0%
		信息查询	40.3%
		网上聊天（聊天室、QQ、ICQ）	45.50%
		BBS 论坛、社区、讨论组	18.9%
		免费个人主页空间	8.60%

续表

CNNIC报告次数	时间	互联网应用(选取前8种)	
11	2003 年 1 月	电子邮箱	92.60%
		新闻组	21.30%
		搜索引擎	68.30%
		软件上传或下载服务	45.30%
		信息查询	42.20%
		网上聊天(聊天室、QQ、ICQ 等)	45.4%
		BBS 论坛、社区、讨论组等	18.90%
		免费个人主页空间	6.80%
12	2003 年 7 月	电子邮箱	91.80%
		新闻组	20.70%
		搜索引擎	70.00%
		软件上传或下载服务	43.00%
		信息查询	37.80%
		网上聊天(聊天室、QQ、ICQ 等)	45.40%
		BBS 论坛、社区、讨论组等	22.60%
		免费个人主页空间	6.20%
13	2004 年 1 月	电子邮箱	88.40%
		看新闻	59.20%
		搜索引擎	61.60%
		软件上传或下载服务	38.70%
		浏览网站/网页	47.20%
		网上聊天(聊天室、QQ、ICQ 等)	39.10%
		BBS 论坛、社区、讨论组等	18.80%
		个人主页空间	5.00%
14	2004 年 6 月	电子邮箱	84.30%
		看新闻	62.1%
		搜索引擎	64.40%
		软件上传或下载服务	38.2%
		浏览网站/网页	47.8%
		网上聊天(聊天室、QQ、ICQ 等)	40.20%
		BBS 论坛、社区、讨论组等	21.30%
		个人主页空间	4.40%

CNNIC 报告次数	时间	互联网应用（选取前 8 种）	
15	2004 年 12 月	电子邮箱 看新闻 搜索引擎 软件上传或下载服务 浏览网站/网页 网上聊天（聊天室、QQ、ICQ 等） BBS 论坛、社区、讨论组等 个人主页空间	85.60% 62.00% 65.00% 37.40% 49.90% 42.60% 20.80% 4.90%
16	2005 年 7 月	电子邮箱 浏览新闻 搜索引擎 浏览网页（非新闻类） 在线音乐（含下载） 即时通信 论坛/BBS/讨论组等 在线影视（含下载）	91.30% 79.30% 64.5% 57.2% 45.6% 44.9% 40.60% 37.80%
17	2006 年 1 月	浏览新闻 搜索引擎 收发邮件 即时通信 论坛/BBS/讨论组等 获取信息（产品服务查询、工作信息查询、医疗健康服务查询、政府信息查询等） 在线音乐收听及下载（在线广播） 在线影视收看及下载（在线电视）	67.90% 65.70% 64.70% 41.90% 41.60% 39.80% 38.30% 37.10%

续表

CNNIC报告次数	时间	互联网应用（选取前8种）	
18	2006 年 7 月	浏览新闻 搜索引擎 收发邮件 论坛/BBS/讨论组等 即时通信 获取信息（产品服务查询、工作信息查询、医疗健康服务查询、政府信息查询等） 在线影视收看及下载（在线电视） 在线音乐收听及下载（在线广播）	66.30% 66.30% 64.20% 43.20% 42.70% 39.50% 37.30% 35.10%
19	2007 年 1 月	收发邮件 浏览新闻 搜索引擎 获取信息（产品服务查询、工作信息查询、医疗健康服务查询、政府信息查询等） 论坛/BBS/讨论组等 在线影视收看及下载（在线电视） 即时通信 在线音乐收听及下载（在线广播）	56.10% 53.50% 51.50% 41.00% 36.90% 36.30% 34.5% 34.40%
20	2007 年 7 月	网络新闻 搜索引擎 即时通信 网络音乐 网络影视 电子邮件 网络游戏 网络购物	77.30% 74.80% 69.80% 68.50% 61.10% 55.40% 47.00% 25.50%

续表

CNNIC 报告次数	时间	互联网应用（选取前 8 种）	
21	2007 年 12 月	网络音乐 即时通信 网络影视 网络新闻 搜索引擎 网络游戏 电子邮件 更新博客/个人空间	86.60% 81.40% 76.90% 73.60% 72.40% 59.30% 56.50% 23.50%
22	2008 年 7 月	网络音乐 网络新闻 即时通信 网络视频 搜索引擎 电子邮件 网络游戏 拥有博客/个人空间	84.50% 81.50% 77.20% 71.00% 69.20% 62.60% 58.30% 42.30%

由上可知,1994—2008 年间,电子邮箱、浏览新闻、搜索引擎、收发邮件、即时通信、论坛/BBS/讨论组、网络寻呼机 OICQ、QQ、ICQ 等是互联网应用的主要形态。家用电脑的普及带来了信息门户网站和超链接文本类型的风靡,网络文化场景呈现出以文字、图片为主的静态化特征,"文字+图片"的形式占据主流。

2008 年以后,网络音乐、网络游戏、网络视频、博客等崛起并占据主导地位,Web2.0 架构将网民带入社交媒体时代,基于人际关系网络的社交媒介纷纷诞生,媒介文化进入碎片化、移动化的新语境,展现出强烈的互动性、社交性、去中心化特征,网络文化场景呈现动态化、视觉至上特征。2008 年以后,智能手机的浪潮席卷全球,网民由 PC 端迁移到手机端,触屏操控、各类应用软件 App 不断更新迭代。中国 4 亿多手机用户中,在过去半年有过手机接入互联网行为的网民数量是 5040 万,即网民中的 24%、手机用户中的 12.6%是手机网民,手机上网已经渐成风气①。2008—2018 年的 10 年间,手机上网成为主流场景,以网络直播、短视频为代表的互联网微文化蓬勃兴起。以短视频为例,2018 年 12 月短视频使用率为 78.2%,2019 年 12 月则高达 85.6%;2016 年 8 月网络直播占比 45.8%,2018 年 1 月达 54.7%,网络进入"文字图片+影像视听"的阶段。

与此同时,2018 年 7 月《第 42 次中国互联网络发展状况统计报告》第一次追踪了量子信息技术、类脑计算、AR/VR/MR、人工智能、区块链、超级计算机等新兴技术发展情况。2020 年以后,人工智能、区块链、元宇宙等技术落地应用,对移动互联网、流媒体和智能算法等技术媒介的深度依赖,网络文化发展朝向数字化、智能化跃迁,移动互联网架构与媒介文化的感官化趋势深度融合,以短视频、网络直播为代表的高渗透性、沉浸性、个体化、超时空的数字视听文化形式占据绝对主导地位。截至 2023 年 6 月,我国网民规模达 10.79 亿人,其中,网络视频、短视频用户规模分别达 10.44 亿人、10.26 亿人,占全体网民的 97.70%、96.40%;网络直播用户规模达 8.84 亿人,占网民整体的 74.70%。②

---

① 中国互联网络信息中心:《第 21 次中国互联网络发展状况统计报告》,2008 年 1 月。

② 中国互联网络信息中心:《第 52 次中国互联网络发展状况统计报告》,2023 年 8 月。

表 1-14 2020—2023 年中国互联网应用统计

CNNIC 报告次数	时间	互联网应用（选取前 8 种）	
46	2020 年 6 月	即时通信 网络视频（含短视频） 短视频 网络支付 搜索引擎 网络购物 网络新闻 网络音乐	99.00% 94.50% 87.00% 85.70% 81.50% 79.70% 77.10% 67.90%
47	2020 年 12 月	即时通信 网络视频（含短视频） 短视频 网络支付 网络购物 搜索引擎 网络新闻 网络音乐	99.20% 93.70% 88.30% 86.40% 79.10% 77.80% 75.10% 66.60%
48	2021 年 6 月	即时通信 网络视频（含短视频） 短视倾 网络支付 网络购物 搜索引擎 网络新闻 网络音乐	97.30% 93.40% 87.80% 86.30% 80.30% 78.70% 75.20% 67.40%
49	2021 年 12 月	即时通信 网络视频（含短视频） 短视频 网络支付 网络购物 搜索引擎 网络新闻 网络音乐	97.50% 94.50% 90.50% 87.60% 81.60% 80.30% 74.70% 70.70%

CNNIC 报告次数	时间	互联网应用（选取前 8 种）	
50	2022 年 6 月	即时通信	97.70%
		网络视频（含短视频）	94.60%
		短视频	91.50%
		网络支付	86.00%
		网络购物	80.00%
		搜索引擎	78.20%
		网络新闻	75.00%
		网络音乐	69.20%
51	2022 年 12 月	即时通信	97.20%
		网络视频（含短视频）	96.50%
		短视频	94.80%
		网络支付	85.40%
		网络购物	79.20%
		网络新闻	73.40%
		网络直播	70.30%
		网络音乐	64.10%
52	2023 年 6 月	即时通信	97.10%
		网络视频（含短视频）	96.80%
		短视频	95.20%
		网络支付	87.50%
		网络购物	82.00%
		搜索引擎	78.00%
		网络新闻	72.40%
		网络直播	71.00%
53	2023 年 12 月	网络视频（含短视频）	97.70%
		即时通信	97.00%
		短视频	96.40%
		网络支付	87.30%
		网络购物	83.80%
		搜索引擎	75.70%
		网络直播	74.70%
		网络音乐	65.40%

二、网络文化话语权下沉

话语即说出来的话,所有那些能够对社会生活产生影响的言说内容,都可以被认为是话语;话语权是人们进行话语言说的权利、权力和能力,塑造着人们在社会生活中的地位和影响力。话语与话语权,并非孤立、静止的,而是动态、流变的,是在话语交往、情感互动和价值博弈中不断演变的。"互联网带来什么样的后果,事实上取决于什么样的人在使用互联网"①,我国网络文化 30 年的发展中,尽管受到技术、资本等多重力量的综合影响,但网络文化的话语走势和精神内核,最终都要汇聚到"人"的身上。从"人"的角度加以观察不难发现,网络文化话语权下沉趋势愈加明显,由精英到大众、由中心化到去中心化,网络文化经历深刻的平民化过程,这一过程集中体现在大学生网民群体上,集中体现在大学生网络文化的精神价值上,也集中体现在大学生网络文化对社会总体文化的影响力上。

就大学生网民规模而言,30 年间呈现绝对数量上升、占比下降的趋势。纵观 1994—2024 年的中国互联网人口结构,根据 CNNIC 的统计,我国网民规模由 1997 年 10 月的 62 万,增长至 2023 年的 10.92 亿,30 年间增长了 1761 倍;其中移动互联网的普及,对网民规模影响最甚,2000 年 1 月移动互联网用户占比仅为 2.25%,2023 年 8 月则为 99.91%。

---

① 郑雯等:《"底层主体性时代":理解中国网络空间的新视域》,《新闻大学》2021 年第 10 期。

表 1-15　1994—2024 年中国网民规模统计

CNNIC报告次数	时间	上网用户总数（万人）	移动互联网用户总数（万人）	移动互联网用户占比（%）
1	1997 年 10 月	62	/	/
2	1998 年 7 月	117.5	/	/
3	1999 年 1 月	210	/	/
4	1999 年 7 月	400	/	/
5	2000 年 1 月	890	20	2.25%
6	2000 年 7 月	1690	59	3.49%
7	2001 年 1 月	2250	92	4.09%
8	2001 年 7 月	2650	107	4.04%
9	2002 年 1 月	3370	118	3.50%
10	2002 年 7 月	4580	129	2.82%
11	2003 年 1 月	5910	153	2.59%
12	2003 年 7 月	6800	180	2.65%
13	2004 年 1 月	7950	214	2.69%
14	2004 年 6 月	8700	260	2.99%
15	2004 年 12 月	9400	350	3.72%
16	2005 年 7 月	10300	450	4.37%
17	2006 年 1 月	11100	610	5.50%
18	2006 年 7 月	12300	1300	10.57%
19	2007 年 1 月	13700	1700	12.41%
20	2007 年 7 月	16200	4430	27.35%
21	2007 年 12 月	21000	5040	24.00%
22	2008 年 7 月	25300	7300	28.85%
23	2009 年 1 月	29800	11760	39.46%
24	2009 年 7 月	33800	15500	45.86%
25	2010 年 1 月	38400	23300	60.68%
26	2010 年 7 月	42000	27700	65.95%

续表

CNNIC 报告次数	时间	上网用户 总数（万人）	移动互联网 用户总数（万人）	移动互联网 用户占比（%）
27	2011 年 1 月	45700	30300	66.30%
28	2011 年 7 月	48500	31800	65.57%
29	2012 年 1 月	51300	35600	69.40%
30	2012 年 7 月	53800	38800	72.12%
31	2013 年 1 月	56400	42000	74.47%
32	2013 年 7 月	59100	46400	78.51%
33	2014 年 1 月	61800	50000	80.91%
34	2014 年 7 月	63200	52700	83.39%
35	2015 年 2 月	64900	55700	85.82%
36	2015 年 7 月	66800	59400	88.92%
37	2016 年 1 月	68800	62000	90.12%
38	2016 年 8 月	71000	65600	92.39%
39	2017 年 1 月	73100	69500	95.08%
40	2017 年 8 月	75100	72400	96.40%
41	2018 年 1 月	77200	75300	97.54%
42	2018 年 6 月	80200	78800	98.25%
43	2018 年 12 月	82900	81700	98.55%
44	2019 年 6 月	85400	84700	99.18%
45	2019 年 12 月	90400	89700	99.23%
46	2020 年 6 月	94000	93200	99.15%
47	2020 年 12 月	98900	98600	99.70%
48	2021 年 9 月	101100	100700	99.60%
49	2021 年 12 月	103200	102900	99.71%
50	2022 年 6 月	105100	104700	99.62%
51	2022 年 12 月	106700	106500	99.81%
52	2023 年 3 月	107900	107600	99.72%
53	2023 年 8 月	109200	109100	99.91%

互联网用户数

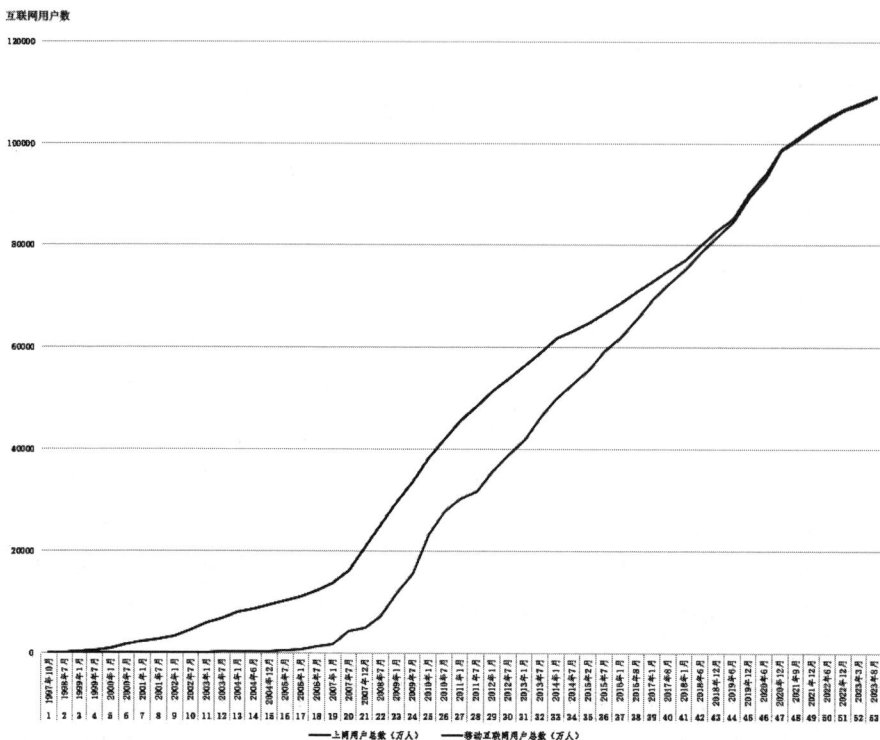

图 1-1　1994—2024 年中国互联网用户统计①

对网民年龄结构的进一步分析发现,青年网民始终是互联网的重要用户。根据 CNNIC 历次报告,网民年龄结构发生着显著变化,由接入互联网早期的 40% 左右逐步下降为 20% 左右。需要说明的是,我国自 1997 年 10 月发布《中国互联网络发展状况统计报告》,就将年龄作为重要的观测指标,但不同阶段年龄划分方式不同,其中 1997 年 7 月至 1999 年 7 月第 1—4 次报告将网络用户年龄划分为:15 岁以下、16—20、21—25、26—30、31—35、36—40、41—50、50 岁

---

① 来源于《中国互联网络发展状况统计报告》,第 1—53 次。

以上;2000 年 1 月至 2007 年 7 月,第 5—20 次报告划分为:18 岁以下、18—24、25—30、31—35、36—40、41—45、51—60 岁以上;2007 年 12 月至 2008 年 7 月,第 21—22 次报告划分为:18 岁以下、18—24、25—30、31—35、36—40、41—50、50 岁以上;2009 年 1 月至 2023 年 8 月,第 23—53 次报告则采用相同统一的划分方法,即 10 岁及以下、10—19、20—29、30—39、40—49、50—59、60 岁以上。一般来说,在校大学生(含本硕博)年龄为 18—30 岁,以此来对应中国网民人口结构可以发现,1997 年 21—30 岁网民占比为 65.3%,半数以上的网民是青年人群,这一态势一直延续到 2008 年;2008 年 18—24 岁、25—30 岁网民分别为 30.30%、18.70%,合计占比 49%。自 2008 年以后,CNNIC 统计口径和年龄阶段划分方式发生变化,加上移动互联网的普及,青年网民占比(以 20—29 岁年龄段作为参考依据)逐渐下降,由 2009 年的 31.50% 下降至 2023 年的 13.70%。由此看来,1994—2008 年,青年在网络文化中发挥着核心和主导作用;2008 年以后,网络文化话语权趋向下沉、分散,不同年龄、职业、文化程度的人群涌入网络空间,参与网络文化构建,一定程度上稀释了青年的文化话语权,促动网络文化的类型化、分殊化态势;但也同时制造了青年文化与其他文化类型互动、互构、互渗、互融的新契机。如此一来,青年文化中适应社会变迁的价值内容就会更快速地渗入社会总体文化之中,推动着社会价值体系的更新,而社会文化中的价值取向也会被吸纳进入青年文化,推动青年文化价值的不断更新与进步。

表 1-16　1994—2024 年中国网民结构统计①

时间	年龄段（占比）							
1997年10月	15岁以下	16—20	21—25	26—30	31—35	36—40	41—50	50岁以上
	0.30%	5.30%	36.30%	29%	13.20%	4.30%	6.80%	4.80%
1998年7月	15岁以下	16—20	21—25	26—30	31—35	36—40	41—50	50岁以上
	4%	7.90%	39.90%	28.60%	10.70%	4.20%	3.50%	1.20%
1999年1月	15岁以下	16—20	21—25	26—30	31—35	36—40	41—50	50以上
	0.70%	9.40%	41.30%	27.10%	11.30%	4.90%	4%	1.30%
1999年7月	16岁以下	16—20	21—25	26—30	31—35	36—40	41—50	51—60	60岁以上
	0.70%	9.80%	39.90%	27.10%	11.40%	5.10%	4.40%	1.20%	0.40%
2000年1月	18岁以下	18—24	25—30	31—35	36—40	41—50	51—60	60岁以上
	2.40%	42.80%	32.80%	10.20%	5.70%	4.50%	1.20%	0.40%
2000年7月	18岁以下	18—24	25—30	31—35	36—40	41—50	51—60	60岁以上
	1.65%	46.77%	29.18%	10.03%	5.59%	5.07%	1.30%	0.41%
2001年1月	18岁以下	18—24	25—30	31—35	36—40	41—50	51—60	60岁以上

① 《中国互联网络发展统计报告》始于 1997 年 10 月,2013 年以后中国网民结构趋于稳定,本表不再展示。

续表

时间	年龄段(占比)							
	14.93%	41.18%	18.84%	8.89%	7.12%	5.72%	2.06%	1.26%
2001年7月	18岁以下	18—24	25—30	31—35	36—40	41—50	51—60	60岁以上
	15.10%	36.80%	16.10%	11.80%	8.30%	8.00%	2.70%	1.20%
2002年1月	18岁以下	18—24	25—30	31—35	36—40	41—50	51—60	60岁以上
	15.30%	36.20%	16.30%	12.10%	8.20%	7.60%	3.20%	1.10%
2002年7月	18岁以下	18—24	25—30	31—35	36—40	41—50	51—60	60岁以上
	16.30%	37.20%	16.90%	11.60%	7.20%	6.80%	3.10%	0.90%
2003年1月	18岁以下	18—24	25—30	31—35	36—40	41—50	51—60	60岁以上
	17.60%	37.30%	17.00%	10.20%	7.40%	6.80%	2.80%	0.90%
2003年7月	18岁以下	18—24	25—30	31—35	36—40	41—50	51—60	60岁以上
	17.10%	39.10%	17.20%	10.30%	7.40%	6.00%	2.10%	0.80%
2004年1月	18岁以下	18—24	25—30	31—35	36—40	41—50	51—60	60岁以上
	18.80%	34.10%	17.20%	12.10%	7.60%	6.40%	3.00%	0.80%
2004年6月	18岁以下	18—24	25—30	31—35	36—40	41—50	51—60	60岁以上
	17.30%	36.80%	16.40%	11.50%	7.30%	6.70%	3.30%	0.70%
2004年12月	18岁以下	18—24	25—30	31—35	36—40	41—50	51—60	60岁以上

续表

时间	年龄段（占比）								
	16.40%	35.30%	17.70%	11.40%	7.60%	7.60%	2.90%	1.10%	
2005年7月	18岁以下	18—24	25—30	31—35	36—40	41—50	51—60	60岁以上	
	15.80%	37.70%	17.40%	10.40%	7.30%	7.40%	3.00%	1.00%	
2006年1月	18岁以下	18—24	25—30	31—35	36—40	41—50	51—60	60岁以上	
	16.60%	35.10%	19.30%	11.60%	7.10%	6.80%	2.70%	0.80%	
2006年7月	18岁以下	18—24	25—30	31—35	36—40	41—50	51—60	60岁以上	
	14.90%	38.90%	18.40%	10.10%	7.50%	7.00%	2.40%	0.80%	
2007年1月	18岁以下	18—24	25—30	31—35	36—40	41—50	51—60	60岁以上	
	17.20%	35.20%	19.70%	10.40%	8.20%	6.20%	2.20%	0.90%	
2007年7月	18岁以下	18—24	25—30	31—35	36—40	41—50	51—60	60岁以上	
	17.70%	33.50%	19.40%	10.10%	8.40%	7.20%	2.70%	1.00%	
2007年12月	18岁以下	18—24	25—30	31—35	36—40	41—50	50岁以上		
	19.10%	31.80%	18.10%	11.00%	8.40%	7.50%	4.20%		
2008年7月	18岁以下	18—24	25—30	31—35	36—40	41—50	50岁以上		
	19.60%	30.30%	18.70%	11.00%	8.70%	7.80%	3.90%		
2009年1月	10岁及以下	10—19	20—29	30—39	40—49	50—59	60岁及以上		

续表

时间	年龄段（占比）								
	0.40%	35.20%	31.50%	17.60%	9.60%	4.20%	1.50%		
2009 年 7 月	10 岁及以下	10—19	20—29	30—39	40—49	50—59	60 岁及以上		
	0.90%	35.20%	29.80%	20.70%	9.90%	4.00%	1.70%		
2010 年 1 月	10 岁及以下	10—19	20—29	30—39	40—49	50—59	60 岁及以上		
	1.10%	31.80%	28.60%	21.50%	10.70%	4.50%	1.90%		
2010 年 7 月	10 岁及以下	10—19	20—29	30—39	40—49	50—59	60 岁及以上		
	1.10%	29.90%	28.10%	22.80%	11.30%	4.90%	2.00%		
2011 年 1 月	10 岁及以下	10—19	20—29	30—39	40—49	50—59	60 岁及以上		
	1.10%	27.30%	29.80%	23.40%	12.60%	3.90%	1.90%		
2011 年 7 月	10 岁及以下	10—19	20—29	30—39	40—49	50—59	60 岁及以上		
	1.30%	26.00%	30.80%	23.20%	11.60%	4.80%	2.40%		
2012 年 1 月	10 岁及以下	10—19	20—29	30—39	40—49	50—59	60 岁及以上		
	1.70%	26.70%	29.80%	25.70%	11.40%	4.10%	0.70%		
2012 年 7 月	10 岁及以下	10—19	20—29	30—39	40—49	50—59	60 岁及以上		
	3.80%	14.70%	13.70%	19.20%	16.00%	16.90%	15.60%		

截至 2023 年 12 月，互联网在我国具有较高的普及率，实现"全

民上网"的基本图景。我国网民规模达 10.92 亿人,网民结构相对稳定,全体网民都共享着文化话语权,充分体现着互联网传播权力的下移。在这一态势之下,青年文化在互联网中的边界和影响力得以重构,生命力更为蓬勃,必将成为一股最具时代气息和青春力量的新潮流。

三、网络文化生产方式迭代

互联网是承载文化的基础设施,30 年间网络文化内容生产与数字技术迭代齐头并进,历经 PGC-UGC-AIGC 的演进,文化生产方式、生产主体、生产效率都发生深度变革。

表 1-17 PGC、UGC、AIGC 网络文化生产方式的对比

	PGC	UGC	AIGC
生产场景	PC、信息门户	智能手机、移动互联网、社交媒体	区块链、元宇宙、人工智能
生产主体	专业人员	大众用户	大模型、算法
生产效率	低	较高	高
人机交互	键盘鼠标操作	触控、隔空操作、语音识别	视觉、听觉、嗅觉、触觉、脑电等多模态融合交互
文化形态	视觉主导	视听主导	全感官通路

Web1.0 时代,网络文化主要由专业生成内容 PGC 构成,生产主体以专业人士和技术精英为主,以门户网站、浏览器、搜索引擎等为主要媒介,通过聚合、联合、筛选、搜索等方式向用户提供内容。这一

阶段,网民规模小,网络交互程度低,文化生产具有组织化、集团化特点。PGC 的专业研创使得网络文化生产相对密集、聚合性强、品质较高,展现出视角多元化、传播民主化、社会关系虚拟化等特点。文化形态上,声音、文字等语言符号,动作、神情等非语言符号,形成集成化、集约化效应,经由网页浏览、E-mail 通信、QQ 对话得以传播。其中最引人瞩目的是网络流行语的诞生,以美眉、偶像、斑竹、恐龙、886、I 服了 You、菜鸟、表酱紫、做人要厚道、顶、偶稀饭、额滴神啊等为代表的语汇,展现出与传统语言迥异的新特点,风格诙谐、调侃、夸张,符号、数字、图形杂糅使用,受到"新新人类"的热捧,奠定了网络文化的初始样态,也触动网络文学、网络音乐、网络游戏等多重文化业态的蓬勃发展。

Web2.0 和移动互联时代,网络文化生产转向用户生成内容 UGC 模式。顺应社交媒体普及化、平民化、个性化、碎片化发展潮流,传受交互、广泛参与、实时互动、大众参与成为这一阶段的崭新特点。一方面,媒介文化生产与消费两端的对立逐渐消失,任何网络用户都有机会成为主动的文化生产者、创造者、分享者与传播者,个人的文化创造力和传播热情得到了极大的激发;另一方面,文化生产方式由自上而下转为自下而上的公开分享,以浏览、围观、搜索为核心的网络文化逐步转向注重互动、创造、分享的参与式文化。在 UGC 模式所表征的民主性、小众化和圈层化逻辑下,依托于博客、播客、社交网络、维基百科、虚拟社区、直播、视频分享网站等媒介平台,网络文化内容生产主体不断增多且分布零散,文化创作成本大幅下降,文化品类样态骤增,网络文化趋向个性化、小众化,具有海量、多源、异构、异质等特征,由此创造了崭新的参与式文化景观。以"95 后""00
后""05 后"大学生为代表的网络一代,热情投身于文化实践,形成了
多样化的文化类型,如二次元文化、客文化、弹幕文化、自拍文化、锦
鲤文化等;在这些文化类型之中,大学生自发集聚,形成各种志趣相
投、爱好相似的文化部落、圈层、族群等,网络文化呈现蓬勃生长
之态。

随着 Web3.0 和人工智能技术的突破性进展,AIGC 成为新的文
化生成方式。网络文化生产的主体不再局限于人类,AI 崛起为文化
生产的新主体,目前投入应用的有数字人、AI 作画、AI 作曲、AI 作诗
等。比如,"九歌""猎户星""作诗机""微软小冰""诗词中国"App
等作诗软件层出不穷,"微软小冰"2017 年出版诗集《阳光失了玻璃
窗》,2019 年与 200 位人类诗人联合创作诗集《花是绿水的沉默》,
2020 年出版人工智能绘画作品集《或然世界:谁是人工智能画家小
冰?》;2022 年杰森·艾伦与 AIGC 工具 Midjourney 共同创作的 AI 绘
画作品《太空歌剧院》,斩获美国科罗拉多州博览会美术竞赛一等
奖,这一作品的创作过程是由艾伦对有限的文字标签生成了 900 多
个作品,Midjourney 对这些作品做出最佳到最差的排序,由此建立新
的标签数据集并用以训练奖励模型,从中生成最优作品,采用 Photo-
shop 对最优作品进行修改定稿;Roblox——世界最大的多人在线创
作游戏,尝试探索在 Roblox Studio 中搭建 AIGC 平台,截至 2019 年已
有超 500 万青少年开发者使用 Roblox 开发 3D、VR 等数字内容,吸引
的月活跃玩家超过 1 亿;特别是 Sora 文生视频大模型的出现,深刻
表征着网络文化内容生产方式的根本性变革,Sora 能够通过简单的

文本命令创建出时长 60 秒的、包含精确动作和复杂故事背景的模拟现实视频等。由此可见,人已经不是单一的、纯粹的网络文化生产者,AI 和算法与人共同承担文化作品的创意、构思和把关者。AIGC 模式已经逐渐介入多重应用场景,比如文学作品、绘画、短视频、游戏乃至长视频、影视制作等,人机交互的文化生产模式将愈加广泛地渗入精神文化领域。显然,AIGC 似乎正在加速网络文化生产的大众化、民主化进程,越来越多的青年人将见证并参与这一浪潮。AI 具有自动化、智慧化、大规模、自组织、虚实融合的内容生成特征,尤其是以 ChatGPT、Sora 为代表的智能生成大模型通过对海量的互联网数据的学习,模型的参数超千亿级别,掌握了大量知识,研究表明当模型的参数足够大时,会出现能力涌现现象①。从这个意义上讲,AI 具有感知性和交互性,能实现从模仿、理解到生成、创造的跃迁,自动生成文本、图像、语音、视频等。AIGC 及其所表征的自动化内容生成与信息精准分发,正以智能化的方式解放大众精神生产力和文化创造力,带来智能文化新质生产力,引发网络文化的整体性的变革,而非局部的调整。一个文化生产更加迅捷、文化产品更加富足、文化样态更加斑斓的精神生活新图景正徐徐展开,这成为今天观察及研究网络文化的基本语境。

---

① J. Wei, Y. Tay, R. Bommasani, et al., Emergent Abilities of Large Language Models, arXiv, 2206, 07682v1, (June 2022).

第二章 时代样态:新时代大学生 网络文化内容谱系

处于移动互联向智能物联演进的崭新境遇,新时代大学生网络文化呈现出与之相匹配的样态特征,演绎出一个个"现象级"的文化景观。当前,国风、二次元、直播、微短剧等异军突起,在虚拟世界掀起一场盛世狂欢。可以说,形形色色的网络文化样态,一方面映射和描摹着年轻一代关于精神生活的多重需求、丰富想象与主动体验,另一方面影响并形塑着他们的世界观、人生观和价值观,是追踪和理解当代大学生思想行为的一扇视窗。透过这扇视窗,不仅看到喧嚣热烈的虚拟景观,更看到新时代大学生鲜明的行为方式、情感特征和价值取向,为高校育人提供对象分析和逻辑前提。

第一节 新时代大学生网络 文化的典型样态

网络文化是"以互联网为载体、以互动交流为特质的文化形态,通常指网络中以文字、声音、图像等为样态的精神文化成果"①。之所以称为"网络文化",既表征着生长、展演和传播的空间场域,又从更深层意义上昭示着对数字技术的深度依赖。就其形态而言,网络文化包含物质和观念两个部分,前者表现为数字技术、数字媒介、数字平台及其上生产和流通的数字产品,如网络流行语、网络文学、网络游戏、网络音乐、网络视频、网络直播等;后者表现为大学生与数字技术、媒介、平台互动过程中所形成的行为方式、情感模式和价值体系等。网络文化样态纷呈、类型多样,映射出新时代大学生精神生活的无限生机和多重选择。

一、段子、弹幕、表情包与流行语文化

"尽管因特网有着显著的技术成就和华美的屏幕布局,然而因特网各项功能之中体现得最明显的还是它的语言特征"②。网络媒介的匿名性和包容性,使得大学生在规范而束缚的现实世界之外寻找到一个可以颠覆常规、反叛传统、畅所欲言、自由创作的"狂欢广场",促动网络流行语的蓬勃发展,其中以网络段子、梗、表情包和弹幕语言最为鲜活灵动。

网络段子、热梗,即某些约定俗成、被反复引用或演绎的经典桥段、典故,是一种独特的网络话语方式。网络段子和热梗简短、诙谐、

---

① 李文明等:《网络文化教程》,北京大学出版社 2018 年版,第 23 页。
② [英]戴维·克里斯特尔:《语言与因特网》,郭贵春、刘全明译,上海科技教育出版社 2006 年版,第 4 页。

锋利、滑稽、戏谑,往往是一个笑点、一个情节、一个人物等,既可以源于影视作品中的经典桥段,也可以源于社会现实中的热门事件,性质、类型、形式繁多,既有行话、痞话,也有灰段子、红段子等。大学生常采用夸张、自嘲、反讽、戏仿、隐喻等手法,来评论校园生活、人情世态和社会现实,充满着对生存处境、人生价值、生命意义的追问。"语言是认识社会现实的指南"①,当前风靡的"发疯梗""废话梗""咯噔梗"等"梗"文化,看似诙谐轻松,实则蕴含着民情民意,大学生在嬉笑怒骂之间制造热点、宣泄情绪,在群体狂欢之中获得暂时性的纾解和释放。大学生不仅用梗、玩梗,还造梗、刷梗,譬如"多巴胺穿搭""脆脆鲨""脆皮大学生""一年难成一篇文,数月薅掉满头毛"等,承载着大学生群体的自我认知、自我表意与自我狂欢,这与他们的日常生活和情感结构息息相关,呈现出大学生独具个性的价值取向和精神风貌。

与段子、热梗相比,弹幕语言、网络热语则更为简短精悍。从"学霸""撩妹""自杀式单身""剁手党""母胎 solo""小镇做题家""清澈且愚蠢""我太难了""小姐姐""单身狗""正能量""柠檬精""奥利给""也是醉了""集美""凡尔赛"等校园热词,到"丧""skr""葛优躺""社死""破防""夺笋""emo""栓 Q""内卷""打工人"等社会热词,再到"前方高能""颜表立""开口跪""战歌起""空降成功""多谢款待""打卡""撒花""23333"等弹幕热词,共同构成蔚为壮观的流行语文化,进而衍化出"戏精""段子手""斗图达人"等新型社

---

① [美]爱德华·萨丕尔:《语言论——言语研究导论》,陆卓元译,商务印书馆 1985 年版,第 19 页。

交方式。弹幕语言、表情包、流行语等轻盈简约、标新立异，具有强烈的交互性、娱乐性和传染性特征，在大学生中进行裂变式传播，成为群体交流的话语"秘钥"，营造一种数字世界"一起嗨"的新型社交互动方式。除私人领域外，大学生还积极关注公共领域和公共生活，创制出诸多富有时代特性和青春气息的家国情感话语表达方式。譬如，2021 年 10 月 1 日《人民日报》在 B 站投放《国庆版〈万疆〉》，以手势舞的方式为开篇描绘大美中国，选取奥运夺金、汶川救援、孟晚舟归国、守卫边疆等事件，来表达对未来中国的祝福和期待，视频中满屏红色弹幕"此生无悔入华夏""泪目""种花家"的热烈表白，传递着年轻人独有的温情浪漫与爱国情怀。

在网络热梗、段子、弹幕语言之外，表情包是大学生最熟稔、最喜闻乐见的话语符号。表情包采用"图文双构"的多模态形式，既有视觉与文字的混合，也有动态与静态的兼容，"佛系""今天也要加油鸭""好鸡动""鸭梨山大""豹笑""狗带"表情包比比皆是，卖萌、搞怪、夸张、嘲讽、装傻、反叛、治愈，画面直观、表情夸张、线条粗糙、寓意丰富，表情包跨越了由文字阅读到图像感知、由知觉到视觉的情感交流空间，具有强大的感染性、浸入性和传播力，成为大学生的社交"副语言"。本质上，表情包是一种图像语言，或来源于动漫、卡通、动物，或来源于偶像、明星、真人，"金馆长""兵库北""小胖"都曾风靡一时。就日常经验而言，表情包主要有两种类型，一是系统内置表情包，即智能手机、社交软件、平台、App 自带的表情包，由专业画师或设计者绘制，供大学生免费或付费使用；一是自定义表情包，即由网络用户自制的、专属的表情包。表情包超越了文字符号主导下

"白纸黑字"式的明示,加入了关于动作、表情、神态、语调的臆想,是网络空间的软性符号,表意丰富、内涵无限,具有深刻的比拟性和隐喻性,既可以用于日常聊天、消遣和娱乐,也可以用于调侃和揶揄社会现实。大学生是表情包的主流使用人群,他们将表情包视为一种"新潮话术",试图打破现实生活中的身份差异和权力结构,在狂欢的主基调下进行浅显、直白、夸张、滑稽的表达,享受赢得虚拟话语权的快感。

"语言和意识具有同样长久的历史;语言是一种实践的、既为别人存在因而也为我自身而存在的、现实的意识"①。段子、弹幕、表情包的流行,表征着影像化的交互方式和认识图式成为大学生认知世界的新潮流。诸种网络流行语是大学生精神心理在互联网上的折射,呈现着时代的陆离光谱。以大学生为主体创制的网络流行语,既展现着他们自尊自信、理性成熟、开放多元的积极心态,也描摹着无奈自嘲、浮躁焦虑、迷茫困惑的现实困境,是多元价值观交织碰撞的产物。

二、动漫、游戏、轻小说与二次元文化

二次元文化,起源于日本,通常以文学、动漫、游戏、音乐的形式呈现出来,充满着想象力和创造力,是一个虚构的、理想的、幻想的世界。具体形态上,二次元涵盖动画(Animation)、漫画(Comic)、游戏

---

① 《马克思恩格斯选集》第 1 卷,人民出版社 2012 年版,第 161 页。

(Game)、小说(Novel)等媒介形式,简称 ACGN。

动画、漫画合称动漫。动画是采用逐帧拍摄对象并连续播放而形成运动的影像技术,漫画是用简单而夸张的手法来描绘生活或时事的图画。归根结底,动漫是一种视觉文化,"通过各种奇观影像和宏大场面,……不仅为创造认同性提供了种种材料,促进一种新的日常生活结构的形成,而且也通过提供象征、神话和资源等,参与形成某种今天世界上许多地方的大多数人所共享的全球性文化"①,以极强的穿透力成为一种全球青年共享的流行文化。当前大学生耳熟能详的动漫作品,主要有《龙珠》《死神》《进击的巨人》《鬼灭之刃》《海贼王》《火影忍者》《JOJO 的奇妙冒险》《千与千寻》《非人哉》《一人之下》《哪吒之魔童降世》《武庚纪》《斗罗大陆》《星辰变》《全职高手》《子不语》《镖人》等。动漫的角色人设、故事情节和精神内核引人瞩目,充满着丰富的文化内涵、精神标识和象征意义,在图像叙事中承载着多重价值观,叙说着自由、冒险、友情、成长、人性等主题,激活大学生的热血、激情和梦想。一切表现形式都是表达一定思想和价值观念的载体。对大学生而言,动漫不仅仅是一种文化生活方式,而是充满精神意蕴和价值隐喻的符号体系,是蕴含着情感、道义和理想的具象化载体,或治愈、或热血、或叛逆、或感动,铭刻着大学生的精神寄托,吸引了大量二次元迷,其中隐含的"御宅""同人""洛丽塔"等文化趣味在大学生中逐渐蔓延流行。

游戏是一种高度互动性和沉浸感的娱乐形式,玩家通过控制游

---

① 阮云星等:《赛博格人类学:跨学科理论与应用人类学探索》,知识产权出版社 2022 年版,第 177 页。

戏角色进行各种活动和挑战,获得丰富的精神体验,《魔兽世界》《王者荣耀》《大话西游》《剑网三》《星战前夜》《天堂》《原神》《最终幻想》《塞尔达传说》《守望先锋》《仙剑奇侠传》等风靡大学生群体。网络游戏采用类似于"震荡神经"的方式,引导玩家在规划好的虚拟空间中进行拟真体验,与其他玩家进行实时交互,满足了大学生"触屏穿越"的精神体验。网络游戏铺设逼真的场景、背景和氛围,设定历史架构、政治格局、经济体系、人物关系等,辅之以精致华美的服饰、武器、情节等,引导玩家理解游戏的竞技规则和运行逻辑,迅速进入游戏状态。譬如,《魔兽世界》拥有完整清晰的成员结构和故事主线,涉及政治、军事、宗教、神话、种族等议题,交织形成一个复杂的意象世界;《天涯明月刀》则围绕游戏地图与古风仙侠这一主题,注重剧情养成与多人互动,在庞大的游戏世界中自由探索,通过玩家的具身性参与,完成游戏体验,从中收获活泼、轻松、胜利、自豪等精神快感。正如彼得·威纳描述的,"游戏中的一切都在玩家的想象中展开……以一种玩家周围的世界与他们可能有关或无关的方式建立神秘的领域、定向运动场、引人入胜的小说和与现实平行对等的宇宙"①。在游戏角色的辗转切换中,大学生获得多样性的身份植入,在数字乐土中不断变换脸谱、重构身份、释放情绪、展现自我,在精神乌托邦世界里恣意遨游。

轻小说是使用漫画风格的插画的一种大众文学和通俗文学体裁,以轻松的笔触和简洁的叙事风格,讲述通俗易懂的故事,题材包

① Peter Wayner, "When All the World's a Staged Game", *New York Times*, November 11, 2009.

含冒险、校园、科幻、恋爱、推理、悬疑、架空等多种门类,总体偏向轻松、娱乐、小清新的风格,借助于夸张、想象、游戏的表达方式,以达成消遣娱乐的目的。轻小说不追求宏大叙事和深沉厚重,不试图讲述人生哲理和精神价值,反而追求随意、随性、瞬间的小趣味、小情绪、小情节,大量使用对话、插图和段子,情节松散化、碎片化,简洁明快、轻松散淡。有些轻小说设定一个虚拟、超验的"异世界",人物角色遵循这个世界的时空场域和生存法则行动;有些轻小说描述少男少女之间的情感羁绊,刻画那种独特、私密、触动灵魂、怦然心动的情愫。在大学生中流行的轻小说,如渡航《我的青春恋爱物语果然有问题》、川原砾《刀剑神域》、镰池和马《魔法禁书目录》、长月达平《Re:从零开始的异世界生活》等。轻小说与动画、漫画、电子游戏之间跨媒介联动,相互改编转化,从中衍生出二次创作、同人志、翻译、制作字幕、角色扮演、协会俱乐部等趣缘社交,实现 IP 价值的深度开发和增益。

据统计,2020 年中国泛二次元用户突破 4 亿,其中 25 岁以下人群占比达 63%①,二次元由小众化走向大众化、普及化。于大学生而言,"二次元"是"有爱"与"呆萌"、"热血"与"激燃"、"治愈"与"催泪"、"虚幻"与"唯美"的代名词,既充满着天马行空式的不羁想象,又承载着简单朴素的美好愿望,因而备受年轻一代的喜爱和追捧。不仅如此,二次元世界往往蕴含着丰富的话语、图像、LOGO、音乐等,作为二度加工的素材。凭借丰富的想象力和高超的剪辑技术,大学

---

① 艾瑞咨询:《2021 年中国二次元产业研究报告》,2022 年 2 月 28 日,见 ht-tps://www.thepaper.cn/newsDetail_forward_16867398。

生创造性地挪用、拼贴或再造原有的符号体系,进一步发掘出手办、手游、声优、歌姬、立绘、舞台剧、同人志、Cosplay 服饰、玩具周边等超越简单二维形式的泛娱乐形态,甚至突破次元壁向现实世界进击。

三、虚拟偶像与粉丝文化

近年来,在"网络综艺""全民造星"运动的驱使下,"爱豆""网红""流量明星""超级 IP"纷纷登场,五花八门。面对心仪的"偶像",大学生粉丝主动"入坑",自发集结形成"粉圈""饭团",为其摇旗呐喊、疯狂应援。他们或是自称"迷弟""迷妹",心甘情愿为偶像的外表、魅力、人设"迷醉倾倒";或是自诩"死忠粉",在控评、"反黑"、轮博、打榜中为偶像出道走红保驾护航;或是组织"后援团",花费金钱为"爱豆"的流量、番位、实绩跟风买单,俨然将"追星"作为重要的精神寄托,粉丝文化热潮涌动。

网红即网络红人,是由于自身独特的思想、行为而走红于网络,并拥有大量粉丝的网民。网络技术的虚拟性赋予网民在性别、年龄、外貌、职业、性格、爱好等个人属性特征以更大的符号性和可塑性。网红往往以草根、素人为主,不需要优越的天赋、技艺或成就,只要粉丝数量和热度达到一定规模,加之网络直播、互动影视、偶像产业运作等的推波助澜,就可以涨粉、出圈、爆火,甚至成为"顶流"。当前网红如雨后春笋般批量涌现。网红依赖于微信、公众号、视频直播等社交平台,主打穿搭美妆、情感陪伴、游戏电竞、技能培训、直播带货等,通过表演亲密性来吸引粉丝,满足网民个性化、多元化、多层级的精神需求。网红类型多样、个人属性鲜明，善于抓住场景和事件，运用娱乐化、技术化、惊颤化、祛魅化的叙事策略进行网络表演，迎合大学生审美、审丑、娱乐、品位、看客等心理，通过与粉丝的虚拟互动，凝聚和积攒人气，成为大学生闲暇生活之中的消遣方式，甚至有部分大学生加入网红队伍。

　　与网红的自我塑造机制不同，爱豆是偶像工业的产物。爱豆即流量明星，是区别于歌手、演员等身份的专门职业，不必拥有高质量的作品和过硬的业务能力，只要具备 IP 价值、吸引流量潜力便可选秀、出道、做爱豆。爱豆的追随者、热捧者即粉丝，爱豆与粉丝是共生关系，当前大学生群体最为青睐的是养成系爱豆。养成，含有"培养而使其形成或成长"之意；养成系爱豆则是由娱乐公司打造，以"萌""陪伴""共同成长"为支撑点，"贩卖"真实的成长过程，从而打造"可面对面"的偶像。养成系偶像的流行仰赖于新媒介技术的赋权，使得偶像不再是"伟光正"化身，而更像亲人、朋友或者"曾经的自己"，不仅将外形外貌、才艺水准、内涵气质、成长经历、个人努力等统统曝光在公众视野中，更以对"粉丝"的反向情感依赖作为个人发展的基石；"粉丝"则被称为"全民制作人"，在偶像选拔塑造中具有充分的参与感、代入感与主宰权，真正实现由"媒体制造"到"粉丝养成"的深度变革。于"粉丝"而言，默默支持遥不可及、高高在上的"完美偶像"，远不如见证一个真实可触、生于草根的平凡素人走向光芒四射更具成就感。

　　在爱豆、网红、流量明星之外，虚拟偶像近年来得到蓬勃发展。依托于新技术革命和互联网思维、利用二次元文化架构而成的网络虚拟偶像"初音未来""洛天依""言和""荷兹""乐正绫"等亦广受大学生欢迎。虚拟偶像具有智能化和人格化属性,不仅能在镜头前进行超真实表演,更能与粉丝进行虚拟互动、情感交流与拟人陪伴。以虚拟歌姬"洛天依"为例,截至 2024 年 5 月,发布的原创曲目超过 14000 首,在 Bilibili 网站的官方账号粉丝数为 370.5 万,官方微博的粉丝数为 547.6 万,新浪微博超话阅读量为 17.9 亿;百度贴吧的"洛天依"吧关注用户为 42.9 万,累计发帖达 591.3 万。"洛天依"同真人偶像一样发专辑、举办大型演唱会和粉丝见面会、参与广告代言等。不可否认,技术驱动的虚拟偶像正在网络文化领域强势崛起,以其"完美人设"构筑无限想象空间,通过同人创作迎合粉丝的互动欲望,引发大学生追捧。

整体而言,数字技术崛起、消费主义盛行的时代语境中,大学生偶像崇拜逐渐发生重构,新型偶像加速迭代,以爱豆、网红、虚拟偶像为代表的消费型偶像的日渐风靡,"养成系""跨次元""虚拟偶像"层出不穷,既展现了当代大学生的多样审美情趣、多元价值取向和多重心理需求,又折射了偶像崇拜的时代特点、发展境遇和衍进趋向,构成网络文化的重要表征。

四、国潮、国漫、国艺与新国风文化

"国"即中国的、民族的、传统的,"风"即时尚的、流行的、变化的,新国风文化是中国传统文化与青年文化相融合的文化形态。具体而言,新国风文化以文学、音乐、漫画、舞蹈等为物质载体,承载着中国的风土人情、风俗习惯、生活方式、思维方法等,反映民族的哲学思想、人文精神、价值理念、道德规范等,这是中华民族精神与民族面貌在新时代的展现方式。当前,中华文化以多种创造性形态在大学生之间流行,以更加通俗、时尚的形式与大学生对话,获得大学生的广泛喜爱,形成国潮、国漫、国风、国艺等新类型,引领和塑造着大学生的身份认同、文化自信。

国潮,即以中国特色文化元素为标志的潮流时尚,譬如故宫文创供不应求;回力、飞跃等国产老牌日渐复兴;中国李宁、安踏、特步将汉字、山海、麒麟作为主打款;百雀羚、完美日记等"国货之光"悄然崛起;旗袍、汉服、马面裙在大学生群体中迅速走红;以皇帝和熊猫为元素的表情包风靡网络等,这些元素正逐渐下沉到大学生日常生活中。这些文化产品蕴含着中国传统的思想精髓和审美观念,在大学生中频频"出圈",激起年轻一代的情感共鸣和价值认同,带来精神上的自信和获得感,凸显和张扬着文化自信。

国漫,包括国产动画与漫画,题材丰富、形式多样。近来,历史、武侠、神话、科幻等题材轮番热映,满足了大学生的不同偏好和不同需求。大体来说,国漫分为两类,一是改编类。譬如,《大圣归来》是基于中国传统神话故事《西游记》改编;《白蛇:缘起》是基于中国民间传说《白蛇传》改编;《哪吒之魔童降世》是基于明代神话故事《封神演义》中哪吒形象改编;《大鱼海棠》是以传统文学中的"椿"和"鲲"为拟人化形象的载体进行想象创作。这些国漫展开了关于生命、爱情和成长的深刻思考,蕴含中华优秀传统文化的精神内核,颇受大学生喜爱。二是原创类。譬如,《罗小黑战记》以猫妖的奇幻之旅为主线,生动阐释了善恶、对错和生死,探讨了人与自我、与自然之间的关系;《一人之下》以超能力的奇幻故事为基底,以中式武侠为视角,融入炼蛊、修行、奇门八卦等中华文化形态,实现对传统民俗、民间传说、经典武术的重新解构和巧妙融合,充满着浓郁的中国风。这些国漫作品不仅仅弥散和传播着中华文化,展现着浓烈的东方美学气质,更型构着国漫社群、社团和文化共同体,构建起一套相对独立的意义系统和符号系统,实现中华优秀传统文化的创造性转化和创新性发展。

国艺,是从中国文化元素中抽象而成的一种风格,富含东方韵味。在表现形态上,包含传统服饰、传统舞蹈、民俗音乐、遗迹故居、图腾标志等。譬如,河南卫视《唐宫夜宴》以形似唐俑的舞蹈和美妙绝伦的壁画将大唐盛世图景投射到舞台之上,惊艳绝伦;央视春晚舞蹈诗剧《只此青绿》以穿越的视角展现了古老文物与现代人之间深刻的情感连接,一夜爆火;综艺《国家宝藏》、纪录片《我在故宫修文物》《如果国宝会说话》《上新了故宫》、短剧《逃出大英博物馆》等,都折射出大学生群体对国艺的青睐。

国风、国漫、国艺等,并非单一、孤立的文化形态,而是多重元素的交融与叠合,统称为新国风文化。新国风文化并不是简单照搬或复刻传统文化,而是对传统文化的现代性塑造,是经过时代审美的革新和转化后衍生的新风尚,颇受大学生欢迎。在 B 站上,UP 主创作的国风类视频超百万,绒花发簪、汉服、甲胄、戏腔、非遗手艺等元素趋向流行,加之弹幕、5G、虚拟人等数字形态的注入,新国风文化演绎成一种新兴的文化浪潮。2020—2021 年跨年晚会推出《惊·鸿》,

引爆全网,现代舞在昆曲、秦腔、评剧、川剧、河北梆子、京剧六种戏曲表演中穿梭,充分展现了中华优秀传统文化创造性转化的无限潜力。互联网上"国风青年"强势聚合,通过数字实践不断与新国风文化发生链接,利用视频技术、平台力量生产和传播新国风文化,探索新的民族化叙事模式。

五、抖音、直播、短剧与视频文化

随着互联网进入视听化、智能化传播时代,短视频成为移动端内容生产和消费的重要模式。从秒拍、美拍到快手、抖音再到短视频、短剧,移动 App 应运而生,表达形态更迭进阶,主题玩法新鲜刺激,引得大学生网民为之沉迷。网络视频(含短视频)、直播成为网络文化新主流。截至 2023 年 12 月,网络视频用户规模为 10.67 亿,占网民整体的 97.7%;其中短视频用户规模为 10.53 亿,占 96.4%;网络直播用户规模达 8.16 亿,占 74.7%。①

以抖音为例,青年大学生一边确知"有毒",一边却直呼"戒不掉"。他们对"papi 酱""摩登兄弟"耳熟能详,密切追踪;对"我应在江湖悠悠,饮一壶浊酒""秒针转动 DIDIDA"信手拈来,单曲循环;对"踢踏舞""海草舞""手指舞"竞相模仿,心领神会。可以说,魔性的舞蹈、洗脑的音乐、爆表的颜值、另类的审美、独特的创意,构成抖音的"标配";加之美颜滤镜、电影大片、涂鸦魔法、AR 动画等制作特

---

① 中国互联网络信息中心:《第 53 次中国互联网络发展状况统计报告》,2024 年 3 月 22 日,见 https://www.cnnic.net.cn/n4/2024/0322/c88-10964.html。

效,更显包袱密集、笑点不断、高潮迭起,成为学习生活之余的重要点缀。

网络直播是一种高互动性的视频娱乐,注重沉浸式的在场体验、共时性的情感互动、可视性的虚拟陪伴。网络直播通过实时视频、音频的多通道技术模拟和复现面对面情境,不仅传递语句、语义,更传递语调、语气、表情、手势等,加之点赞、投币、掌声、礼物、打赏、连麦等虚拟互动,构筑强烈的陪伴感和参与感,让用户体会到微妙的关系意涵和情感认同。依托于六间房、9158、YY、虎牙、斗鱼、映客等平台,衍生出形形色色的直播类型,如歌唱、舞蹈、表演的才艺直播,秀场、游戏、购物直播,体育、运动直播,电商、应聘、医疗、教育直播等,类型驳杂、风起云涌,呈现出"万物皆可直播"的发展态势。

2019 年快手短视频平台上线"快手小剧场",随后网络微短剧成为一种新兴的媒介文化形态。网络微短剧是指篇幅短小的影视剧作品,呈现碎微化、移动化特点,以连集化方式播出,如《夜班日记》《长公主在上》《片场日记》《做吧!晶晶》《我和房东奶奶》《通灵妃》《传闻中的陆神医》《公子何时休》《谈恋爱前先吃饭》《医生的温度》《别惹白鸽》《虚颜》《念念无明》《恶女的告白》《不熟恋人》《生于 1990》《逃出大英博物馆》《追捕者》《我回到十七岁的理由》《牌局》等。网络微短剧题材广泛,既有家庭亲情、时代旋律、职业生活等现实主义题材,也有奇幻、悬疑、甜宠、虐恋、穿越、重生等想象主义题材,时长一般在 5—10 分钟,节奏快、反转多、叙事密度大、剧情跌宕起伏,因此也被成为"电子咸菜"或"电子下饭菜"。

时至今日,移动终端无处不在,以直播、短剧为代表的视频文化的兴起,将大学生引向视频文化和视觉主义的新境遇。时间短小、信息碎片、画面动感转瞬即逝的直播、短剧成为新的"流量之王",制造着现象级的新兴文化盛宴。

六、搭子、圈层、晒秀与社交文化

浅社交、搭子社交、圈层社交等新型社交样态一路爆红、席卷而来,构筑新时代大学生网络社交新风潮,进而漫溢成为一种具有现象级意义的媒介景观。从"友谊衰退"到"寻找搭子",从"直播学习"到"在线撸猫",从"性格匹配"到"灵魂认同",从"重拾附近"到"陌生知音",新时代大学生不断演绎、创生和型构网络社交新秩序,催生数字亲密的流行镜像,展现出与以往迥异的代际特质。

"饭搭子""课搭子""旅游搭子""追星搭子""考研搭子"等聚合演绎,将搭子社交推上热搜、风靡一时,引致大学生热烈追捧、竞相效仿。不仅学习、健身、逛街可以"搭",发呆、失恋、减肥、吐槽亦可"搭";甚至在遭遇无聊、压力、烦恼、抑郁等负面情绪时,也倾向于寻找搭子进行"情绪泄洪""无公害发疯""反 emo",达成抱团取暖、抚慰疗愈的功效。在大学生群体中,"全靠搭子续命""可以没对象但必须有搭子"成为口头禅和新潮流。搭子往往始于"兴趣相投""有人陪""摊成本"等初始动机,经由"私戳""浅聊",终于散伙、断连、"日抛",少数志同道合者也可能升级为长期友谊。《2023 年轻人搭子社交报告》显示,超六成年轻人表达出"找搭子"的强烈意愿,平均每 4 个 00 后中就有 1 人拥有"搭子"。搭子社交轻盈、便捷、无负担,无论是性格外向的 e 人还是性格内敛的 i 人,都有机会找到同好,快速搭建社交关系链和体验共同体。

与搭子相似,圈层也是基于同质吸引、同类相聚的法则,却有着较高的准入门槛、层级制度和用户黏性,展现出私密、紧韧、自组织等鲜明特性。圈层成员以趣缘聚拢,熟稔圈内的流行符码、游戏规则、价值取向和行为模式,参与圈内互动、表达、动员、协商,并采取某种议定的集体行动。例如,饭圈往往使用内部成员才能听懂的暗语、黑话,以此区分圈内人和圈外人,并遵循点赞、转发、打投、控评、反黑等日常程式,营造集体共鸣感和精神统一性;电竞圈则结伴或组队"吃鸡""开黑",等等;从一定意义上讲,圈层成员所共享的规则、仪式、话语和身份标签,无异于一套社交密码,能够让同伴同好在人群中快速识别"世界上另一个我",彼此确认、共鸣、模仿、黏合,毫无障碍地进入准亲密关系,在潜移默化中实现自我存在感、认同感与归属感的集体确认。

晒秀,share、show,即自我公开、自我展示,是一种分享型的互动方式,是网络社交的伴生物和衍生品。大学生乐于、善于并勤于晒秀,随时随地记录生活的瞬间、片段和画面,向他人传递关于自我的信息、状态和感受,修图、发朋友圈、立人设、视频为证是惯常、通用的画风。晒学习、晒自拍、晒健身、晒心情、晒幸福等,将日常、琐碎、细微、私密的经历体验公之于网,零碎而持续地绘描自己的生活侧面和情绪情感,这种看似漫不经心的图文发布,往往蕴含着细致雕琢和主观预设,他们用自拍、美照、VLOG、直播、口嗨、行话等全方位展现自己的外在形象和格调趣味,既宣告和张扬自我个性,诉说着"我就是我""与他人不同"的强烈主体意识;又投射情感需求和渴望,隐匿着与他人连接的内心期许和意愿,在同伴的情感认同、价值肯定和人缘嘉许,社交关系得以拓宽和延展,从中获得快乐的精神体验。

七、佛系、内卷、淡淡与心态文化

佛系、躺平、淡淡等语词变迁,映射和表征着大学生群体的话语特征和心态变迁。"观念是不能离开语言而存在"[1],"丧""佛系""躺平""emo""脆皮""蕉绿""发疯""淡淡""内卷""内耗"等系列情绪在互联网上荡漾,以青年社会心态为内核制造了一阵阵网络狂欢,演绎成独特的互联网文化景观。诸种网络心态中,尤以"喜哀嘲丧淡"最为典型,"喜大普奔""YYDS""绝绝子"的兴奋喜乐,"自闭""emo""蚌埠住了"的哀叹压抑,"囧""躺枪""醉了""芭比Q"的戏谑自嘲,"摆烂""躺平""佛系"的丧系无奈,"随便吧""钝感力""淡人属性大爆发"的淡然平静,展现着纷繁多变、杂糅驳杂的自我表征,映射着大学生群体在社会结构性约束下的心态镜像。

"社会心态是一段时间内弥散在整个社会或社会群体(类别)中的宏观社会心境状态,是整个社会的情绪基调、社会共识和社会价值观的总和"[2]。以"丧"文化为例,最早源于2016年,一张极其慵懒、生无可恋地瘫在沙发上的"葛优躺"图片揭开了"丧"文化的序幕,

---

① 《马克思恩格斯文集》第8卷,人民出版社2009年版,第57页。
② 杨宜音:《个体与宏观社会的心理关系:社会心态概念的界定》,《社会学研究》2006年第4期。

"丧"被赋予绝望、焦虑、无助、悲观、颓废等价值意蕴,在大学生群体持续发酵,衍生出丧茶、丧 T、悲伤蛙、长腿儿的咸鱼、马男波杰克等一系列"丧文化 IP";2017 年,微博文章《第一批 90 后已经出家了》引发热议,"佛系"逐渐走红;2020 年,一张名校大学生边骑自行车边写论文的照片,助推"卷"走上舆论巅峰;2024 年,"淡人""淡淡综合征"冲上话题榜,成为网络热词。从网络社会心态视角进行审视,可以发现这一系列热词或多或少都带有"丧文化"的譬喻性,是"丧"心态的承袭、变种与调适。网络心态是自我的、主观的、瞬时的心理体验,也具有传染性、累积性和变异性特征,经由个体与个体、个体与圈层、圈层与圈层间的传导感染,产生巨大的能量磁场和传播效度,映射着当下大学生群体的社会心态秩序。"淡淡""佛系""内卷"等早已溢出网络空间,与现实世界共振,弥漫成一种普泛化的心理状态、价值取向与精神结构。

当下,网络文化呈现感性化、影像化和符号化转向,多元样态并存,多种类型共生,不断充实、浸润和重塑大学生的精神世界。从段子、弹幕、表情包与流行语文化,到淡淡、佛系、内卷与心态文化,各自拥有一套独特的生产逻辑和呈现方式,构成风格迥异、流变不居的文化样态。然而,诸种文化样态并非截然独立、边界清晰的,而是彼此嵌套、深度勾连、交叉叠合、杂糅丛生的,共同表征着世俗、感性、娱乐、无深度等价值旨趣,折射着年轻一代网络文化的总体指向。循着这一表象,可以追踪大学生的思想行为特点,也可以探寻背后隐匿的意识形态图式,进而为支撑和导引大学生成长提供线索。

第二节 网络文化样态考察:基于 媒介可供性视角

"可供性"概念由美国生态心理学家詹姆斯·吉布森提出,是指环境"为动物提供的,或好或坏的东西"①,强调环境属性使得个体行为得以实施的可能性。这一概念曾辗转于计算机学、设计学、社会学、新闻传播学等领域,形成不同的研究进路和理论取向。1991 年威廉·加弗提出了"技术可供性"概念;2003 年美国社会学家巴里·韦尔曼提出"传播可供性"概念。在不同的学科视角下,"可供性"的内涵有所不同;但无论哪种学科视角,"可供性"始终关注人与技术之间的关系,主张技术既是功能性的,又是关系性的,强调两者之间的交互性。"可供性"作为一种解释范式,秉持"技术—文化共生论",以一种动态的、关系的、实践的视角来阐释技术与人、社会、文化的深度关联,它跳脱出技术与人、社会二元对立的关系模式,超越"技术决定论"的理论框架,为人们理解和分析问题提供了新思路。学者潘忠党于 2017 年首次将"可供性"概念引入我国传播学领域,构建了以信息生产可供性、社交可供性、移动可供性为核心的媒介可供性理论框架,其中生产可供性包含可编辑、可审阅、可复制、可伸

---

① 陈婧之等:《从学术流行语到经验脚手架:对西方传播学领域"可供性"质性研究的系统综述》,《新闻与写作》2024 年第 3 期。

缩、可关联,社交可供性包含可致意、可传情、可协调、可连接,移动可供性包含可携带、可获取、可定位、可兼容等,"在三种可供性上水平越高的媒体,往往就是越'新'的媒体"①,这为理解媒介技术、形态、结构及其文化生产机理提供了观察视角。"媒介不是一个单纯的工具,具有某种自治性"②,媒介形式深刻塑造并影响着大学生的日常交往、消费和观念活动,衍生和创制形形色色的网络文化样态。以媒介可供性理论为依循,透视"网络文化何以产生"这一核心议题,厘清网络文化生产的生态性和情境性,这是理解技术与文化之间互动机制的逻辑起点。

一、生产可供性与参与式的文化实践

生产可供性包括可编辑性、可审阅性、可复制性、可伸缩性、可关联性,这五种特征既用以解释媒体调动资源的灵活性,又用以解释用户在信息生产过程中的能动性③;其中,灵活性即网络媒介、平台协调各方资源应用于信息生产的能力,能动性即网络用户、个体参与内容生产的能力及参与程度。依据关键众人理论,当参与一个共同事件的人数达到一个关键(临界)数量时,这种关注将以一种流行效应

---

① 潘忠党、刘于思:《以何为"新":"新媒体"话语中的权力陷阱与研究者的理论自省——潘忠党教授访谈录》,《新闻与传播评论》2017 年第 1 期。

② [加]马歇尔·麦克卢汉:《理解媒介:论人的延伸》,译林出版社 2019 年版,第 56 页。

③ 喻国明、赵睿:《媒体可供性视角下"四全媒体"产业格局与增长空间》,《学术界》2019 年第 7 期。

驱动更多的人参与进来。换言之,网络媒介赋予用户的自由度越大,用户的参与度越深,信息传播的范围越广,生产可供性就越强,文化生产的效率、质量和多样性就越强。

互联网是承载网络文化的基础设施,网络文化是互联网技术演化迭代的产物。从网络形态来看,第一代互联网(Web1.0),以个人电脑、信息门户和文件传输协议(FTP)为典型场景;第二代互联网(Web2.0),以移动互联网和社交媒体为典型场景;第三代互联网(Web3.0或元宇宙)虽未获得统一的定义,却通常被认为是以大数据、人工智能、区块链技术为基础的人机交互、虚实相融、算法主导的互联网形态。不同的网络基础设施,其核心技术、内容形式、价值实现方式等不同,从中衍生不同的网络文化样态。从这个意义上讲,网络文化具有技术依赖性和时代衍化性特征。当前恰逢 Web2.0 向 Web3.0 演进的过程,网络技术和媒介形态以 Web2.0 语境为主,兼及 Web3.0。

这一语境下,形式多样的自媒体、数字媒介、智能媒介不断涌现,提供了一个民主参与的空间,人人都可以发声,人人都能够成为内容的生产者,信息生产模式具有开放性与平民可达性,话语权向普通大众迁移。如此一来,每个网络用户都获得了独立发布信息和创作文本的权利,信息生产的范围被大大扩张,海量文化碎片得以衍生。作为数字原住民,大学生可以轻而易举地制作音频、视频、图像、文本等内容,生成个性化的内容并展示给其他用户,从而成为"潜在"的记者、电影人、艺术家、作家、节目制作人等。譬如,当代大学生利用微信、微博建立起低耗、高效、即时的人际互动平台,人际关系的倍数传播使自媒体的信息传播速度完全超越了任何既定的媒介组织,获得了无可比拟的分享与聚合能力。大学生不仅通过"复制""转发""点赞"等来追踪自己感兴趣的话题,还通过"分享""评论""链接"等方式对信息内容进行解构、拼贴和二度创作。由此,大学生真正实现了即时互动,那些受到普遍关注的话语、议题极易通过意见的融合和群聚上升为公共话题,进而发酵升腾成为公共事件,产生巨大的社会影响力。

不难看出,当代文化生产最显著的特征是网络化、数字化。网络化、数字化扩容了文化生产规模,加快了文化传播速度,改变了文化内容生态,构筑起了一种独特的文化生产模式与生产能力。网络媒介赋予普通用户自主发表、编辑、转发、分享观点的权利,每个个体都能够通过数字媒介创作文本、传播思想理念、随意地加工和再加工、创造和再创造,社会互动深度更广、共享性更强、协同性更高,文化生产更具自由性、平等性和多元性。不得不承认,新时代大学生网络文化正发生着"参与性转向",进一步凸显个体的文化建构、分享、创造能力,高度依赖网民的文化生产模式成为主流,大学生个体对文化文本的生产、传播和消费,都不再是单独的、私人化的过程,而是一种公共的、社会性的行为。

参与式文化展现出鲜明的特点,具体表现为:其一,以个体主义为指向,强调个体的主动性与主体的个性化,塑造出积极的受众,"个人不再被埋没在普遍性中,或作为人口统计学中的一个子集,网络空间的发展所寻求的是给普通人以表达自己需要和希望的机会"①。从

---

① [美]尼葛洛庞帝:《数字化生存》,胡泳等译,海南出版社1996年版,第192页。

话语符号到网络圈层,极大地唤醒了大学生的自我中心意识,凸显了文化主体的个性化交互体验和互涉性意义生成,大学生被充分鼓励以"我"的兴趣、爱好、技能、特质、倾向、价值观出发,打造有个性、有差异的精神文化生活方式。其二,以去中心化的开放主义精神,倡导交互融合,以个体的分享、参与和协作,塑造出庞杂多元的文化样式。网络文化呈现海量、易得、流变、混糅性特征,大学生不再局限于同一类型、同一风格的文化形态,而是在不同立场、不同品位的文化之间游走迁徙,文化生产和消费具有分布式、异质性、流动性特征,大学生"不再像符号学家那样只对个别对象凝神细察,而是要求代之以一种多样化的、破碎的,且常常是断续的'细看'"①,多元、多变、丰富、琐屑成为精神生活的总体旨趣。其三,偏重草根气质,关注微观日常,彰显了一种大众化、世俗化、平面化的精神走向。无论是二次元、流行语,还是短视频、微短剧,无一不以娱乐为指向,甚至一些严肃、庄重的议题也被"软化"、淡化,甚至走向戏谑化、边缘化。当然,网络空间中自发生成的文化样态,蕴含着浓郁的享乐主义和消费主义色彩,玄幻、阴暗等多重与主流文化价值相左的成分潜滋暗长,加剧大学生娱乐化生存的卷入程度。

二、社交可供性与泛在化的数字连接

巴里·维尔曼将社交可供性定义为,互联网当前的和即将发生

---

① [英]安吉拉·默克罗比:《后现代主义与大众文化》,田晓菲译,中央编译出版社 2001 年版,第 18 页。

的变化而影响人们日常生活的诸种可能性。① 安·马克捷克指出，社交可供性与"既定技术结构一同形成社会结构"，具有改变传播实践的潜在性能。② 潘忠党将社交可供性归纳为可致意、可传情、可协调、可连接四个特征，其中可致意即用户通过媒介建立连接、进行对话的能力；可传情即情绪释放、情感动员的能力；可协调即调动多个组件促成信息网络协同运行的能力；可连接即建立社会关系网络的能力。由此可见，社交可供性表征着网络媒介和平台赋权个体用户进行数字连接、情感表达、找到志同道合的其他个体并与同好群体进行交往互动的能力。

数字化、智能化时代，网络媒介的数量和类型呈指数级增长，信息流动的速度和频率呈爆发式增长，碎片化信息充盈着我们的生活。"我们可以将互联网视为一种存在方式，它在塑造环境的基本能力上，在某些方面已经类似于水、空气、土地、火或以太"③。数字化、智能化媒介的核心功能之一，在于数字连接的即时性、泛在化，一方面个体用户不再局限于特定的时间和空间内发生连接、建立关系，而是呈现出一种"永久在线、永久连接"的生存语境，另一方面每个个体都呈现为去身份化、数据化的存在，相互之间的连接、交往、互动关系

---

① Barry Wellman, et al., "The Social Affordances of the Internet for Networked Individualism", *Journal of Computer-Mediated Communication*, 2003, 8(3), p.834.

② Ann Majchrzak, et al., "The Contradictory Influence of Social Media Affordances on Online Communal Knowledge Sharing", *Journal of Computer-Mediated Communication*, 2013, 19(1), pp.38-55.

③ [美]约翰·杜海姆·彼得斯:《奇云:媒介即存有》，邓建国译，复旦大学出版社 2021 年版，第 57 页。

本质上是某种数据流动。由 Web1.0、Web2.0 到 Web3.0,数字连接的形式、内容和强度正在发生变化——Web1.0 以内容聚合连接为主导,Web2.0 以关系连接为主导,Web3.0 则实现了内容连接、个体连接和算法连接的融合。当前处于 Web2.0 向 Web3.0 迭代的语境中,人与人的连接更加自主和智能,连接的互动性和参与感更强,人们掌握更多的连接主动权。每个个体都被视为平等化、齐一化的网络节点,平等地连接他人、群体和社会,广泛嵌入社会关系网络之中。各类数字媒介、平台、App 提供了多种方向的连接可供性,促动连接规模、连接方式、连接效率得以质性飞跃。这种飞跃不仅仅体现在人—人关系扩展,也体现在人—机关系建构;不仅仅体现在一对一连接链条的丰富,也体现在一对多、多对多连接链条的丰富。

　　当然,数字连接只是基础,连接链条的存在并不必然意味着社交互动;社交互动的形成,往往有赖于人们对彼此之间发展社会关系的主观意愿。正是出于强烈的交往意愿,大学生在网络空间里相互试探、互动,以自身拥有的某种特质或诉求——内容、兴趣、时间、空间等,去寻求拥有相近或相似的价值立场、情感需求和兴趣爱好的群体,构筑起形形色色的圈层、部落、社群、平台集体等。大学生寄居其中,精神生活呈现数字化、云端化状态,云社交、云恋爱、云养猫、云学习比比皆是。任何的思想火花、个性标签、审美趣味、价值取向都被拾取、被激活、被放大、被传播,个体的多样化、差异性被看见、被显现、被尊重、被认可。如此一来,大学生的兴趣、特质、诉求、个性、差异、审美、情感、思想,大学生寄寓其中的网络组织、社群、集体,都以"文化"的形式喷涌。

正如雷蒙·威廉斯所讲,某种文化的兴起不是无缘无故的,而是社会当中某种情感的产物,这种社会情感结构体现的是"一个时代的文化"①。数字化、智能化媒介改变了传统的信息受传模式,实现了产消合一,每个个体沉浸于由技术、媒介、信息共同营造的虚拟空间,不仅得以自由连接、扩散、传播,构筑自主性、符号化的数字圈层,更能实现情感流动、共鸣共振,不断诠释、创造新的社会经验与互动模式,实现不同社群之间认知、态度、心理和价值观的聚合,升腾演绎为网络文化景观。大学生擅长使用点赞、关注、收藏、评论、转发、弹幕、发帖、话题、留言、打赏、打榜、投票、问答等社交手势,在传情达意的表意实践触发与他人的关系连接,实现由个体向群体的集聚。抖音上,有的大学生以国潮国风标签而聚集,有的以吸猫撸猫而聚集,有的以动漫二次元而聚集,有的以寻找搭子而聚集,有的以 i 人 e 人分型而聚集。有些大学生在微信上建构朋友圈、扩列,或者加入 B 站、豆瓣小组、抖音、小红书,甚至加入"无用美学小组""消费主义逆行者小组""手账小组""下厨房小组"等垂直、细分、小众的圈层,都意味着他们在竭力维护自己的语言、知识、身份、价值、经验、期望和理解,制造出了一个专属的文化意义体系,一种独特的世界观,一种流动的数字亲密。还有不少大学生加入形形色色的数字圈层,各个圈层内都流传着海量、独特、新颖的密语、暗语、行话和梗,营造独特的语言风格、审美趣味和价值取向,建构起圈内同质化、排他性的文化类型。饭圈的"打榜""毒唯""脂粉""私生饭""搬家""不运回",

① [英]雷蒙·威廉斯:《漫长的革命》,倪伟译,上海人民出版社 2013 年版,第 50 页。

二次元圈的"扩列""COS""次元壁""泡面番""民工漫",易于圈内人士进行识别、辨认和模仿,也易于形成与其他圈层的区隔和壁垒。正如卡斯特所说,"以共享的、重构的认同为核心,追寻新的连接状态"①,在相对开放、自由、民主的网络空间中,数字连接和数字交往是大学生网络生活的基本状态,网络文化由此衍生,蔚然成风、层出叠见,展现着大学生在虚拟共同体中生活的经验和意义。

三、移动可供性与视频化的传播场景

移动可供性包含可携带、可获取、可定位、可兼容等,其中可携带性是指移动终端便捷、轻量、小巧、可移动等物理特性,用户可以在不同的地方和情景中运用媒介,如通勤途中、家庭、工作场所等;可获取性是指用户使用和传播的多重性、高频率和易得性,如利用移动终端进行信息搜索、查找、分析和提取等;可定位是指基于位置特性进行相关信息的调取、监控和协调;可兼容是指媒介设备的多媒体性和融合性,提供文字、声音、图像、动画、音视频、虚拟现实等的多屏共享和同步传输。移动可供性强调网络媒介为用户提供移动化、场景化的服务,能够基于场景进行数据采集、集成、分发和获取。一般而言,构成场景的原力主要为移动设备、社交媒体、大数据、传感器和定位系统等。当前的数字化、智能化技术潮流中,AR、VR、XR、MR、脑机接口、体感反馈装置及数字光影、音效、传感等技术落地应用,不仅提升

---

① 〔西〕曼纽尔·卡斯特:《网络社会的崛起》,夏铸九等译,社会科学文献出版社 2001 年版,第 3 页。

了移动设备的便携性与多媒体性,增强全感官沉浸式体验,也提升定位的精准度和可见性,驱动媒介移动可供性的升级。

数字媒介为各类文化样态的产生提供基础设施,是一切网络文化观念和实践成为可能的基本前提。当前,大学生中应用最广泛的是智能手机及形形色色的 App。《第 53 次中国互联网络发展状况统计报告》显示,截至 2023 年 12 月,我国网民规模达 10.92 亿,其中手机网民规模达 10.91 亿①。智能手机已不仅仅是一种通信工具,更是一种智慧化的生活方式,深刻影响着社会文化发展进程。智能手机具有超链接的文本呈现方式,建构起全新的流动空间和开放的时空环境,"讯息从物体的物理运动中分离出来,而且它使传播能动地控制物理过程"②,"一机在手,天下我有",大学生习惯于利用智能手机上网,刷新闻、刷朋友圈、刷微博、刷抖音、刷剧,"刷"成为一种普遍而日常的生活方式。"刷"意味着触摸屏幕可达,意味着碎片时间内的零碎观看,意味着视听感官的充盈,意味着信息流动的加速。智能手机对不同阶层、不同年龄、不同身份、不同圈层的人群都具有极强的魔力,大学生不仅共享着"刷"的生活方式,还共享着相似的文化环境和媒介生活方式。就"刷"的内容而言,除了新闻、资讯、聊天外,占比最高的就是视频,时长从几秒钟到几分钟长短不一,场景瞬息万变,视觉影像充斥漫溢。"视频成为一种黏连生活与媒介的

---

① 中国互联网络信息中心:《第 53 次中国互联网络发展状况统计报告》,2024 年 3 月 22 日,见 https://www.cnnic.net.cn/n4/2024/0322/c88-10964.html。

② [美]詹姆斯·W.凯瑞:《作为文化的传播——媒介与社会论文集》,丁未译,华夏出版社 2005 年版,第 162 页。

界面，同时影响着人们的现实生存与媒介表达"①。截至 2023 年 12 月，短视频的使用率为 96.4%、网络直播为 74.7%、微短剧方兴未艾②；QuestMobile 发布的《2022 中国移动互联网年度大报告》显示，抖音用户的月均使用时长达 41.4 小时③。短视频、直播、微短剧为代表的视频文化，激活了以视觉为主的感官系统进行传播的天性，以其强大的可视性、拟像性、感染力和交互性而迅速流行开来。以抖音、快手、B 站、小红书为代表的社交网站，源源不断地供给海量的短视频、微短剧，以趣味性、表演性、片断化、动态性的影像文本，将大学生引入光怪陆离的媒介幻境之中。以 B 站为例，拥有番剧、国创、综艺、动画、鬼畜、舞蹈、娱乐、科技、美食、动物圈、虚拟 UP 主、VLOG 等内容分区，划分出轻松搞笑类、潮流时尚类、技艺展示类、生活记录类、知识普及类等多种类型，主打兴趣垂直度和领域细分化，供年轻人群选择并加入自己感兴趣的视频圈层。2020 年以来，数字智能技术的落地应用，营造出一种个性化、强交互、多样态、人机协同、算法驱动的文化景观生产模式。依托于智能算法的数据追踪和采集，对大学生精神心理的洞察和追踪，精准的用户画像和定制化的内容推送，当前的网络文化样式更为复杂多维，大学生源源不断地接收到具有强烈自我偏好、同质化的文化内容。

---

① 彭兰：《视频化生存：移动时代日常生活的媒介化》，《中国编辑》2020 年第 4 期。

② 中国互联网络信息中心：《第 53 次中国互联网络发展状况统计报告》，2024 年 3 月 22 日，见 https://www.cnnic.net.cn/n4/2024/0322/c88-10964.html。

③ QuestMobile：《2022 中国移动互联网年度大报告》，2023 年 2 月 21 日，见 https://research.tencent.com/article? id＝bJW。

当前,数字技术、智能技术及其所搭建的物质设施已经完全渗入并塑造着大学生的精神生活方式。作为一种历史条件和传播架构,数字媒介兼具解放性和压迫性。一方面,数字媒介高度的开放性、便携性和智能化,为文化多样化提供了前所未有的巨大空间,使得大学生拥有与现实生活平行、交融的数字生活,各类文化样态、圈层、群体因此得到繁荣,进一步张扬和强化了大学生群体内部的参差和多元;另一方面,数字媒介悄然覆盖并建制化地制造新的权力结构,将大学生的行为、情感、文化数据化,将大学生与数字文化深度捆绑,须臾不能分离。

对此,我们要秉持辩证的、前瞻性的观点,在数字技术的行进轨迹中窥探到,从短视频、直播、微短剧为代表的视频文化,到正在降临的基于 VR、AR、ChatGPT、Sora 的 AI 文化,每一种文化体系的建立,都是对大学生精神文化生活的重塑。当前 AI、智能体、算法的聚合应用下,人机共生、深度媒介化的趋势渐显,连接性更强、更具构成性、更富沉浸性、更显智能化的媒介形态初见端倪,一种崭新的、变革性的文化表征体系,正方兴未艾、蓬勃而生,而媒介可供性理论恰恰为我们揭示媒介与文化之间的长期、大范围的结构性变迁提供了观察视角。

第三节　网络文化样态考察:
基于精神心理视角

"人类进步的一切大的时代,是跟生活来源扩充的各时代多少直接相符合的"①。大学生拥有与现时代相契合的精神特质,这一特质首先且集中性地外显于精神文化生活方式中。从一定意义上讲,大学生是网络文化的先锋力量,网络文化是大学生的精神"外衣",镌刻着他们关于精神生活的多重需求、丰富想象与主动体验,铭写着关于自我、他者、群体、社会、国家的认知和理解。表面看来,网络文化是喧嚣、热烈、流变、驳杂的,但其背后隐匿的精神心理却是统一的、连贯的、代际的、总体性的。透过网络文化的视窗,可以窥见新时代大学生群体精神心理的特点、规律和流变趋势。

一、我就是我:自我个性的标记与张扬

正如社会学家贝克所言,"人类渴望成为自己生活的主宰,选择、决定以及塑造自我成为我们时代的中心特点"②,回答"我是谁"这一问题,呈现自我、展示自我、发展自我、对自我身份进行识别和确认,对青年大学生而言是极具吸引力、现实性和挑战性的课题。"只有确立了自己在社会中的角色,才会被社会接受。在社会存在中,我只有在他人的映射中才能感觉到'我'的存在,从而决定我的行为"③。大学生一般处于18—30岁之间,按照埃里克森的"人生八阶段"理论划分,是青少年时期向成年早期过渡的阶段,成熟未满、成

---

① 《马克思恩格斯文集》第4卷,人民出版社2009年版,第29页。

② U. Beck, E. Beckgernsheim, *Individualization: Institutionalized Individualism and its Social and Political Consequences*, London, UK: Sage, 2006, p.23.

③ 李鸿祥:《图像与存在》,上海书店出版社2011年版,第333页。

长将至,思想、心理、人格尚在积淀、转变和定性过程之中,深度依赖于他人和社会对自我身份、角色合法性的确证,而高度数字化、智能化的网络语境为大学生建构自我认知、身份、个性提供了广阔空间,一方面大学生可以无所拘束地进行自我表达、自我展演,张扬、凸显自身的个性和独特性,另一方面可以随时随地与他者进行数字交往和情感连接,塑造、重构身份认同和情感归属,从而在霍耐特所说的"自我个性维度"与"自我关系维度"同时得到强化。

就自我个性维度而言,大学生将互联网视为自主表达空间,利用网络媒介、平台、工具作为自我身份建立、维持、分享和连接的载体。在网络文化 30 年的发展中,大学生对"自我"身份的塑造历经变化。在以 Web1.0 为主导的互联网早期,大学生的网络身份以虚拟、匿名、伪装为主要特征,利用网名、化身隐藏在论坛、BBS、OICQ 中潜水、灌水,试图从现实生活的基本限制中解放出来,探索一些虚构的性别、相貌、性格、种族、身份等。譬如在电脑游戏中,大学生可以将世俗的种种规定抛诸脑后,仅仅设定自己的装备、战场、敌友,就可以冲锋陷阵、挑战一切,获得一次次的赞扬、成功和奖励,成为虚拟世界的"英雄",实现自我肯定和自我认同。在 Web2.0 主导的社交网络时代,大学生获得了更加动态多元的数字身份,不仅可以设置社交媒体上的个人资料、干预数字平台中呈现的虚拟形象、披露在线行为踪迹等,还可以随时随地通过图片、文字、音视频等多维立体的网络渠道进行在线连接和自我展演,从而使得自我个性的展示更具便利性和弥漫性。大学生乐于并善于建构理想化的数字自我,既通过晒文化、秀文化进行自我暴露和自我展演,又借助于人设进行自我标榜和自我赋权,这些都在充分强调和彰显"我"这一身份隐喻及其个性、偏好、审美和文化品位,他们无比渴望被看到、被理解、被认同,渴望"做与众不同的、更真实的自己"。无论是找搭子,还是混圈层,无论是网游动漫、虚拟偶像,还是网红饭圈、盲盒手办等,无一不是在宣告"我"的个性特质、情趣品位、身份地位和行动取向,无一不是寻求自我认同的实践路径,无一不是自我意识的外显呈现。在 Web3.0、元宇宙、人工智能时代,大学生获得最大程度的全感官拟真体验,借助于不同的数字分身穿梭于各个时空场域,扮演着不同的个体自我,留下社会行为的数字痕迹。每一个看似不真实的"数字分身",实际上都是主体心理上的"某个我"的投射①,展现着个体心理的多重面相。

就自我关系维度而言,数字化、智能化媒介让大学生与他者的"相遇"变得更加易得、频繁、直观,社会关系的延展出现了诸多新形式。大学生不拘于熟人社交,也不拘于人—人社交,渐次发展出新型的社交关系——一是以点赞、分享、评论、转发为表征的熟人、半熟人社交;二是以 Soul 等为表征的陌生人社交;三是云养猫、虚拟恋人、虚拟偶像为表征的拟情社交等。当下,各类社交媒介、App 源源不断地提供沉浸式社交空间,内置"摇一摇""漂流瓶""附近的人"插件,大学生触摸屏幕、滑动手机、点击鼠标、敲打键盘,某种连接、某种关系似乎就触手可及、瞬间抵达。跨纬度的交互使得大学生在拓宽交往边界的同时,也实现着自我身份的再塑造。作为数字技术的

---

① 刘亚品:《数字空间:互联网社会的现实建构》,《人民论坛·学术前沿》2023 年第 10 期。

忠实拥趸,网络社交的平民化恰好满足了新时代大学生的这一需求。网络空间的开放性、平等性和节点性,网络角色的多元性、切换性和转场性,让他们以多维触角抵达饱和自我,达成网络社交"理想人格"。以不同兴趣为奇点孵化出的交往形态,生产出不同的文化符号和格调气质,带有极强的异质性、辨识性和区分度,为大学生提供了"在兴趣里自我表达、在表达里强调自我"的完美构境,实现了个体兴趣的放大化,达成个人与社会的联通,建构"身份认同—情感依规—自我价值"的完整链路。

自我概念,是个人自我知觉的组织系统和看待自身的方式,对于一个人的个性与行为具有重要意义。① 网络文化之于大学生的重要意义,既在于它是用于建构自我概念的原材料,也是表达自我个性的象征符号。大学生在生产、传播和消费网络文化的过程中融入自我的精神诉求和人格特质,进行原创或二次创作,藉由公开分享与表达,进行自我强化,使得"镜中我"愈加清晰、具象。当然,我们在承认网络文化彰显大学生自我个性的同时,必须警惕运用符号化、标签化的设定、运作和表演,来营销、贩卖、炒作、操控所谓"个性"、制造"伪个性"的文化消费主义陷阱。

二、"人以圈分":风格趣味的区隔与破壁

大学生网络文化正展现出愈来愈鲜明的圈层化特征,"同人"

---

① [美]卡尔·R.罗杰斯:《个人形成论:我的心理治疗观》,杨广学等译,中国人民大学出版社 2004 年版,第 168 页。

"圈子""族群""部落"等层出不穷,圈层文化之间的区隔、冲突、分化和叠合日渐频繁,以圈群分、以趣类聚、择群而入、筑圈而居。圈层是基于同质吸引、同类相聚的法则,却有着较高的准入门槛、层级制度和用户黏性,具有私密、紧韧、自组织等属性。新时代大学生高度活跃于形形色色的文化圈层,如二次元圈、饭圈、电竞圈、盲盒圈、汉服圈、国风圈等。仅 B 站就有 200 多万个文化标签、7000 多个垂直兴趣圈层。圈层成员以趣缘聚拢,熟稔圈内的流行符码、游戏规则、价值取向和行为模式,参与圈内互动、表达、动员、协商,并采取某种议定的集体行动。事实上,当年轻人加入某种圈层,往往意味着选择、认同并确立该圈层所代表的生活方式。

网络文化圈层化,意味着志趣相同、品位相似、三观相近、志趣相合的大学生得以汇聚,身处同温层、抱团取暖式的文化共享,让大学生汲取更多的亲密感和归属感,因而这种聚合关系往往比日常关系更具私密性和穿透性,也更具精神性和依赖性,用以满足大学生在现实生活规制中失落、弱化、边缘化的情感诉求。作为"独生一代""数字土著第一代",新时代大学生经历了个体与社会关系的结构性转变,成为集重情感连接和坚持自主性于一身的矛盾体。成长过程中游戏伙伴的锐减、社会疏离感的增加、虚拟交往的普及,使他们极度渴求情绪价值、情感支持和亲密陪伴。然而,身处高度流动性的时代境遇,"社会被人们认识为包含各种随意性的联结和分离的矩阵,一个可能出现无数种排列组合方式的矩阵"[1],永久的短暂和持续的瞬

---

[1] [英]齐格蒙特·鲍曼:《流动的时代:生活于充满不确定性的年代》,谷蕾、武媛媛译,江苏人民出版社 2012 年版,第 3 页。

间成为不得不经验的社会事实。为此,他们不再简单沿袭过往的交往模式和生活方式,转而从自己的需求、爱好、兴趣出发呼唤伙伴、招引同好,以垂直、自主、精细、悦己的方式缔结新的文化同盟,寻求情感共鸣,圈层文化也被视为自由释放个性、共享情感的渠道和途径,是大学生关于"自我"的风格化表述,也是寻求情感社交的主动尝试。在文化圈层内部,大学生以同道中人的姿态自由交流,寻求言论一致和情感契合,孕育出私密的数字情感空间、即时的互动方式和小众化的行为模式。因而,圈层不仅是一种集聚方式,更是一种气氛、一种意识状态,是"一种感情共同体的隐喻,它大体上指基于感情、共同趣味等聚集在一起的松散的情感部落"①,成为宣泄情绪、纾解压力、身心放松、精神共鸣的精神通道。

"风格是一种对认同的追求和建构"②,"理解一种趣味,就是理解一种生活形式"③。风格趣味在不经意地透露出大学生之间的区分感和差异性,隐含着他们的社会归属和社会身份。大学生通过风格、趣味建构圈层,以此区分"圈内人"和"圈外人",本质上是对自我认同的寻求和建构。正如安东尼·吉登斯所讲的,在现代性社会中,出于对本体的安全和存在性焦虑,个体愈发渴望确立稳固的自我认同与集体认同。对大学生而言,将自己的价值追求、精神诉求和情感渴求置于一种亲和性、包容性的文化体系之内,在这其中获得确认,

---

① 陈顺婵:《青年群体收听网络广播剧的行为现象分析——以猫耳 FM 为例》,《视听》2023 年第 3 期。

② 陶东风等主编:《亚文化读本》,北京大学出版社 2011 年版,第 8 页。

③ 张意:《自律性:布尔迪厄理论的"内在冲突"》,《清华大学学报(哲学社会科学版)》2008 年第 6 期。

汲取心灵慰藉，这是个体摆脱孤独、寻求寄托的恒常现象。学者张亮强调，我国青年文化的"风格化"特征，是社会加速迭代进程中年轻一代为张扬个性、释放情绪以及社交需求而表征的，目的是展现自我价值、增强自我认同、提高自我价值。① 林林总总、异彩纷呈的网络文化圈层，都极具风格化与辨识度，为大学生设定各具吸引力的自我意象，促使他们在各种风潮、风格中选择适合自己的文化类型，把自己与某种文化类型对照起来，通过类化来促进自我认同。加入 B 站、抖音、豆瓣、小红书的某个圈层，原本零星、散乱、流动、漫无目的的个体，经由圈内交往，"在这种互动中循环着的，是一种经过共同的语言、共同的知识和共同的回忆编码形成的文化意义，即共同的价值、经验、期望和理解形成了一种积累，继而制造出了一个社会的象征意义体系和世界观"②，每个个体都获得了新的自我认同和群体认同，而那些新潮的、小众的、边缘性的文化类型得以汇聚升腾为一种大众的、广泛的、群体性的文化心理。当下流行的直播文化、自拍文化、粉丝文化、二次元文化等风格林立，具有极强的区隔性和差异性，表征着大学生精神文化生活的不同方向与逻辑。譬如，二次元圈自带萌化、奇观化、幻想化、自由化、乌托邦想象的色彩；饭圈呈现出仪式感、凝聚感、封闭化、狂热化等特征；国风圈彰显传统、复古、唯美、精致、华丽格调；等等。文化差异构成网络圈层中最重要的数

---

① 张亮：《当代中国青年亚文化总体特征与建构路径探究》，《扬州大学学报（人文社会科学版）》2023 年第 27 期。

② ［德］扬·阿斯曼：《文化记忆》，金寿福等译，北京大学出版社 2015 年版，第 145—146 页。

字围墙,它不仅使兴趣相同的个体凝聚在一起,也将那些兴趣观念相异的人排除在外。当然,圈层文化之间并非界限分明、壁垒森严的,而是形态糅合的;大学生也并不局限于固定圈层,而是在各个圈层之间游走迁徙,不断加速文化圈层之间破壁、融合、交叉、凝聚态势。

三、流行之名:异质文化的游弋与混糅

网络文化是一个语义复杂、内涵丰富、充满张力的概念,这一概念囊括了若干次级概念和微观样态,不同的微观样态之间相互融通和勾连,呈现出纷繁复杂的总体景观。正如德勒兹所描绘的,网络文化遵循"根茎"式特征和发展路线,"它没有中心,持续不断地运动,变化莫测,不断地链接和重新排列组合"[①],从而形成风格林立、格调多元的局面,既以其流行化、风格化、潮流化特征而备受瞩目,又以异质性、混杂性、边缘性而饱受争议。大学生并不钟情于某种特定的文化样态,而是在风格迥异的网络文化样态之间穿梭游走、随时切换,时而沉溺于"恶搞"而滑向无厘头戏谑,时而推崇"佛系"而追求慵懒随性,时而追逐"爱豆"而卷入粉团饭圈,时而热衷于"二次元"而向往空灵唯美,从而具有多元性、多变性、混杂性、复合性特征,甚至呈现出矛盾性、冲突性、摇摆性和迁徙性。

一方面,在异质文化间的游弋与跳跃,有助于大学生增进文化资

---

① [荷]约翰·穆尔:《赛博空间的奥德赛:走向虚拟本体论与人类学》,麦永雄译,广西师范大学出版社 2007 年版,第 60 页。

本多样性。文化资本是"一种标志行动者社会身份的,被视为正统的文化趣味、消费方式、文化能力和教育资历等的价值形式"①,往往被视为不同个体之间进行文化区隔的标志和信号。埃里克森认为,文化资本的有效性在于其多元化程度。换言之,个体卷入的文化风格越多,越是能够增进文化多样性,越是能够获取更多的文化资本。数字化、智能化时代,文化生产效率加速,文化传播渠道拓宽,文化风格类型增多,大学生文化自主权和选择权急剧扩张。他们乐于体验异质文化,随意且自由地跨越文化边界,在不同的文化圈层间跳跃,快速地从一种风格向另一种风格移动,逐渐拥有更为丰富的文化资本,文化趣味上呈现广泛、包容、弹性和流变的特点,具有文化杂食主义倾向。网络文化种类繁多、迭代频繁,大学生往往并不局限于特定的圈层,而是遵循自我需求和精神意志随时进入或随时中止加入某个圈层,在其中逗留多久、卷入程度多深完全取决于个体偏好。游走于不同圈层和文化类型之中,大学生练就一种跨文化、跨圈层迁徙和切换能力,"因相同的情感,我们与他者相遇、相聚,形成部落;又因情感的迁移,我们从一个部落走向另一个部落"②,这促进大学生有意无意地进行专业的、情感的、审美的文化资本积累,这是他们谋求话语权力、获得社会地位、张扬自我价值的途径和标志。

　　另一方面,网络文化的混糅和驳杂性,使得大学生的精神世界处于矛盾的境地。他们既体验了文化多样性,获取多重文化资本,又易

① 陶东风等:《文化研究》第5辑,广西师范大学出版社2005年版,第267页。
② 许轶冰、波第·于贝尔:《对米歇尔·马费索利后现代部落理论的研究》,《西北大学学报(哲学社会科学版)》2014年第4期。

于陷入精神生活的碎片化、混杂性、短暂性境遇。在当前境遇下，文化形态与数字技术紧密相连，持续繁衍新的文化类型。大学生不再执着于某种文化形态，不再钟爱某种文化趣味，而是追赶流行、紧随时尚，尤其热衷于创制新潮的、先锋的文化类型，在新的文化风格、偏好之间不断变换，展现出精神生活的开放性和流动性，这成为他们争夺话语权力的方式和策略。显然，于大学生而言，网络文化从来都不是静态、边界清晰、铁板一块的，而是复杂、支离破碎、转瞬即逝的。沉浸其中，大学生已不再保持对网络文化的忠诚感或眷恋感，不再渴求从网络文化中汲取深沉、厚重、稳定的价值理想和道德力量，他们只是网络文化的游民、玩家、消费者而已，在浅薄、短暂的网络文化丛林中穿梭，匆匆而过，仅仅"在玩一场风格游戏"，体验"没有意义附着的符号狂欢"。由此看来，无论是恶搞、调侃、戏谑，还是佛系、丧系、躺平，无论是网红、直播、二次元，还是段子、弹幕、表情包，都不完全占据大学生的精神生活，仅仅是众多精神生活样式中可供选择的一个选项而已，大学生也不会专注于某一种文化样式，而是在不同文化样式之间跳跃迁徙，这就决定了大学生精神世界的感性化、混杂性和碎片化倾向。

表面看来，抖音、弹幕、网游、二次元等各具魔力、异彩纷呈，为文化消费提供更多的选择与可能性，使得年轻人在各色文化间自由切换、随意穿梭。网络文化景观喧嚣热闹、风靡一时，不断延展大学生文化选择和消费的新领域，却也提示着狂热、零碎、同质甚至粗鄙、有害等潜在风险。对此，人们充满着顾虑和隐忧，主要在于担心青年一代纠葛于泛在、空洞的文化符号里，迷失于自发、平庸的精神图景中，逐渐丧失批判性、超越性的价值追求。大学生在体验短暂狂欢之后，往往陷入无聊、无趣、无所适从之中，呈现理性缺位、价值碎化、精神虚无等现实状态，这是应当警惕和规避的，也是网络文化良序发展必须破解的关键问题。

第三章　新时代大学生网络文化的行为表征

文化并不完全表现为某种既定的东西,它本质上是人的活动或实践的产物。在网络空间,这种活动或实践以数字化形式呈现出来,即数字行为。可以说,正是由于大学生的数字行为,才得以衍生和构筑五彩斑斓的网络文化。当然,网络文化并非由大学生全部的数字行为所塑造,而主要是由数字生产、传播和消费行为所塑造的。

第一节　大学生网络文化行为方式

曼纽尔·卡斯特在阐释"网络"时,将其视为一种自然生成、可以无限扩展的结构,其中包含大量相互联结的节点,"只要能够分享相同的沟通符码,就能整合入新的节点"①。简·梵·迪克强调,"网

---

① ［美］曼纽尔·卡斯特:《网络社会的崛起》,夏铸九等译,社会科学文献出版社 2001 年版,第 570 页。

络社会的基本单位已经变成了与网络相连的个人"①。大学生作为网络社会的个体化节点,自由进入数字虚拟交往领域,与其他节点间相互连接、互动、汇聚、分化,进行文化生产、传播和消费行为,推动形形色色的网络文化流动涌现及其数量、规模、类型和样态增长。网络行为,即大学生在网络空间展现的社会性活动的统称。作为传播网络中的个体化节点,大学生的网络文化行为主要体现为生产、传播和消费。

一、网络文化生产

简·梵·迪克指出,相对于大众社会,网络社会的一个显著变化在于个体成为网络社会的独立节点,这意味着个体偏好、个体价值和个体话语权的上升。一方面,个体被赋予更多社会性权力,可以进行自我表达、自我展示、自我分享,拥有将自己的力量转化为社会能量的无限可能性;另一方面,个体承载各种社会资源,可以在不同的平台、媒介之间巡游,更加自主地创设和选择自己所认同的社会文化。每个个体化节点以分布式方式参与内容生产,以各自的意愿而非统一意志,从不同的视角、层面进行内容生产,一种新的、万花筒式的数字"参与文化"勃兴,开放、共创、共享式的文化生产模式正在形成。每个个体所贡献的内容,一幅图、一句话、一个符号、一个表情、一段

---

①　［荷］简·梵·迪克:《网络社会:新媒体的社会层面》,蔡静译,清华大学出版社 2014 年版,第 55 页。

视频,都可能获得共鸣和共情,成为某种网络文化的雏形;不同文化内容之间相互关联,构成无限联系、无限扩张的内容网络,促动网络文化版图加速延展。

网络文化生产以网络发布为主要表现形式,通过各种技术手段将无形的精神、意义转化为各种各样的文化符号,再以推送的方式到达文化消费者手中。① 首先,就生产动机而言,大学生网络文化生产往往与自我、自我认同有关,他们的认知、情感和交往需求是网络文化形成的原动力。正如丹尼尔·贝尔所说:"文化本身是为人类生命过程提供解释系统,帮助他们对付生存困境的一种努力。"②大学生成长阶段的特殊性,决定了他们精神需求的多维性和差异性,决定了自我表达的主动性和多元性,决定了他们在网络文化表达中众声喧哗、纷繁复杂的局面。与文化工业大规模、批量化和标准化生产不同,大学生在网络文化生产中显得更自主和自由,也更无功利性。他们往往从日常生活出发,对自身生存状态和生活意义做出直接反映。网络文化是他们关于自我经验、意义和主体性的主动言说,彰显着对当下的行为、经历、兴趣、偏好、追求、精神、价值观等的理解与思考。平凡生活的点滴,随手拍摄的图片,偶然迸发的灵感,无意抒发的情绪,都可能被记录下来,在互联网上发布,成为网络文化的素材和来源。对大学生在朋友圈"晒""秀"内容追踪发现,他们"晒"生活、

---

① 张三元:《网络文化生产与社会主义核心价值观的大众化》,《探索》2024年第3期。

② [美]丹尼尔·贝尔:《资本主义文化矛盾》,赵一凡、蒲隆、任晓晋译,生活·读书·新知三联书店1989年版,第24页。

"晒"照片、"晒"心情、"晒"签到等,身体特征、生活方式、学习状态、情绪心理、厌恶喜好、人际交往、娱乐行为、审美趣味等私生活领域的话题占据极大分量,主宰社交圈;对流行语文化、二次元文化、粉丝文化、新国风文化、视频文化、社交文化、心态文化所蕴含的精神特质分析发现,自我身份、自我价值、自我认同等个体化诉求占据主导。一言以蔽之,大学生网络文化生产动机往往与"我"有关,建构着自我意识和自我认同。在日常化的精神图景中,他们追求世俗生活,热心谈论明星八卦、健身美容、旅游购物、旅行交友等话题,在"去政治化的自我想象和个性想象"①中,关注的是"微话题",而对公共世界、公共事务、公共议题关注趋于淡化。其次,就生产过程而言,自由开放的网络环境打破了种种时空限制,使大学生可以随时随地进行网络文化生产,这种文化生产是片段化的、情境性的、进行时的、非连贯性的。显然,用于文化生产的素材来源于日常生活,是流动的、随意的、非制度化的,充满着未知性、突现性和不确定性,是无法提前规划和预设的,跟随大学生生活际遇中的焦点、热点而迁移。这些素材经由互联网发布后,就不再是个人的独自呻吟,而成为一种公共性表达,具有被看见、被喜欢、被认同、被传播的可能性,成为网络文化的来源。动态地看,网络文化随着大学生的创造性参与而不断生成、演变,是一种"未完成"的、始终在"进行中"的不确定性事物,表征着社会文化发展中某种不安定的流动者。大学生既存在于一种网络文化之中,又通过持续的在线活动不断超越和创造着新的网络文化形态,

_____

① 陶东风:《从两种世俗化视角看当代中国大众文化》,《中国文学研究》2014年第2期。

它们"急剧地产生,迅速地流播,瞬间地引爆,片刻地转换,倏忽地淘汰,匆猝地湮灭"①,我们很难未卜先知在大学生群体中即将兴起哪种文化样态,也很难对流行趋势和发展脉络加以干涉,但这并不意味着完全无法体察、无法研判、无法介入,反而恰恰要求我们能够从更深层次把握大学生精神心理的普遍性、规律性特征,从中提取出大学生精神需求中的共通性、本质性元素,正是这些元素促使大学生在文化表象上展现出某种特定取向或表征,演绎出形色各异、五彩斑斓的流行景观。再次,就生产文本而言,网络文化多是开放性文本,具有多义性、流动性和可阐释性。文本是网络文化的外壳,是交流、沟通和互动的中介,是"一系列连贯的能传输某种信息的符号,是指所表达的信息内容,而非它所代表的物理形式或媒介"②。意大利符号学者艾柯把文本分为封闭性和开放性两种,前者按逻辑、因果关系来建构,具有透明性、确定性和同一性,文本意义指向通常唯一;后者则充满着多义性和变化性,赋予文本意义以无限可能,唯有在不同个体的对话、互动中,才能促进理解,形成共识,确定意义。伽达默尔认为,理解不是一种被动的行为,而是一种积极的、建设性的行为,它本身包含了创造性的因素。③ 大学生创造文化文本的过程,往往采用拼贴、重构、戏仿、挪用等策略,进行二次加工,重构话语和文化符码,代入个人的思想、情感、价值观,将文本引入一个更广阔的多维空间,生

---

① 胡潇:《论网络文化对哲学思维的解构》,《学术研究》2013 年第 10 期。
② 参见维基百科。
③ 许正林:《欧洲传播思想史(修订版)》,上海人民出版社 2022 年版,第 668 页。

成一种更开放、丰富的符号系统。大学生热衷的网络造词运动，从"神马""给力""Hold 住""emo""摸鱼""囧""社畜"到"淘宝体""元芳体""咆哮体""甄嬛体""Duang 体""凡尔赛体"，这些流行语汇无不经由大学生的文化生产而得以流行、泛化，成为标志性的文化景观。譬如，网络热语"社恐"，本意是"社交恐惧症"，是病理性的，属于身心障碍范畴，指涉人群有限；但在大学生的社交互动中，对"社恐"进行词义扩大和泛化，表达的是害羞、内向、逃避社交、拒绝无效社交等诸种态度，衍生出"隐形社恐""热情式社恐""矛盾性社恐""反侦察式社恐"等新义，充满着自嘲、调侃、无中心、平面化的后现代叙事风格；再譬如，"弹幕"是观看视频时针对作品内容进行即时点评，像子弹一样在屏幕上自右向左飘过，其中有文字、图片、表情包，掺杂着观看者的兴趣、观点、心态、情绪等，或点赞，或吐槽，或"拍砖"，或嘲讽，将弹幕视为个人情感的外在投射。凡此种种，都隐含着大学生对文化话语权的争夺，也隐含着大学生的群体智慧和文化创造性。

就文化生产而言，网络文化在大学生的日常生活领域生成，展现出鲜明的个体化特征。"网络文化首先给个体生存架构一个'日常生活场域'"[1]，表征着"人的自在的、自发的、前反思的、非主题化的生活样式、生活状态或存在状态"[2]。对大学生来说，他们的日常生活以学习、生活、娱乐、交往为主要内容，微观、感性、琐屑，甚至凌乱、单调、乏味，既充满着对新奇、愉悦、轻松、好玩的本能向往，又充满着

---

[1] 丁三青：《日常生活批判视域下网络文化对个体生存的意义》，《大连理工大学学报（社会科学版）》2010 年第 31 期。

[2] 李文阁：《回归现实生活世界》，中国社会科学出版社 2002 年版，第 227 页。

对自我、个性、经验、意义的表达欲望,这些都成为大学生进行文化生产的原初动力和线索标记,"日常生活就像一个培养基,生活世界中的一切际遇和实践,都必须通过日常生活的展演才能得以在文化和社会景观中实现"①。社交媒体的开放性、无界性使其成为理想化的展演空间,大学生通过"展演—呈现"的方式放大个体生活中的事件、经历、体验、感受,满足自我生理、心理、社交、情感需求并借此寻找社会认同,这成为网络文化汩汩涌动的不竭动力。

二、网络文化传播

虽然个体需求是网络文化生成的原动力,但是纯粹的个体行为难以称之为网络文化。归根结底,网络文化是以群体文化为单位的。由个体行为上升为群体性、社会性行为,才对网络文化产生实质性的推动。从这个意义上说,网络文化是虚拟符号在个体、群体、社会间的流动,"流动性"是理解网络文化的重要维度。曼纽尔·卡斯特强调,"流动指的是在社会的经济、政治与象征结构中,社会行动者所占有的物理上分离的位置之间那些有所企图的、重复的、可程式化的交换与互动序列"②。每个个体都是网络传播的桥节点,是网络文化的传导体,对于符合自己需求的内容进行自发的、接力式的传

---

① 陈接峰、张煜:《日常生活的数字展演:短视频的生命情感和生活意蕴》,《中国电视》2021年第12期。

② [西]曼纽尔·卡斯特:《网络社会的崛起》,夏铸九等译,社会科学文献出版社2001年版,第505页。

播,放大网络个体行为的社会影响,使得原本个体化的信息、符号,发酵成为轰动性、流行性的网络文化现象。因此,以个体为起点,个体与个体、群体、社会间的互动,构成了网络文化流动的基本方式。具体为:

一是人际传播。"网络社会的基本单位已经变成了与网络相连的个人"①,"个人不是被放进社会结构的零星部件,而是具有一定独立性的自我整体,拥有不被社会化的'消极保留物',同时以'个人经历'形式承载着整个社会的运作样态"②。开放自由的互联网平台架构模式下,个体的社会交往打破了时空限制,"促使具有不同社会特征的人群都能在互联网中得到连接,扩大甚至改变了社会交往范畴,超出了原有的依靠自我认知的社会界定边界"③,个体作为传播中的独立节点,构建以自身为中心并不断延展的传播网络,信息沿着个体的社会关系网络流动,节点的社会关系成为文化符号流动的渠道。网络文化符号在个体间的流动主要基于两种模式,即以社交为核心的一对一流动和以个体为节点的多链条流动。以社交为核心的一对一流动是指大学生以社交活动为媒,通过强连接、弱连接和泛连接的人际关系网络,形成极具稳定性和黏合性的自传播模式。由于网络个体数量巨大且无规律、散点分布,个体与个体间的符号流动呈现散

① 〔荷〕简·梵·迪克:《网络社会:新媒体的社会层面》,蔡静译,清华大学出版社 2014 年版,第 35 页。
② 〔德〕盖奥尔格·齐美尔:《社会是如何可能的:齐美尔社会学文选》,林荣远译,广西师范大学出版社 2002 年版,第 371 页。
③ 周建新、俞志鹏:《网络族群的缘起与发展——族群研究的一种新视角》,《西南民族大学学报(人文社科版)》2018 第 2 期。

点式拼图方式①。大学生散点式独自追踪文化符号,经由网络表情、窗口抖动、虚拟礼物、界面皮肤、聊天背景等交互场景及点赞、转发、评论、围观、打赏等手势进行碎片化传播。赫伯特·西蒙指出:"随着信息的发展,有价值的不是信息,而是注意力"②,那些极具眼球效应和引发情感共鸣的文化符号,易于成为传播聚焦点,获得更多个体的关注和卷入,传播链条不断延长,传播效率不断加快,呈现多重链条、多重线索、多重路径接力传播,在不同个体的解读、筛选、重组和二度加工中,触发文化符号的爆发式生产和多级化传播,不断扩大辐射范围、增加热度、提升渗透度,为其跃升为某种群体性、流行性文化奠定基础。

二是群体传播。彭兰认为,尽管互联网社会的基本节点是个体,但是能对互联网以及现实社会产生更广泛影响的互联网单位,是群体,而不是个体。③ 只有当个体的影响力被聚合、上升到群体层面,才能成为群体认同和文化建构的载体依托。网络空间中,基于身份认同、情感链接和文化偏好的个体聚合在一起,完成从个体到网络文化群体的转变。网络群体的聚合结构各有不同,有些是松散的,有些是紧密的;有些是同质的,有些是异质的。网络群体有多种类型、规模和表现形式,包含网络社区、网络社群、网络族群、网络圈层等。不

① 任福兵、张雪:《网络传播碎片信息的拼图机制》,《情报理论与实践》2015年第38期。

② 安同良、魏婕:《中国经济学走向何处:复杂经济学视域下新经济发展对中国经济学的重构》,《中国工业经济》2023年第12期。

③ 彭兰:《新媒体用户研究:节点化、媒介化、赛博格化的人》,中国人民大学出版社2020年版,第16页。

同的网络群体内部呈现不同的关系模式和结构方式。以网络社群为例,有学者依据去中心化程度、商业属性、社交属性等三个维度将其划分为七类:一是饭圈类社群;二是网络文化衍生品购买类社群;三是 BBS 论坛、百度贴吧、豆瓣小组等社群;四是网络游戏社群;五是网络文学社群;六是原创内容类社群;七是资源分享类社群等。① 当然,这些网络群体并非内涵既定、界限清晰的,往往处于流变和发展之中,彼此之间相互交叠、重合和转化。当前,网络群体异常丰富活跃,"御宅族""乐活族""尼特族""NONO 族"等文化意义上的族群越来越多,从中衍生出形形色色的族群文化,二次元文化、弹幕文化、网红文化、佛系文化、躺平文化等都是经由网络群体催生的新文化风潮。在网络群体内部,某些特定的文化元素以富集的方式存在着,强调特定的文化特征以便于区分"我群"与"他群",从而形成对某种共享符号系统的依赖。群内成员往往使用明确的符号标识(网络语言、图片、视频、表情包等),遵循统一的行为规则(圈规、礼仪等),制造文化共识(造词、P 图、恶搞等),甚至采取集体行动(守护、出征等),将更多年轻人卷入进来,增强网络群体的黏性,并源源不断地创造文化符号、建构新兴话语。"社会群体就是共在的一种表现形式,没有共在恐怕也就无所谓社会可言"②,尽管不同的群体之间存在差异和参差,但群体内部却具有强烈的共在感,大学生在群体内部

① 高宏存、张景淇:《多元协同与跨域合作:网络文化社群治理亟需范式变革》,《学术论坛》2021 年第 4 期。

② 郑震:《共在的文化解释——一种关系主义的视角》,《人文杂志》2019 年第 10 期。

以独有的文化表达方式来获得共鸣感和归属感。

三是大众自传播。"我们的日常生活世界从一开始就是一个主体间际的文化世界"①,社交平台的基础设施化使得人与人的交往行为极度泛化,大学生卷入某一文化场景有时是随机的、偶然的、漫无目的的,有时是数字平台和智能算法主导下的可计算的、精准的、数据化的。前者是基于社会化媒体的泛连接,后者是基于人工智能和算法的智能连接。具体而言,一方面,依托于网络平台,以兴趣、话题、产品、服务为中介,大学生随意地、松散地巡游在不同文化样式之间。活跃在网络社会中的大学生以平台或 App 为中介,自如地从一个界面跳转到另一个界面,快速缔结某种临时的、表层的、随机的互动关系。这种关系既无现实的社会根基,又无共同的价值观支撑,往往互不熟识,或仅仅是一面之缘,以浅连接和弱关系为主。在这一情境之下,大学生沉溺于随时在线、随时连接的语境中,在碎片化时间中刷剧、刷网页、刷微信、刷视频。"刷"成为一种日常、高频的网络行为,意味着大学生片段式、碎片化的信息传播模式,意味着短暂驻足、匆匆停留、快速浏览、即时分享,在无意识中卷入某种文化形态之中,成为网络文化传播的加速器,助推网络直播、网络短视频、网络微短剧等文化样式的流行。另一方面,随着智能技术的运用,尤其是以人工智能为典型代表的新技术的推广,在传统的人人交互之外,新型的人机交互逐渐衍生。机器通过自主学习与深度学习,依靠大数据、智能算法等技术,实现对用户特征、信息需求的快速收集与精准对

---

① [奥]阿尔弗雷德·许茨:《社会实在问题》,霍桂桓译,浙江大学出版社2011年版,第137页。

接,以"机器播报""社交机器人""人机对话""生成式模型"等形式参与知识生产和话语重构。当前,AI逐渐介入大学生的文化生活,作为对话者角色的聊天机器人、虚拟助手、智能音箱,作为创作者角色的机器人记者、人工智能主播、计算宣传等纷至沓来,促使社交媒体传播转向智能化趋势,根据大学生的文化需求和兴趣推荐文化产品,传播能力呈现高度的渗透性、精准性和非人化特征,引发网络文化规模、形态、类型和传播方式的升级,在无形中创造新的网络文化。

三、网络文化消费

消费社会学认为,消费是一个从获取(物质、产品、服务)到使用再到(废弃物)处置的过程,强调消费的实践属性。"文化消费是一项社会活动,也是一种日常实践。通过文化消费,我们创造了文化"①。与一般的物质消费不同,网络文化消费以精神消费为主要特征,是人的精神外化的一种集中体现。网络文化消费并不意味着文化形式和内容的衰减,反而意味着文化的再生产与再创造,意味着文化获得共享性、扩展性和增殖性,"潜在地实现了一种'对社会的文化重建'"。约翰·费斯克秉持生产性受众观,认为消费者的行为构成商品文化意义的二度生产②;皮埃尔·布迪厄将这一过程描述为

---

① [美]约翰·菲斯克:《电视文化》,祁阿红等译,商务印书馆2005年版,第21页。

② [美]约翰·费斯克:《理解大众文化》,王晓珏、宋伟杰译,中央编译出版社2006年版,第175页。

"文化再生产";彼得森称之为"文化自生产",强调消费者会"挪用他们环境中可以获得的商业文化元素,然后重新想象和重新组合那些元素,以创造出文化表达,形成他们自己的独特身份"①;米歇尔·德塞都将消费视为意义的生产过程,认为消费者的生产"并没有自己固定的产品,它也不是用自己的产品来证明自己的'生产',相反,这个证明来自于消费者如何使用支配性的经济秩序提供给他的那些产品"②;我国学者李思屈提出"消费增值律",认为文化产品价值之所以会增加,在于消费者的二度生产中关联了其本身的性格、阅历、审美、思想和价值观。从这个意义上讲,大学生的网络文化消费行为不仅没有消耗文化产品的内容,反而创造性地参与了文化的再生产,是大学生进行身份确认、意义构建、趣味区分、文化分类的过程,"给社会关系——亲密关系、友谊、工作关系、闲暇和消费——开辟了很多积极的可能性"③,这即文化消费之于大学生的深层意义。可以说,文化消费在本质上具有生产性和创造性特征,其与文化生产的差异仅仅在于时间序列不同而已。辩证地看,文化消费处于网络文化发展的终端环节,同时处于新一轮文化生产的起点。

---

① Ryan John,"The Production and Consumption of Culture:Essays on Richard A.Peterson's Contributions to Cultural Sociology:A prolegomenon", *Poetics*, Vol. 28, 2000, pp.91-96.

② Michel de Certeau, *The Practice of Everyday Life*, University of California Press, 1984, p.31.

③ [美]约翰·费斯克:《理解大众文化》,王晓钰、宋伟杰译,中央编译出版社 2006 年版,第 127—228 页。

　　网络文化消费以虚拟的精神消费为主导,并不断向现实的物质消费延伸。曼纽尔·卡斯特将网络文化界定为"真实虚拟的文化",认为"在这个'真实虚拟'的沟通系统里,现实本身完全陷入且浸淫于虚拟意象的情境之中,那是个'假装'的世界,在其中表象不仅出现于屏幕中以便沟通经验,表象本身便成为经验"①。网络文化是建构在数字媒介上的"真实虚拟"的存在,大学生的文化交往活动没有"在场"的对象作为约束,也不再受时空、身份、地位的局限。沉浸其中,大学生的网络文化消费行为展现出某种虚拟性,这种虚拟性的文化产品背后是符号和意义。卡西尔指出,人是符号的动物,利用符号创造着文化。② 鲍德里亚认为后现代社会是一个通过媒介而建立起来的符号世界,在其中,各种不同的符号彼此循环往复。③ 大学生网络文化消费的对象就是形形色色的符号,它们以数字化、虚拟化形态呈现,不依托于实际物质而存在。譬如,虚拟歌手、虚拟主播、二次元角色等,本质上是一套被建构出来的符号意义系统。大学生追捧的"初音未来""洛天依""言和""荷兹"等,具有人格化的外貌风格、性格特质、语言方式等,能够进行文化展演和情感互动,成为大学生心理期待的投射与具象化的"膜拜对象",带来轻松愉悦的体验,但这些不过是数字世界的二维立绘,是炫目的视觉表象而已,从外貌、形象到动作、声音、才艺,都高度依赖于智能技术的合成作用。大学生

---

　　①　[美]曼纽尔·卡斯特:《网络社会的崛起》,夏铸九等译,社会科学文献出版社 2001 年版,第 351 页。

　　②　[德]卡西尔:《人论》,甘阳译,西苑出版社 2003 年版,第 2 页。

　　③　J.Baudrillard,*The Precession of Simulacra*,*Simulacra and Simulation*,the University of Michigan Press,1994,p.6.

所热衷的文化样式——网络语言中的弹幕和表情包、网络游戏中的角色皮肤和装备,网络剧中的人设与性格,皆具有某种虚拟性。简言之,在网络文化构筑的虚拟世界中,"声音和视像、思想和行动,全部都数字化了"①,转换为数字空间中的数据流,成为具有语言、声音、图片、光影等能够被感知的感觉特性。网络文化的表层是符号,深层是价值。大学生网络文化消费,是对数字符号背后所蕴含的精神意义的体验与认同,他们常用"安利""种草""入坑""上头"等语汇来描述这种心境。作为虚拟形态和数字载体,网络文化可以不受限地重复和再现,并在大学生的持续性消费中得以衍生和拓殖。当然,网络文化消费在精神消费之外,也时常伴随着物质消费,网游中的"氪金"、道具、皮肤、体感设备,二次元中的 Cosplay、周边、手办、徽章,饭圈中的应援、打榜、刷数据等,都是精神消费向物质消费的延伸。

大学生网络文化消费是由其深层次的精神需求所支配的。大学生思维活跃,标新立异,创造性强,乐于追求时尚潮流,渴望掌握引领社会风尚的话语权。网络文化消费是大学生张扬个性、塑造认同、建构自我个性的重要途径。让·鲍德里亚将符号消费定义为一种生存方式,是获得身份、意义和声望的一种渠道。② 网络文化是网络空间中瞬间的、流动的、流行的符号元素,是大学生用以进行精神享受、个

---

① [法]马克·第亚尼:《非物质社会》,滕守尧译,四川人民出版社 1998 年版,第 244 页。

② 孔明安:《从物的消费到符号消费——鲍德里亚的消费文化理论研究》,《哲学研究》2002 年第 11 期。

性表达、身份区隔和社会关系构建的外在标识,大学生藉由网络文化消费行为来获得、发展并维持身份认同,实现自我与他人、群体和社会的连接。大学生在合理适切的网络文化消费中,通过对文化产品的甄别、比较、选择和享有,实现身心愉悦和精神享受,达到内心世界的充实和丰盈。就其程度和层次来看,大体上划分为基本性消费需求、享受性消费需求和发展性消费需求,"消费在观念上提出生产的对象,把它作为内心的图像、作为需要、作为动力和目的提出来"①,对于优质网络文化产品的占有和享受,满足自身真正的需要、享受精神产品价值、获得美好精神生活,这是网络文化消费的价值理性和意义指向。然而,网络文化消费并不总能为大学生精神生活高质量发展提供价值引领,有些时候甚至适得其反,尤其是在商品逻辑和资本逻辑的隐性布控下,"消费呈现出更多的公共和集体的特征——不再只是个人选择和偏好的事了,而是成为公众讨论和集体审议的话题"②,享乐主义、物质主义、个体主义、消费主义等思潮裹挟其中,网络文化消费中充斥着低俗、畸形、非主流倾向,堕向物化和异化境地,这是大学生网络文化发展中需要格外警惕的部分。

由此看来,与网络文化生产、传播、消费行为相伴随的,必然是大学生精神生活的多元化倾向。在互联网空间,全方位的价值碰撞、融合、竞争、嵌入、渗透,构成一种不言自明的基本逻辑,试图用一套固定的、单一的生产、生活、交往方式及道德标准、价值取向来理解和框

---

① 《马克思恩格斯全集》第 30 卷,人民出版社 1995 年版,第 33 页。
② [美]亨利·詹金斯:《融合文化:新媒体和旧媒体的冲突地带》,杜永明译,商务印书馆 2012 年版,第 327 页。

定大学生,显然是解释力不足的。为此,我们应当循着大学生网络文化行为特征,进一步探寻背后的文化心理及其类型化特征,从中更加深刻、细致、精准地描摹大学生的群体特性和行为规律。

第二节　大学生网络文化行为类型

数字化浪潮中,大学生不仅是参与者、体验者,更是生产者、创造者。他们以自己独特的行为方式,塑造着丰富多彩的网络文化世界。总体而言,大学生网络文化行为包含了四种特色鲜明的类型,即自我认同式的展示性行为、集体狂欢式的娱乐性行为、公共参与式的自治性行为、自我实现式的创造性行为。这些行为背后,隐匿着大学生深刻的心理需求和精神旨趣。

一、自我认同式的展示性行为

美国心理学家埃里克森认为,"年轻人为了体验整体性,必须在漫长的儿童期已变成的什么人与预期未来将成为什么人之间,必须在他设想自己要成为什么人与他认为别人把自己看成并希望变成什么人之间,感到有一种不断前进的连续性"[①]。大学生自我认同的心

---

① [美]埃里克·H.埃里克森:《同一性:青少年与危机》,孙名之译,浙江教育出版社 1998 年版,第 73 页。

理过程,是把过去的自我、现在的自我、未来的自我通过因果关系和时空关系统一起来,获取整体感和连续性的过程。自我认同是大学生根据自身内在诉求,在与他人互动交往的过程中形成,并在自我认知、自我探索的过程中发展的。大学生往往从个体的角度出发,对自我进行反思与接纳。他们对于"我是谁""我是什么样的人""我要成为什么样的人"等问题尤为关注。作为互联网原住民一代,大学生的自我认同与数字化生存境遇深度相关。他们在网络空间展示自我、张扬个性,热衷于在网络空间"晒"。"晒",本质上是个体对自我的主动表露,是自愿传达关于自身信息的行为。大学生在网络空间活跃度极高,他们乐于分享自己的生活体验、动态及对社会事件的态度看法,将自己的心情、态度、爱好、需要、性情、欲望、价值观等私人事件公之于众,与他人共享自己的隐私和秘密。他们的一举一动、一言一行,都经过网络视窗传递出来。对大学生而言,"晒"不单单是记录生活、宣泄情绪、消除烦恼、纾解自我的途径,它实质上构成了一种全新的文化行为方式。对大学生而言,"晒"是一种自我编码的过程,是将隐藏在内心深处的意义、欲望、目标进行曲折化和隐喻化表达的过程。他们通过"晒"来进行自我指涉、自我塑造,以此显示自我与他人的差异。"晒"这一行为是主动的、喧嚣的、有意为之的,带有自我认同的意蕴。对其进行追踪分析可以发现,大学生自我认同的展示性行为呈现出奋进与焦虑共存、个体情绪和群体情绪共掣的鲜明特征。

一方面,就展示内容来看,呈现"奋进"与"焦虑"共存的面貌。新时代的征程中,青年展现出自信自强、刚健有为的精神风貌,据

《中国青年网民社会心态调查报告（2022）》调查显示，56.23%的青年网民明确反对"躺平"①，中国人民大学中国调查与数据中心（NSRC）发起主持的《中国青年发展调查》显示，58.7%的青年能够面对挑战，保持不懈奋斗的精神状态②。昂扬向上、奋发有为、充满理想、务实求索，是以大学生为主体的青年一代的精神写照。但在近年来经济逆全球化趋势下，经济发展增速有所放缓，部分行业发展面临内外部挑战，大学生求学、工作、生活等方面压力增加，未来的不确定性增加，大学生的心态发生微妙变化，奋斗意志与焦虑情绪交织叠加，成为大学生普遍的精神状态，这集中反映在网络空间中。一方面，他们积极应对挑战，鼓舞奋斗意志，成就人生理想，渴望将个人奋斗融入国家社会发展，并细腻记录自我励志、自我求索的状态。他们通过网络空间"打卡"等方式进行阅读、学习、锻炼；通过"点赞""打 call"等方式赞赏自我或他人的奋斗成就；每年毕业季盛行的考研、考公"上岸"朋友圈，就是大学生展示奋斗成果的典型行为；另一方面，他们毫不掩饰自我矛盾、自我对抗、自我讨伐的心理状态。有些大学生在精神世界陷入"我与我周旋久"的境地，无休止的自我怀疑、无止境的自我攻击、无止境的纠结犹豫，以至对未来的迷茫、焦虑，导致他们在互联网空间中输出情绪、观点、态度时，涌动着一股低沉、颓废的情绪。他们热衷于运用"佛系""躺平""内卷"等词汇抗拒持续外溢的

① 《中国青年网民社会心态调查报告（2022）》，2023 年 4 月 26 日，见 https://fddi.fudan.edu.cn/79/d1/c18985a489937/page.htm。

② 《中国青年发展调查（2023）》，2023 年 11 月 30 日，见 https://www.thepaper.cn/newsDetail_forward_25488598。

学习生活压力;运用"小镇做题家""积极废物""咸鱼""淡人"等标签进行自我调侃、自我嘲讽、自我解构;运用网络"宅"文化、"懒人"文化来寻求一方净土;运用"呆""萌""搞笑"等元素来纾解自身压力;等等。与"我"有关的事项,是大学生精神生活的重心,也是网络展示的主要内容,而对于"无穷的远方""无数的人们",他们无暇顾及,对公共世界、公共事务、公共议题关注表现出一定的疏离态度。

　　另一方面,就展示目的来看,呈现个体情绪和群体情绪共掣的意旨。"每个人在社会中扮演的角色实际是由他人的期待来限定的,……他人是一面镜子,只有与他人互动中,我才有了我的自我"①。大学生通过网络展示性行为,张扬个性,寻找认同,谋求共识,既生动地展示自我形象,又试图与他人相链接。一方面,大学生通过网络展示性行为来定义和建构"我是谁"这一人生课题。当前的数字技术条件下,云计算、大数据、算法推荐、区块链等技术快速发展,网络自媒体、智媒体在大学生群体中普及,其开放性、无界性的特点,使得人与人在互联网空间实现无障碍沟通交流,文字符号、图像视频、语音等广泛普及,依托 VR、AR、MR 技术模拟,大学生可展示的内容涵括了视觉、听觉、触觉等多种形式。他们在微信、微博、小红书、抖音、QQ 空间等媒介平台,全景式展示"我"的方方面面——生活方式、学习状态、情绪变化、社交偏好、娱乐行为等。这种以"我"的生活为主题的展示性行为随时随地发生,既包含了对于事件、经

---

　　①　[美]欧文·戈夫曼:《日常生活的自我呈现》,冯钢译,北京大学出版社2008 年版,第 5 页。

历、体验、观点的描述,也包括了生理、心理、社交、情感、发展等需求的表达,更代入了个人的思想、情感、倾向与价值观。以"我"为主、生活化、日常化、微观化、自由化、随意化,这是大学生网络展示性行为的显著特点。另一方面,大学生通过自我展示、自我暴露来寻求他人的共鸣,建构"我们感"。数字媒介具有传播即时性、表达碎片性、方式交互性、内容草根性等特点,信息表达的去中心化和去权威化特征十分明显。大学生可以自由进入信息展示平台,选择符合自身偏好的表达方式,在数字媒介的交互作用下,将散点的"我"重组、链接、聚合,建构为"我们",形成基于身份、情感、文化、志趣等认同的网络社区、网络社群、网络族群、网络圈层等虚拟共同体。这些共同体具有相似的价值观念、共同的目标导向、明确的标识符号、统一的行为规则、一致的集体行动等,易于形成共鸣。网络展示性行为助推了网络空间志趣共同体、文化共同体乃至价值共同体的建构,促成了大学生在网络空间探索共识性的"我们"的进程。

伴随着虚拟现实间、互联网主体间交互影响力持续加深,网络空间的展示性行为达到了空前宽广、空前活跃的阶段。当下,网络文化产品的供给方和接受方互动程度空前提高,许多网络文化消费的平台兼具社交媒体的功能,以大学生为主体的用户本身既是平台的主体,又是文化产品的供给者、消费者。他们完整地嵌入文化生产和消费的过程,他们的生活、情感、经历本身就是一种文化,是青春的、前沿的、时代的文化。

二、集体狂欢式的娱乐性行为

巴赫金在《陀思妥耶夫斯基诗学问题》一书中提出了"狂欢式"概念,意指一切狂欢节式的庆贺、仪礼、形式的总和。"狂欢"一词,从狂欢节固定的时空和形式中抽离出来,用于描述一种生活状态或文化向度。在巴赫金看来,"狂欢式——是没有舞台、不分演员和观众的一种游艺。在狂欢中所有的人都是积极的参加者,所有的人都参与狂欢戏的演出"①。"狂欢式世界"的重要特点之一,便是"决定着普通的即非狂欢生活的规矩和秩序的那些法令、禁令和限制"都消失了,人与人之间可以"随便而又亲昵"地接触,从而形成了一种新型的相互关系。在狂欢中,传统的社会界限和等级制度被暂时悬置,不同背景的参与者在平等的基础上进行自由交流,亲密和随意的交往方式为参与者提供了一种自主、解放般的社交体验。这样的环境允许个体以去形式化的方式表达自己,增加了互动的主体性,并在情感表达上赋予个体更大的自由度,不仅提供了一种逃离现实社会结构的压力和限制的途径,也促进了自由交往和文化创新的发生。

"狂欢理论"在一定程度上映照出当今互联网世界的诸多现象。从虚拟社群的无界互动到网络文化的快速迭代,无不彰显着与"狂欢理论"所阐述的社会心理、文化动态及个体表达自由的高

---

① ［苏］巴赫金:《陀思妥耶夫斯基诗学问题》,白春仁、顾亚铃译,生活・读书・新知三联书店 1988 年版,第 176 页。

度契合。举例言之,在大学生中广为流行的"梗"文化就具有深刻的狂欢意蕴。大学生用"梗"话语、事件、动图构建起欢乐的语汇,用挑战和模仿演绎出自我表达的新语境,演绎成虚拟空间内的狂欢节。除了"梗"文化以外,类似的"狂欢"行为在网络空间比比皆是。饭圈控评、打投、应援,弹幕话语、热词、评论,直播互动、带货、打赏,大学生以高度的参与热情,制造一个又一个的"狂欢"盛典。在这里,年龄、身份、地位等社会性差异被淡化,取而代之的是共同的兴趣爱好、情感共鸣和即时反馈,他们从中获取一种狂欢式感受。

话语符号,是大学生网络狂欢的通用载体。在现实社会中,开展娱乐活动必须基于个体实际在场,"网络技术则使空间变得虚化和流动,信息传递不再依靠身体的接触和位移"[①]。网民之间无须面对面,通过话语符号即可开展沟通和互动。在网络世界中,话语符号作为青年群体开展网络娱乐的载体,在网络交流中扮演着至关重要的角色。它们如同"密钥"一般,让有相同志趣的个体能够快速识别并产生共鸣,同时也在一定程度上构建了群体间的界限与归属感。表情符号、网络流行语和模因,因其传播性和高度可塑性,成为大学生构建网络文化的重要元素。这些符号不仅携带信息,更承载了文化和情感,反映了大学生群体的价值观、审美偏好及对现实社会的态度与反应。例如在网络圈层,独特的圈层话语体系作为青年圈层文化的最显著的文化符号,是当代青年的圈层认同感建构的重要

---

① 王斌:《线上集体欢腾:理解青年网民集体行动的新视角》,《青年现象》2015 年第 10 期。

影响因素①。每个群体都有专属于本团体内部的"专业术语",用以彰显其独特性。譬如,饭圈中使用"打 call""防爆""走花路";弹幕中使用"空降""前方高能""火钳刘明""完结撒花";校园中使用"学魔、学神、学霸、学痞、学民、学弱、学渣、学残"等,这些词语挣脱了严肃而精致的语言表达规范,它们大多平面而直观、世俗而浅白,充分体现了大学生精神生活的娱乐化、戏谑化倾向。类似的流行语本身就是网络狂欢的重要构建,以此为载体,大学生将狂欢声浪推向巅峰。

在网络空间中,大学生之间的即时互动,制造出随时狂欢、恣意狂欢的虚拟景象。网络互动的功能在于,通过信息交换和反馈,构建起动态且富有参与感的社交环境。这种互动形式不仅极大地缩短了信息传递的时间差,使得交流更为高效、直观,而且强化了参与者之间的社会联系和群体归属感。直播、在线游戏和社交媒体平台等支撑大学生社交行为的展开,促进共同体验的生成,增强个体间的共情和理解。个体随时随地、以自己青睐的方式加入网络狂欢之中——在直播平台上,通过弹幕、礼物、连麦等形式,与主播进行即时交流,共同营造出一种"同在现场"的沉浸感;在网络游戏中,通过组队协作、竞技对抗、语音聊天、文字消息等方式保持紧密联系,共同面对挑战、分享胜利;在微博超话,通过评论、转发、创作表情包等形式,不断丰富话题的内涵与外延,使得原本单一的娱乐事件逐渐演变成一场

---

① 陈帅:《论当代青年的圈层认同感的话语建构》,《青年文化》2020 年第 11 期。

万众参与的狂欢盛宴。在实时互动加持下,大学生超越了时空界限,突破了现实社会赋予的既定身份角色,仿佛置身于同一个虚拟而又真实的空间中,共同体验着每一个瞬间,进而形成了一个个狂欢"共同体"。

　　大学生的网络狂欢行为与他们的精神心理需求密不可分。社会支持理论认为,个体的福祉和心理健康与其在社会关系网中获得的支持密切相关。网络娱乐行为的根本目的可被理解为个体或群体寻求和争取来自更广泛社会成员的认可、帮助和资源。"人们迫切需要克服精神上的不安,满足社会归属感,回归人的类本质"①。在网络狂欢的语境中,通过参与在线互动和内容创作,大学生群体不仅能够展示个人才能、分享兴趣和情感,更通过这些活动获得他人的关注、赞赏甚至物质支持。这种社会支持不仅限于情感层面的认同,也可能转化为职业机会、商业合作等有形收益,从而为个体的社会资本积累提供途径。因此,网络狂欢成为了一种重要的社会参与形式。通过网络狂欢,大学生群体得以建立和扩大自己的社会网络,增强社会归属感和影响力。不仅如此,网络狂欢中,大学生得以自由尝试不同的角色和身份,探索自我的多面性,而不必担心现实世界中可能面临的偏见和限制。这种探索有助于大学生发展出更为多元的自我认同,同时也为获取社会支持提供了新的视角和途径。从这个角度上讲,网络狂欢并非完全无益的,这是大学生实现自我发展的一种可能途径。

---

　　① 　张荣:《从网络狂欢看互联网时代的个人、共同体与社会》,《福建论坛(人文社会科学版)》2015 年第 12 期。

网络是一个由字节搭建的现代乐园。"狂欢"不仅反映了大学生对自由和个性的渴望,更是他们探索群体认同和社交互动的一种新方式。他们在以一种超现实的方式重塑自己的社会角色,同时也不断塑造着网络文化的面貌。但网络狂欢具有显著的戏谑化、游戏化、娱乐化特征,其表现形式与著名媒体文化批评家尼尔·波兹曼揭示的"娱乐至死"现象高度吻合,其危害性也不容小觑——损害政治生活的严肃性、人类思维的深刻性、信息与人生活的相关性以及社会道德和价值观的纯洁性。①

三、公共参与式的自治性行为

互联网自出现起,就在不断重塑着公共参与的定义、方式和范围。亨利·詹金斯在《参与的胜利:网络时代的参与文化》一书中指出,"参与文化"有时描述的是数字时代人们日常生活中极为普通的部分,包含的是在人际交往中所体现出来的多元和民主的价值观,人们被认为能够单独或共同地进行决策,且拥有通过不同形式的实践进行自我表达的能力。随着 Web2.0 技术应用的普及深入和Web3.0 技术应用初显,网络正在从一个简单的信息交换和沟通工具,转变为能够影响现实世界、塑造社会议题的重要力量。约翰·奈斯比特认为,网络是个动词,不是名词。重要的不是最终的成品——网络,而是达到目标的过程,也就是人与人、人群与人群互相联系的

---

① ［美］尼尔·波兹曼:《娱乐至死:童年的消逝》,章艳、吴燕莛译,广西师范大学出版社 2004 年版,第 87 页。

沟通途径。① 网络技术的进步为个体创作、分享、参与提供了强有力的支撑,每个人都可以在互联网上进行低门槛的话语表达与公共参与,通过网络社交实践与他人建立联系,成为网络文化的参与者和建设者。信息技术和社交媒体的迭代发展,为大学生进行观点讨论和意见交流带来了更多机会。大学生是网络空间中最为活跃的社会力量,与现实中的参与程序和宏大叙事相比,他们更愿意在网络社交平台上进行"个性化表达"②。无论是在泛情境中偶遇式的公共议题参与,还是在具体情境中有组织、成体系的行动参与,大学生都扮演了重要角色。

"参与"本身就具备了所有社会实践的形式。在泛情境化的文化参与中,登录点击社交网站、"自拍"或网络社区参与(不论何种主题),都可以作为普遍意义上的参与文化形式③。从这个角度上来看,以"不发言""不评论"的网络围观,在众多网络事态中选择到场或缺席,都是在表达自己的立场和诉求。换言之,"你的沉默震耳欲聋"也是一种另类的参与方式。"偶遇式"访问、浏览公共事件信息,点赞、转发热点新闻,评论或发表关于公共议题的意见及观点,对于"实时在线"的大学生来说,随手可得的公共参与已成为"不起眼的日常"。在具体情境中,大学生通过参与娱乐生活直面复杂的社会

① [美]约翰·奈斯比特:《大趋势》,梅艳、姚综译,中国社会科学出版社1984年版,第197页。

② 田丰:《网络社会治理中的"饭圈"青年:一个新的变量》,《人民论坛·学术前沿》2020年第19期。

③ [美]亨利·詹金斯、[日]伊藤瑞子、[美]丹娜·博伊德:《参与的胜利:网络时代的参与文化》,高芳芳译,浙江大学出版社2017年版,第10页。

力量结构,但同时又可以参与到其互动中,娱乐生活空间由此成为一个互联网权利意识的实践场所。① 因趣缘而汇聚起来的群体是基于共同的兴趣爱好、价值取向而走向一起,这种群体的形成,不仅仅是因为成员间相似的文化旨趣,更因为他们在个体身份上的多样性和异质性,从而创造出一个既具有文化同质性又充满个体差异的社会结构。成员之间高度的情感卷入,为追求具象化的公共议题目标奠定了坚实基础。丰沛充足的情感投入,不仅促进了成员间的深度交流,也为集体行动提供了动力。当不同背景的成员将各自分散的个人资源投入到群体中时,这些资源便有机会转化为强大的社会资本,使意见交换、文化创造、分工协作为基础的网络自治成为可能。网络社群、圈层代表了不同的知识结构、社会地位、社会规范与道德价值观,为大学生的协商民主提供了契机,也为他们在现有社会结构之外参与公共事务提供了另一种替代方案,毕竟数字社群为参与者们提供了面对社会掣肘要生存下去所需的社会资本或自尊。②

　　我们必须意识到,网络空间不仅具有娱乐属性,还具有一定的公共属性。数字媒体日渐成为大学生培育公共意识、参与集体生活、实现自治的公共交往空间。公共世界,与私人世界相对,它关注的是关系公共利益的事件。当大学生围绕公共事务表达意见以期达成共

---

① 刘少杰:《后现代西方社会学理论》,社会科学文献出版社 2020 年版,第 343 页。
② [美]亨利·詹金斯、[日]伊藤瑞子、[美]丹娜·博伊德:《参与的胜利:网络时代的参与文化》,高芳芳译,浙江大学出版社 2017 年版,第 17 页。

识,便具备了公众理性,也具备了公众意识。当今时代,由于数字媒介具有平民性、开放性、无界性、快捷性等特征,它先天地具备了成为公共交往空间的独特优势。而大学生作为社会中最有潜力的年轻群体,本身就承担着创造思想、启迪智慧、改造社会的重大责任。网络圈层、社区、族群等往往成为网络公共参与的聚集之地。譬如,在网络圈层中,大学生参与公共事务的形式多样,包含内容创作与分享、媒体社交与社群行动、数字创新与技术应用、在线教育与自我提升、公民协商与网络行动主义等。网络圈层中的公共参与往往具有一些鲜明的特点。一是群体表意、高效动员。群体对个人有道德净化作用,"每种感情和行动都有传染性,其程度足以使个人随时准备为集体利益牺牲他的个人利益。这是一种与他的天性极为对立的倾向,如果不是成为群体的一员,他很少具备这样的能力"①。二是媒体融合,议题多元。依托现代媒介技术连接过去、现在和未来,在虚拟和现实中转场,媒体融合打破圈层文化壁垒,大学生通过具身的文化实践参与,延展文化内涵,拓展新的文化空间。三是情感共鸣,规模较大。大学生通过网络社交的情感链接获取社会支持,以文化共同体来面对和对抗复杂的社会现实,同时又可以参与到社交互动中,完成个体多样情绪性表达。不同个体围绕同一主题或相近内容共同观赏、评价、大规模参与并共享彼此的情感、完成情感调试——话题充当了情感互动仪式链条的中介,激发出共同关注和在场的情感能力。同时,他们也在"按照自己在行动中不断产生的新要求来调整行为

---

① [法]古斯塔夫·勒庞:《乌合之众:大众心理研究》,冯克利译,中央编译出版社 2005 年版,第 17 页。

规则和社会制度,进而使社会结构发生变化"①。

　　数字媒介不仅是大学生个体的"发声器",也成为大学生群体分享观点、凝练意见的"集结地",大学生借助媒介的交互性深化了网络生活的自治性维度。大学生们集结于网络空间之中,围绕各类话题展开了极其频繁的互动,他们或彼此呼应或针锋相对,热情高涨、气氛喧嚣而嘈杂,营造出一场又一场的集体话语盛宴,并以此参与并影响学校、政府和国家的决策。大学生的网络公共参与行为强调对主体性的召唤和建构,其核心是自愿、平等和责任。在这个由数字编织的虚拟世界中,大学生正以他们的独特方式与整个世界交手。他们利用社交媒体发声,用独特而多元的视角探索和质疑社会现象,挑战传统、引领潮流。每一个点击、每一条评论、每一次行动都在不断地试探和拓展自己的影响力,并悄无声息重新定义着公共议题的边界。

四、自我实现式的创造性行为

　　近代中国社会文化学者陈序经指出,"文化的发展,不只是依赖于创造,而且依赖于平民的、均势的、连续不断的模仿与传播"②。而"网络提供了一个世界性的平台,使任何一个人都有可能成为出版发行者"③。网络文化的魅力正在于其创造性、开放性和多元性,它

---

　　①　[英]安东尼·吉登斯:《社会的构成:结构化理论大纲》,李康、李猛译,生活·读书·新知三联书店1998年版,第52页。
　　②　陈序经:《文化学概观》,岳麓书社2010年版,第357页。
　　③　[美]沃纳·赛佛林、[美]小詹姆斯·W.坦卡德:《传播理论:起源、方法与应用》,郭镇之译,中国传媒大学出版社2006年版,第259页。

不仅挑战了现代性的边界,还以崭新姿态重新构建了文化的表达和交流形态,使人们能够超越传统界限,探索新的自我认同和文化表达方式。20世纪70年代以来,学者们逐渐关注到青年群体对大众传媒的创造性使用以及由此生成的文化新样态。在网络世界中,青年人不再被视为自上而下的文化工业的被动接受者,而变成了传播媒介中的主动创造者①。互联网为大学生的文化实践行为提供了便捷、低门槛的准入条件,熟谙网络技术的青少年,在网络空间完成了自身身份的转化,从单纯的文化内容的消费者成为文化内容的生产者和创造者,在网络空间纵横驰骋,积极追寻意义。在文化创造的行为背后,潜藏的是一代人的社会心理和价值追求。

一是成长性需求,是积累社会资本的需求。网络文化创作实践是大学生主观见之于客观的活动。"数字化生存"已然来临,大学生利用网络原住民的赛道优势,通过借助视听技术、修辞手段、语言杂糅等形式开展文化创作,显现出强大的生命力。在数字化时代背景下,个体通过文化创作来呈现理想化的自我形象,实现对外界印象的管理,积累社会资本以及强化自我快感,已成为一种普遍且必然的实践形式。这种现象不仅是数字环境所特有的社会行为模式,也反映了年轻一代面对现实限制时的应对策略。从社会学的角度来看,这一行为可以被解读为个体在面对现代化社会中结构性强、竞争激烈的环境时,通过自行建构的文化产出寻求身份的认同与个性的表达。随着社交媒体和网络平台的普及,文化创作的门槛降低,使得广大年

---

① 王水雄、周骥腾:《中国Z世代亚文化的由来、发展与应对》,《中国青年研究》2022年第8期。

轻人能够通过多种形式如写作、视频、音乐等手段,展示其独特的价值观和生活态度。这种创作活动不只是简单的自我表达,更是一种有意识的自我包装和形象塑造。在这一过程中,他们利用数字工具对自己的公众形象进行精心策划,以期在社交网络中获得更多的关注和认可,从而实现社会资本的累积。从发展个人旨趣角度来看,网络社区是大学生相对于现实社会的"舒适区"。多媒介融合与数字化技术的熟练应用,使大学生的文化生产走向了一种多模态的抽象表达,他们或含义丰赡、或千变万化、或诙谐幽默、或自我调侃的文化特质,用以建构新话语体系,传递新意义,深刻影响了大众文化乃至整个主流话语表达。由他们制造的文化声浪和流量热潮,形成了波澜壮阔的文化景观,满足了渴求关注、吸引目光、寻求认同,以构建自我价值感和意义感的成长性需求。在"普遍的交流和信息过量"的大时代背景下,对"一切皆有可能"和"绩效的最大化"的积极追求,使很多人产生"一种过度疲劳和倦怠"①。置身于高速运转、崇尚效率至上的功绩主义文化社会中,网络文化的创造性实践成为大学生的另类自我表达方式,他们既能在宏大叙事中找到自己的定位,又能转向对个体状态的深度聚焦,网络成为他们在生活中建构自我的一个文化场域。

二是代际性需求,是彰显自我个性的需求。文森特·莫斯可说,"今天的电脑预言家告诉我们,赛博空间中的主要差异之一存在于年轻人和年长者之间,前者被电脑所吸引并且擅长使用电脑,而后者

---

①　[德]韩炳哲:《倦怠社会》,王一力译,中信出版社 2019 年版,第 54 页。

则竭尽全力去适应和跟上步伐"①。作为网络文化生产的核心力量，大学生的角色远超过传统意义上的"社会动物"，而是具有更为积极和创造性的"活动"属性，代表着广泛个体在信息时代的崭新面貌。这些年轻的数字原住民，凭借其对新技术的熟练掌握和对新鲜事物的敏锐感知，不断塑造着丰富多彩、充满活力的网络世界。就代际特征而言，当下的大学生更在意个性、独特和自我。他们渴望被看到、被理解、被认同，渴望"做与众不同的、更真实的自己"。粉丝文化、表情包文化、草根文化、弹幕文化、丧文化和佛系文化、网红文化、自拍文化等，表征着不同的文化符号和格调气质，带有极强的异质性、辨识性和区分度，大学生在文化的创作与再创作中展示自我、彰显个性，不断获得情感力量和身份认同，并完成自我的身份建构。当然，互联网中全球文化的融通为我国网络青年的文化创作提供了充足的素材，许多外来文化和本土文化碰撞融合，经过大学生的选择、拼接和深度创作，焕发出新魅力，从文本出海、IP 出海、模式出海到文化出海，借由网络空间的开放性、平等性和节点性，大学生通过文化的创作和输出，进一步突破"后喻文化"的厚重壁垒，将文化带至繁荣之地。

三是高阶性需求，是自我实现需求。在以上下尊卑、长幼有序为主导的代际权力更迭的文化氛围中，年轻人将承受更多来自年长者的压力，他们迈向成年的转型期被拉长，在现实世界中承接传统角

---

① [加]文森特·莫斯可：《数字化崇拜：迷思、权力和赛博空间》，黄典林译，北京大学出版社 2010 年版，第 79 页。

色、获取地位权力则变得相对困难。然而在网络语境下,相对开放、广泛且弥散的发声机会,话语渠道和话语形式的充分占有,使大学生话语权得以扩展,使突破主流话语的规训成为可能。一方面,他们不满足于传统的、被动的信息接收方式,而是积极寻求话语创新和话语自主的新通路。他们不断创生种种流行性话语,这些话语既具有鲜明的时代特色,又充满了活力与激情。更为重要的是,这些流行性话语成为了他们与成人世界的区隔和屏障为年轻人之间的互动提供了一种话语框架和进入壁垒。只有熟悉并掌握这些话语,才能更好地融入群体。另一方面,大学生群体展现出了对话语权力的强烈渴望。他们通过话语的输出、传播以及再生产过程,成功地在网络空间中引发了广泛的共鸣。这种共鸣不仅体现在观点的一致性上,更在于情感共鸣与理念共享。他们以抱团取暖的方式,不断地聚集着更多的流量和关注,以此来强化群体的团结感,并寻求社会的广泛接纳。相对开放、自由与共享的话语空间,消解了他们在现实世界难以触及的话语权威,极大地激发了大学生的网络表达创新。他们不再满足于简单地复制和转发信息,而是开始尝试用自己的方式去解读和重构信息。他们运用各种网络语言、符号、图片和视频等元素,创造出新颖独特、富有创意的表达方式,提升了网络表达的多样性和活力。

在生动的网络文化创作图景中,大学生实现了自我风格的提炼与显现。他们的作品如同定制的时代印记,记录着成长路上的挣扎与蜕变,通过网络平台,他们不仅挑战既有权威,颠覆固有传统,更是在不断追求变革和时尚的道路上,展现新时代青年的风貌与不羁。

他们用文字、图像、音频、视频等丰富的元素,打造了一个个风格迥异的领地,这既是自我避风的港湾,也是与世界交流的窗口。由虚拟构筑的现实中,年轻人找到了彼此,也找到了自己,实现了自我价值的确证和自我实现的跃升。

第四章　新时代大学生网络文化的情感表征

　　"如果不能洞悉一个时代的情感基调,也就无从把握这个时代的脉动。"①对大学生而言,网络文化是建立情感联结的"乐土",是进行情感表达的"自由地",是汲取情感能量的"集装箱",是承载情感想象的"乌托邦"。他们的喜怒哀乐,他们的愁苦愉悦,他们的孤独困惑,他们的热血激情,都一一安放在网络文化之中。从"燃""嘲""爽"到"粉""卷""倦",涉及学习、生活、交往的方方面面,既有私密性的情感体验,又有公开性的情感互动,既有娱乐性的情感表演,又有政治性的情感展示。"燃""嘲""爽"等诸多文化标签的背后无不映射着大学生情感世界的驳杂样态和丰富面向,他们彼此交织,以流动而非固化的形式存在于大学生的精神世界中。正如情感理论家迈克尔·哈特所言,情感议题的研究对象并非指代个别性的

---

　　①　成伯清:《情感的社会学意义》,《山东社会科学》2013 年第 3 期。

"它",而是一般性的"它们"①。网络文化中的情感元素,早已超越了狭隘的个体维度,上升为共享的、集体的经验,构成新时代大学生情感取向的总体化阐释。从这个意义上讲,网络文化是洞悉大学生情感活动的鲜活样本,是理解大学生情感诉求的丰富线索,表征着新时代大学生情感发展的崭新图式。这一图式,一面勾连着微观的个体生命,一面勾连着宏观的社会心理,深刻地烙印着个体与社会、时代互动的痕迹。以网络文化为线索,以情感体验为切入口,深入大学生的情感现场,从中考察大学生日常化、社会化过程中所展示出的种种情感表征,跨越个体、私人经验的局限而提取出大学生情感生活的时代性风貌,是情感研究的深刻意蕴所在。

第一节　大学生网络文化中的情感体验

雷蒙德·威廉斯使用"情感结构"这一术语,用以阐释一种现实在场的、活生生的情感体验。情感,即 feeling,意指感知、情感、经验等,与"世界观""意识形态"不同,是"某一特定时代人们对现实生活的普遍感受"②,"它在我们的活动最微妙和最不明确的部分

---

① 战迪:《当下中国青春片中的情感议题:私有化实践与社会化指涉》,《当代电影》2022 年第 7 期。
② 林品、高寒凝:《"网络部落词典"专栏:二次元·宅文化》,《天涯》2016 年第 1 期。

中运作"①,往往是丰富的、多样的、流动的,甚至是迂回的、杂糅的、矛盾的。对大学生而言,他们无意区分文化和情感的边界,只是将自己丰富而澎湃的情感,热血、愉悦、幸福抑或孤独、倦怠、无奈,源源不断地进行表达、呈现、传递、互动、汇聚,升腾成一道道网络文化景观。我们无法穷尽所有、描绘全貌,但却可以透过那些代表性、典型性的情感样态,去窥见大学生群体的情感结构和精神状况。

一、热血型情感

燃,发端于二次元文化,强调的是一种热血沸腾的情感状态,多与战斗竞技的场面、激情澎湃的音乐、角色努力奋斗的情节、富有崇高感和正义感的行动逻辑相联系。② 就其本意而言,"燃"用于描述一种强烈极致的视听与情感体验,传递充满乐观、进取、激情、希望的心理状态和生活方式。经由网络媒介渲染和年轻人群共情传播,"燃"溢出其原初语义和文化语境,成为热血、励志、正能量的代名词,指向高强度、高阈限、高爆发性的情感类型,演绎出"高燃""燃翻了""引爆燃点""燃度爆表"等一系列极具情感能量和高峰体验的流行语汇,构筑起燃向叙事策略,蔓延成大学生情感框架中的标识性概念。

事实上,"燃"是二次元自有的情感属性,以"燃"为主基调的作

---

① 汪民安:《文化研究关键词》,江苏人民出版社 2019 年版,第 283 页。
② 林品:《青年亚文化与官方意识形态的"双向破壁"——"二次元民族主义"的兴起》,《探索与争鸣》2016 年第 2 期。

品被称为"燃系""燃向"。在二次元作品中,"燃"作为一种世界观设定,往往与青春、成长、友谊等主题相勾连,深度契合大学生阳光无畏、蓬勃向上的情感诉求,在虚幻的世界里为大学生提供精神给养。对大学生而言,"燃"具有天然的亲和力和习得性,是嵌入生命经验的、原生的、自发的、普泛的情感类型。随后,"燃"从二次元世界破壁而出,从小众的、趣缘的、圈层化的话语体系中逸出,与宏大叙事框架相接合,泛化成一种主流的、公共的社会情感,则源于网络爱国主义的驱动。在这一浪潮的促动下,"燃"的内核得以扩展,"一个能指(符号)与一个有优先权的或者居统治地位的意义相分离,并与另外一种不同内涵意义重新接合"①,经历语境切换、意义注入和内涵扩张,"燃"不仅保留了热血和励志生物本意,更在中国日益强大的历史—政治逻辑支撑下,获得了爱国主义、民族主义的延伸意义。由此,"燃"由虚拟性、狂欢性的个体情感跃升为集体性、政治性的国家情感,从非严肃的娱乐领域延展到政治参与领域,从一种小众、边缘性、非主流的情感范式逐渐融入开放型公共议题,受到主流话语的接纳和移用。至此,含有国家意涵的"燃",便完成了意义重构,与官方意识形态紧密嵌合在一起,与国族认同达成了高度重合与同构。

"燃"作为一种情感资源,与"国家"这一象征紧密勾连,国家成为"燃"的具象化对象。《那年那兔那些事》就是"燃"向叙事的代表作品,采用拟人化的故事演绎和纪实性的影像资料相结合的叙事方式,刻画了一只萌萌的兔子(指代中国)生在种花家,虽历经种种磨

---

① 陈一、洪梦琪:《论主流话语的"萌化传播":内涵、机制与未来走向》,《青年学报》2021 年第 3 期。

难,却凭借坚韧的意志最终变得强大。《那兔》一经发布,在网络直播、弹幕等草根文化的渲染下,衍生出"我兔威武""每个兔子都有一个大国梦""此生无悔入华夏,来世还生种花家""亲们,大国梦的实现,不纯靠嘴""我们的征途是星辰大海"等大学生耳熟能详的网络爱国主义流行语,引发了以"燃"为核心的重复性、刷屏式表达;在涉及国家和民族的重要时刻、重大事件中,"我爱中国""种花家万岁""厉害了我的国""此生无悔入华夏,来世还生种花家""如果奇迹有颜色,那一定是中国红""为中华之崛起而读书""幸福并感激着""且听龙吟"等"燃"系情感。"燃"与国家意识、国家认同相关联,传达对国家的祝福、感激、自豪、进取等情感。"帝吧出征"中,以大学生为主体的青年人群,以大规模同时在线的方式,在集体亢奋中促动"燃"情感得以集中释放。"燃"这一词汇中包含着大学生纯粹执着、真诚质朴的国家关切,使得正统严肃、深沉厚重的爱国情感显得感性轻盈、赤诚亲和,为爱国主义表达提供了一种崭新的情感范式。主流媒体对"燃"文化的借用,加速了"燃"的"出圈""破圈"过程。《人民日报》推出《燃爆!中国人民解放军英文大片向全世界发布!》《厉害了,我的国》等一系列"燃"报道,主动向青年话语和情感靠拢,实现"燃"与主流意识形态的无缝接合。此后,在国家节日、重要典礼、庆祝仪式、公共事件时,大学生以"燃""热血"彰显爱国情怀,对传统爱国情感表达方式进行解构、重组、转化、融合,形成了富有时代特性的思想意识和行为模式。

循着"燃"的变化轨迹可以发现,"燃"具有强烈的传染性,历经二次元圈层情感到社会情感的转化过程,通过共同的情感倾向和情感传染获得集体性的情感强化,由非正式的网络群体传播登堂入室进入正式的大众传播渠道,实现了从"社会方言"到"主流语言"的蜕变。"燃"兼具泛娱乐化的表现形式和泛政治化的情感内核,承载着热血激昂的爱国之情和集体狂欢的娱乐特质,成为国族认同的情感纽带,演化成一种极具感染效力的情感模式。基于"燃",大学生展现出强烈的国家观念和团结意识,并且"逐渐形成并构成一种政治力量"①。不可否认,"燃"折射出新时代大学生的情感结构,凸显着他们情感社会化的独特历程,也彰显着新兴网络文化与官方意识形态"双向破壁"的可能路径。

二、依恋型情感

粉,即 fan,同"饭""迷",是对粉丝群体、粉丝圈子的一种称谓;粉,对应的是偶像,是个体或群体自我选择和认同并受到极度尊敬、钦佩或极其欣赏、喜爱和向往的形象化的人格符号。② 偶像崇拜是人类精神世界的独特景观,也是流行文化的重要表征。在数字技术崛起、消费主义盛行的时代语境中,以大学生为主体的青年一代偶像崇拜逐渐发生重构,新型偶像加速迭代,"养成系""跨次元""虚拟偶像"层出不穷,具体表现为:其一,"新生代"与偶像崇拜的符号化。

---

① 王小章:《论焦虑——不确定性时代的一种基本社会心态》,《浙江学刊》2015 年第 1 期。

② 何小忠:《偶像亚文化与青少年榜样教育》,江西人民出版社 2007 年版,第 5 页。

"流量明星""超级IP""偶像天团"纷纷登场,各领风骚。当"明星""爱豆"为代表的"新生代"偶像作为文化符码进行推介时,已然转换成为可供消费的商品、品牌乃至生活方式,引发大学生粉丝、狂热者为之买单等。其二,"养成系"与偶像崇拜的草根化。近年来,偶像与粉丝的互动关系呈现一种新类型,即"养成系"。养成系偶像不再是"伟光正"化身,而更像亲人、朋友或者"曾经的自己"。因此,粉丝不遗余力为偶像摇旗呐喊、集资应援,由此催生了现象级的文化热潮,包括高频度公演、粉丝握手会、年度偶像人气总决选,甚至衍生了一批综艺节目、娱游联动、移动视频直播、粉丝社区和VR/AR等娱乐消费产品。其三,"二次元"与偶像崇拜的虚拟化。"二次元"是二维空间、二维平面媒介的总称,以虚拟、幻想、有爱的特性而备受大学生追捧。虚拟偶像"初音未来""洛天依""言和""荷兹"等不仅收获大批年轻拥趸粉丝,还同真人偶像一样发专辑、举办大型演唱会和粉丝见面会等,以其"完美人设"构筑无限想象空间,通过同人创作迎合粉丝的互动欲望,甚至突破"次元壁"实现与三次元世界的交汇融合。"新生代""养成系""二次元"偶像成为一些大学生崇拜的对象,构成"粉"系情感的典型特征。他们加入各种"饭圈""粉群",在打投、轮博、控评、反黑等数据旋涡中流连忘返,以偶像"走上人生巅峰"为快乐源泉和终极目标。

在粉丝实践中,偶像代表的是情感需求和情感符号的本体,是凝结了美好品质和美好情感的象征物。唐纳德·温尼科特以"过渡对象理论"为框架对粉丝心理的分析发现,粉丝通常在倾慕对象身上寻找自己依恋的某些特质,并通过特定实践尝试建构它们与自己之间的联系。这种依恋关系既表现为粉丝与偶像之间的情感依恋,对偶像的喜爱、追捧中获得情感上的满足;又表现为粉丝与粉丝之间的情感依恋,与拥有相同偶像的成员交流中获得身份认同和群体归属的满足。这种依恋"可以是持续稳定的情绪体验,也可以是瞬间的愉悦感受"①,"使得他们能够对自己的情感生活获得某种程度的支配权"②。有学者将粉丝文化归纳为"母性""宗教崇拜""爱慕""慕强"等情感模式③,"女友粉""妈妈粉""CP 粉"等往往被阐释为对粉丝与偶像之间关系和情感的想象性投射。

对大学生而言,情感或许是他们身上最为丰沛又最难定义的部分。"根本性的无情和对情感的本能渴望形成了当代个人存在的内在焦虑"④,他们在现实生活中面临的困顿、挫败、失落、迷茫,以及爱慕、迷恋、崇拜、思念,需要找寻到一个恰当的出口。偶像的存在为粉丝找到了情感寄托。正是有了偶像,粉丝才得以将内心的情感、诉求、信念和理想转移到偶像身上,在对偶像的情感依恋中,大学生的情感得以释放,获得暂时性的纾解,从中汲取成长的力量和勇气。当然,"新生代""养成系""二次元"偶像背后的商品化、符号化特征及其对大学生情感需求的操控,引发大学生情感的肤浅化、工具化和世

---

① 杨玲:《中国明星粉都研究的问题与路径》,《中国社会科学评价》2022 年第 1 期。

② 陶东风:《粉丝文化读本》,北京大学出版社 2009 年版,第 134 页。

③ 尹一伊:《粉丝研究流变:主体性、理论问题与研究路径》,《全球传媒学刊》2020 年第 7 期。

④ 肖鹰:《形象与生存——审美时代的文化理论》,作家出版社 1996 年版,第 74 页。

俗化倾向,恰恰是"粉"系情感的暗面和隐秘之处。

三、回避型情感

2016 年,"小确丧"流行,专指微小而确定的不幸,与"小确幸"相对。"小确幸"比"小确丧"流行得早,源于日本作家村上春树的随笔集《朗格汉岛的午后》,用于描述那些看似平凡、微小却让人感到温暖、幸福的事件或时刻。"小确丧"和"小确幸"相伴而生,共同刻画着青年一代完整的生命体验;然而,"小确丧"概念甫一问世,就迅速成为一种流行词,应景式地表达出年轻人的社会心态和生存状态,因而后来居上,引发网络空间的集体共鸣和网络造句,迅速演绎成声势浩大的"丧"文化。"我只想静静地躺一躺""感觉身体被掏空""我差不多是个废人了""世上无难事,只要肯放弃"等吐槽神句在社交媒体热传;马男波杰克、悲伤蛙、鲍比希尔、佩佩蛙、懒蛋蛋、哭泣咸鱼等"丧"表情包及其传递的累、悲、颓、丧情绪迅速漫溢。形形色色的"丧"话语、"丧"图片、"丧"歌曲及"丧茶""丧 T""丧酸奶"接踵而至,进一步扩展了"丧"系话语的传播范围和文化领域。继"小确丧""丧"之后,"佛系""躺平""摆烂"接续流行,成为社交媒体上现象级的集体情感。"从本质上讲,不可能有无意义的符号,也不可能有无所指"[1],这些符号是情感的表层通约,看似散点爆发,但却同根同源,表达相近的情感指向,呈现序列化和关联化态势,是"丧"情绪的

---

① ［法］雅克·德里达:《声音与现象:胡塞尔现象学中的符号问题导论》,杜小真译,商务印书馆 1999 年版,第 20 页。

承袭和变种,与"丧"共享着共同的情感内核——颓废、无奈、忧伤、退缩、挫败、绝望、悲观、愤懑,体现了大学生情感结构的相似性与叠加性。2017年6月阿里巴巴旗下大数据媒体平台UC的"丧文化"报告显示,"80后"和"90后"成为"丧文化"的主流群体,占比合计高达85.83%。①

显然,在大学生精神文化谱系中,"佛系""躺平"同归入"丧"系,是对"丧"文化的再生产与新发展。从"佛系"到"丧"再到"摆烂",构建出一个清晰的"丧"系情感光谱,凸显了"丧"系情感的多重面向和内在张力。"丧"系与主流社会所认可的成功、奋斗、美好等相悖,蕴含着强烈的消极情感指向,将大学生群体隐匿的困顿、焦虑、委屈、压抑等情感由潜流浮出水面,引发巨大的社会关注。面对"丧"系情绪,我们要承认,一方面"丧"系衍生诸多变异和变种,集中性、轰炸式、强烈而直白地表达着消极颓废的情绪,"丧"本身所指涉的颓废逃避倾向及其背后的回避型情感,构成大学生情感万花筒的独特类型;另一方面剖开消极颓废的表层,我们要看到"丧"系具有建设性的面向,这是大学生的情绪纾解和释放,他们既"丧"又"燃"、既躺平又奋斗,对此我们要辩证地看待,对"丧"抱持同情性理解和接纳,把握主流、适时引导、积极转化。作为一种文化"景观"的"丧"文化、"丧"表情、"丧"符号是流行、易变和暂时的,终究会如潮水般退去,但其承载的情感结构和文化心理却具有连续性和统一性,深深印刻在新时代大学生的生命轨迹和情感世界里。究其根本,"丧"精

---

① 刘朝霞、王瑜:《新媒体视域下青年网络"丧文化"传播研究——以流行词"佛系"为例》,《中国青年社会科学》2019年第3期。

准击中现实生活中的痛点,蕴含着不可言说的情感落寞,是大学生精神诉求的一种表达和强烈吁求,这是值得关注的。大学生在成长发展中遭遇某种自身无法克服的困境,产生社会焦虑、相对剥夺感和发展效能感。① "丧"流行于大学生,却并不是由大学生随意"制造",它是社会现实的投射,具有一定的社会根源和必然性。面对社会压力及学业、就业、情感、交往等成长课题,大学生面临严峻的生存竞争与心理压力,"理想自我"与"现实自我"形成强烈反差,对未来充满不确定性。面对于此,他们深知必须审慎思考"我要过何种生活""我能过何种生活"的人生命题,必须正面"硬刚"当下和未来要面对的种种困难。而在扎入社会成为"社畜""打工人""996""007"之际,躲进自我的精神世界,暂时性地回避现实世界的烦恼与压力,以自我降格、自我排解、自我调侃的方式进行"口嗨",以带有悲观主义和犬儒主义色彩的"丧"系风格、"丧"系文化、"丧"系情感进行自我画像和自我调侃,表达对现实生活的温和抵抗,以此获得心理慰藉和压力释放,不失为一种与自我和解的可行策略。对于浓郁消极回避色彩的"丧"系文化、"丧"系情感,"不是强行遏制它的产生、否定它的存在,是要允许它在一定范围和程度存在"②,允许大学生表达对现实的不满,鼓励他们合理释放自己的情感,从中挖掘大学生面临的"真问题",找寻化"丧"为"燃"的"真办法",纾解其现实困惑和矛盾,才能真正引领新时代大学生成长发展方向。

---

① 董扣艳:《"丧文化"现象与青年社会心态透视》,《中国青年研究》2017年第11期。

② 胡红生:《社会心态论》,中国社会科学出版社2011年版,第287页。

四、补偿型情感

以"爽"剧、"爽"文为代表的"爽"文化,其书写方式往往是酣畅淋漓、快意恩仇式的,主要体现在网络文化、网络游戏、网络小说中,穿越、重生、玄幻、甜宠、逆袭、灵异、仙侠等题材,霸道总裁、互动甜撩、女主苏爽、平民逆袭、天纵奇才、打怪升级、打脸无敌、玛丽苏等桥段,叠加"土味""狗血""暴力"等情节及发疯文学、废话文学、"梗"文化等,形成"爽"文化的基本构式。以网络小说为例,《大奉打更人》《庆余年》《将夜》中充满"金手指""升级打怪""种马"及修仙升级、仙侠江湖、悬疑探案等种种要素,营造密集的"梗"与爽点,成为"爆款";《斗破苍穹》《斗罗大陆》《星辰变》等,在异世穿越的奇异外表下,描绘废柴翻身、逆天改命的桥段,述说"倔着骨,咬着牙,忍着辱,三十年河东,三十年河西,莫欺少年穷"的核心意旨;《斗破苍穹》的萧炎、《长生界》的萧晨、《血色至尊》的萧遥,在成为王、霸、尊、神的漫漫长路上,总是始于弱小废柴,终于至尊传奇,在无尽的修炼中成就至高理想。"爽"感往往遵循一套固定的生产机制——以频繁的"爽"点作为叙事核心,以幻想性、补偿性、非现实性的快感追求满足个体情感欲求。诸种能够产生"爽"感的故事架构和微观细节可以被反复参照和挪用,形成一套"无脑爽"的快感生产机制。从一无所有到开挂逆袭,从死不瞑目到报仇雪恨,从遭遇祸端到重启人生,从悔不当初到改错成功,从碰壁挫败到高歌猛进,故事情节的巨大反差和角色代入的情绪共享,令大学生自然而然地代入情境,获得沉浸式体验。

有学者认为，"爽是对个人所处的卑微处境的极端性感受的结果，它指向一种'不可能性'：把根本不可能发生的匮乏补偿作为疯狂发生的情景来想象"①；有学者将 YY 小说的"爽感"划分为占有感、畅快感、优越感与成就感四种情感模式②；有学者将"爽"点区分为开金手指、能力升级、扮猪吃虎和卧薪尝胆四种表达类型③；也有学者将"爽感"的生成模式定义为苦难有偿化、苦难片段化和主角道德完璧④；等等。

"爽"文化在大学生中广为流行，一方面在于它契合大学生的生存境遇，"透过那些重复的套路和烂熟的桥段，往往能看出网生人群的媒介经验"⑤；另一方面在于"爽"模式契合大学生的情感想象，"对现实中每一个无法解决的问题都毫不迟疑地提供了明确的解决之道"⑥，尽管这些"解决之道"显得荒诞、吊诡、无厘头。"情感是有意图地应付'艰难'处境的策略方式，我们'选择'它们，而且是有目的地选择它们"⑦，"爽"剧与"爽"文的出场，对大学生而言具有独特

---

① 周志强：《"处在痛苦中的享乐"——网络文学中作为"圣状"的爽感》，《广州大学学报（社会科学版）》2023 年第 3 期。

② 黎杨全、李璐：《网络小说的快感生产："爽点""代入感"与文学的新变》，《海南大学学报（人文社会科学版）》2016 年第 3 期。

③ 妥建清、魏蒙：《现代无聊情绪与网络文学的意义危机》，《中州学刊》2022年第 12 期。

④ 曾子涵：《论网络文学"爽感"特征的生成机制——以猫腻的作品为例》，《广西师范学院学报（哲学社会科学版）》2018 年第 6 期。

⑤ 许苗苗：《网络文学：互动性、想象力与新媒介中国经验》，《中国社会科学》2023 年第 2 期。

⑥ 曾子涵：《论网络文学"爽感"特征的生成机制——以猫腻的作品为例》，《广西师范学院学报（哲学社会科学版）》2018 年第 6 期。

⑦ ［美］罗伯特·所罗门：《哲学的快乐》，陈光华译，广西师范大学出版社2015 年版，第 72 页。

的精神意蕴和价值取向,为他们带来快感,获得生活欲望的即时性和想象性满足。"爽"文化突出幻想性,简单直白、天马行空、无所不能、架空历史、抛却理性、躲避崇高,以"洗脑式"刺激勾起制造惊颤体验,在短时间内获取超量的情感刺激,勾起"人人都想爽一回""哪怕只是白日梦"的内在欲望,随心所欲地代入想象性生活场景,而不拘于时空、规则、道德、权力的限制,沉溺在广阔的欲望空间中,在虚构世界里跟随故事的情节段落和主人公的情感体验跌宕起伏,在精神游移、自我畅享中获得短暂的享乐体验,这是"爽"文化令大学生成瘾的内在机制。然而,"爽"总是与"不爽"相连,"爽"背后隐匿着"不爽"。"爽"文化蕴含着"不可能"和"不会发生",描述的是现实生活中无法企及、遭受扼制的东西,也即"现实性匮乏"。这种匮乏或许是生活境遇恶化,或许是身份地位卑微,或许是情感遭遇创伤,或许是价值尊严失却,以及现实中不敢做、不好做、不能做的事。在无力抵抗和改变的情况下,选择逃离到现实的背面,挣脱社会性束缚,重构一套有别于现实的异质文化空间,颠覆和翻转现实社会的规则秩序和社会权力,在镜花水月般的"白日梦"中建构一个虚拟"异托邦",以批判式的眼光重新审视自己的生活、达成自己的愿望,不失为一种填补心理匮乏的途径。

不可否认,"爽"日趋成为一种普遍的文化需求,亦成为一种新型的情感结构,体现出特定的精神意义——将大学生从压抑性的情感体验中暂时性地抽离出来,在快适、消遣的文化环境中慰藉心灵,以虚拟想象对现实生活的种种不满足进行缝合和弥补,具有一定的解放性潜能。但是,"爽"文化善用的"逆袭""开挂"手法不过是角色身份的想象性替代,"金手指""能力升级"不过是毫无依据的荒诞想象,"玛丽苏"等不过是情感世界的镜花水月,终究是无根的,而那些让人欲罢不能的"爽"点最终是一场过眼云烟。这些都不能破解现实生活中的窘困体验,更不能回答"我是谁""我能成为谁"的身份谜题。在重生文、玄幻文、霸总文、甜宠文的浸染下,部分大学生穿越灵境、呼唤"纯爱"、渴望"重生",难免在各色镜像中迷失自我。"爽"文化终究是以欲望和快感为核心的情感类型,肤浅、空洞、无深度,难以引发认同、感动、幸福等积极深刻的情感体验,唯有陷入空虚、无聊、疲惫的情感怪圈,引发主体性的价值危机和意义悬浮。

五、戏谑型情感

"嘲"文化,包含嘲他和自嘲两种形式,其中自嘲在大学生中更为流行。自嘲,即以我为主,主动地将自我置于社会弱势、从属群体的身份,"不相称地拥有大量消极社会价值,包括较少的权力、较低的社会地位、高风险且低地位的职业、相对贫乏的卫生保健、糟糕的食物、普通或简陋的房屋以及严厉的负面制裁"①。自嘲主要表现为自己对自己进行降格、贬损、矮化、讥讽、调侃、恶搞等。"囧""柠檬精""酸菜鱼""打工人""工具人""搬砖""伤不起""人艰不拆""咸鱼""小镇做题家""小丑竟是我自己""清澈又愚蠢""精神内耗""摸鱼""压力山大""伤不起""emo""我太难(南)了""脆皮""孔乙己文

---

① 〔美〕吉姆·斯达纽斯、〔美〕费利西娅·普拉图:《社会支配论》,刘爽、罗涛译,中国人民大学出版社2011年版,第37页。

学""鼠鼠文学""吗喽文学""窝囊废文学""骆驼祥子""范进中举"
等网络流行语都带有强烈的自嘲意蕴。就文化现象而言,网络自嘲
具有时代性、创造性、娱乐性和批判性特征;就精神心理而言,网络自
嘲是处于窘迫、低落、尴尬和无助境地时,通过极具幽默性、夸张性的
话术进行自我贬抑、自我降格、自我矮化的语言策略。一般地说,
"嘲"文化以话语为主要表现形式,包含自我增强型和自我贬低型两
种类型①,前者是以友好、无害、建设性的方式开自己玩笑,展现悦
纳、乐观、积极、包容的心态;后者是以负面性、宣泄式、夸张化的方式
进行自我攻击,带有主观性、夸大性和偏离事实的特点。

无论哪种类型,网络自嘲都带有"自说自话"的意味,是大学生
群体的自我定义、自我标榜和自我言说。作为流行性文化,网络
"嘲"文化发端于青年、流行于青年,是青年阶段特定成长境遇的显
现,是青年的话语风格、思想观念和生活方式的综合体现。追溯
"嘲"文化的发展脉络可见,大学生自嘲的主题集中于外表、性格、学
业、工作、社交、情感等维度;自嘲的内容集中于失败、失落、失望等情
绪;自嘲的方式集中于表情包、段子、梗等社交载体。面对生活中的
种种不如意,青年大学生选择以乐观精神和娱乐方式来应对,他们会
主动制造、传播和使用"自嘲梗",通过诉说相同境遇,吐槽相同问
题,使用相同符号,输出相同情感,大学生获得了与同辈人进行社交
的机会和资本,在相互理解、认同和接纳中构建情感共同体。他们设
置"废物""咸鱼"等标签,广泛参与网络互动,频繁创造并不断扩展

---

① 杜成敏、张瑜:《青年网络自嘲现象流行的原因、风险及应对》,《中国青年
社会科学》2023 年第 4 期。

自嘲符号的内涵与外延,隐去现实身份和真实处境,以看似破坏性、污名化的方式进行自我调侃,彼此分享和鼓励,实现群体化的身份认同与社交满足,掀起一场人人可参加、可创作、可表达的网络话语狂欢景观。由此看出,"嘲"文化具有强烈的社交性和传播性,是大学生在网络空间的集体狂欢,是"团结"起来对抗现实的群体性行为。大学生通过这种社交手势,以轻松、狂欢、调侃、自嘲的态度达致心理认同和情感共鸣,以共同的话题和经历建立连接,从而面对那些看似艰难、不可逾越的人生之"坎"变得无惧无畏。因此,他们不会真正在意自己的真实处境,不会真正进行社会比较,他们注重的是通过"嘲"文化达成自己与他人在身份、属性、地位、情感上的一致性。一句话,"我们都一样"是"嘲"文化能够带给年轻人的最大抚慰和最大共情。

　　作为一种话术,"嘲"文化毫不掩饰自身的戏谑化色彩。"嘲"文化的产生机制一般分为三种,即语流暗示的语义方向突然改变,造成"心理期望的突然扑空";言语的现实组合明显地违拗语言规则和社会习惯,造成"经验与现实的矛盾冲突";语言指称对象的意外贬低或语言运用时的出奇技巧,造成"情感郁积的巧妙释放"[1]。这三种方式潜在地指向戏剧化、戏谑化表达。在大学生看来,他们遭遇的尴尬和失败是可以展示、可以分享的,甚至是可以消费、可以戏谑的,可以在同类人之间微妙、心领神会地进行传递的。由此,现实中的窘困、尴尬所带来的悲情色彩,似乎被捅破了,转而注入了娱乐、喜剧、

---

　　① ［英］齐格蒙特·鲍曼:《工作、消费、新穷人》,仇子明、李兰译,吉林出版集团有限责任公司 2010 年版,第 9 页。

乐观的元素。从这个角度上讲,"嘲"文化虽然具有对抗主流价值观的倾向,但隐匿的情感并不具有破坏力,并未对主流文化产生实质性的侵蚀,"每一群体手头似乎都拥有大量这类游戏、想象和告诫人的传闻,它们被当作幽默的资源用以宣泄焦虑,并为引导个体的适当要求和合理期望提供约束力"①,因而可以说"嘲"文化是一种相对安全的自我展演方式和情感宣泄手段。

"燃""粉""丧""嘲""爽"并不能涵盖大学生全部的情感体验,仅仅是具有典型性和代表性的几种类型,却沉淀着属于现时代年轻人的情感结构,凝结着当下的、鲜活的、交互关联而又绵延不绝的实践意识,"新的一代人将会以其自身的方式对他们继承的独特世界做出反应,吸收许多可追溯的连续性,再生产可被单独描述的组织的许多内容,可是却以某些不同的方式感觉他们的全部生活,将他们的创造性反应塑造成一种新的情感结构"②。不同于世界观、意识形态等稳固而明确的概念,情感结构往往是非主流、非定型、非结构化的,是"悬而未决的",揭示的是微观的、新兴的、鲜活的感知体验,因而是分裂、多元、矛盾和流变的。透过"燃""粉""丧""嘲""爽"等情感体验,我们触碰到大学生最细腻微妙的精神世界,窥探到他们处理情感问题的经验图式,洞悉时代变迁在他们身上留下的烙印,从中清晰勾画着大学生情感发展的端倪和走势,深刻地理解情感结构在现时代发生的显著变化。当然,我们必须承认,"燃""粉""丧""嘲""爽"

---

① [加]欧文·戈夫曼:《日常生活中的自我呈现》,冯钢译,北京大学出版社 2008 年版,第 10—11 页。

② 汪民安:《文化研究关键词》,江苏人民出版社 2019 年版,第 283 页。

绝不能被误解为当前占据主导性的情感结构，更不能被误解为"时代主旋律"或"时代精神"，它们仅仅是新涌现的情感，是生动上演和切身感受到的情感，具有显著的代际特质与青年文化表征，至于这些情感能绵延多久、影响多大，尚需时间的验证。

第二节　大学生网络文化中的情感实践

以"燃""粉""丧""嘲""爽"为代表的情感体验，并非一个静态、固定、最终的产物或结果，而具有流动性、构成性和实践性，是在大学生具体鲜活的情感实践中建构、衍变和发展，是情感表达、情感流动和情感溢出的统一、完整的过程。

一、情感表达

"人作为对象性的、感性的存在物……激情、热情是人强烈追求自己的对象的本质力量。"①马克思将情感视为人的本质能力的构成要素，是"完整的人"的重要组成部分，"人对世界的任何一种人的关系——视觉、听觉、嗅觉、味觉、触觉、思维、直观、情感、愿望、活动、爱……通过自己的对象性关系，即通过自己同对象的关系而对对象

---

①　马克思：《1844年经济学哲学手稿》，中共中央马克思恩格斯列宁斯大林著作编译局编译，人民出版社2000年版，第85页。

的占有"①,情感是人在社会实践交往中形成的,是基于自身的感觉和需要而形成的感觉体验。只有在社会实践中,情感才表现出人之为人的特征;离开社会实践,人的情感至多表现为生命肉体的本能冲动。赫勒指出,"人们通常将情绪(emotions)和情感(feelings)联系在一起"②,并进一步区分了情绪和情感的异质性——绵延程度上,情感持久连续,情绪则短暂易变;心理层次上,情感所处位置较深,情绪则较为表层;出发点上,情感具有社会性,情绪则建基于人的生理需求。她坚持以复数"feelings"来对应"情感"概念,来阐释情感内涵的复杂性和丰富性。社会学学者玛丽·霍姆斯指出,情感从根本上来说是社会性和关系性的③,情感表达本质上是一种社会性行为,源于人的社会性需求。雷蒙德·威廉斯认为,情感"不是与思想相对立的感受,而是感受到的思想和作为思想的感受,是当下在场的、鲜活的、交互关联而又绵延不绝的实践意识"④。威廉·雷迪提出"情感表达"理论,认为情感是人们根据社会的情感准则与表达情感时的相应处境,自主地选择某种情感表达方式,并在这个过程中探索与改变自己的情感;情感体验与情感表达之间存在张力,前者是诸如喜

① 马克思:《1844年经济学哲学手稿》,中共中央马克思恩格斯列宁斯大林著作编译局编译,人民出版社2000年版,第85页。

② [匈]阿格妮丝·赫勒:《现代性能够幸存吗》,王秀敏译,黑龙江大学出版社2012年版,第90页。

③ 殷乐、杨默涵:《数字媒介生态下的情感传播:生成机制、关系性逻辑与行为实践》,《北京联合大学学报(人文社会科学版)》2024年第8期。

④ 成伯清:《代际差异、感受结构与社会变迁——从文化反哺说起》,《河北学刊》2015年第3期。

悦、痛苦、悲伤、愤怒、嫉妒等内心深处感受到的情感,后者是以语言、表情、手势以及眼神等各种方式所表达的情感。情感体验是内在的、隐秘的个人指向,但表达却具有明确的、外在的关系指向。换言之,情感表达是一种行为,也是一种交流方式,通常对某人、某物表达情感而建立爱、恨、恐惧、愤怒、悲伤、嫉妒、敌对、仇恨等类型的关系。循着理论研究视角不难发现,社会性和实践性是情感的根本特征,是理解情感的基本出发点。

情感是微观的、复杂的、矛盾的、自发的,带有强烈的个体化特征;但当情感在公共空间被表达出来时,它就具有了丰富的社会意义和文化意义。人的情感体验是一种主观的社会现实,也是某种社会关系和社会意义的体现,需要在社会情境中才能够被准确定义。我国学者成伯清指出不同时代的个体,都会面临工作、消费和交往方面的任务和要求,因而当代社会生活和社会情境主要包含三个核心领域,即工作、消费和交往;由这三个领域出发,建构出三种情感体制的理想类型——工作领域居于支配地位的是"整饰体制",主导性的规范情感是友好亲切;消费领域居于支配地位的是"体验体制",主导性的规范情感是快乐愉悦;交往领域居于支配地位的是"表演体制",主导性的规范情感是爱。① 网络文化主要关涉消费和交往领域,因而主要从这两个领域出发来分析大学生情感表达的逻辑和趋向。

一方面,大学生情感表达带有消费性,大学生重在追求新奇体验

---

① 成伯清:《当代情感体制的社会学探析》,《中国社会科学》2017 年第 5 期。

所带来的快乐,彰显自身存在的价值和张扬自身的个性。现代消费的基础是享乐主义,以追求快感为目的,"作为消费者的人,必须将快感体验视为一种义务,仿佛一种快感和满足的事业;一个人有责任开心、恋爱、奉承/被奉承、诱惑/被诱惑、参与、欣快和生机勃勃。这是一条原则:通过接触和关系的增多,通过符号和客体的广泛使用,通过系统开发所有可能的快感,来实现存在的最大化"①。以快感为诉求的情感表达,会呈现怎样的一幅图景? 成伯清将其描述为——"强调审美的、游戏的、轻松的,追求欢欣愉快,虽不免于焦躁、纠结、无聊、厌倦、抑郁、冷漠、失望;强调私人的,身体的,欲望的;购物中心就是朝拜神灵的教堂,'我买'故我在;追求品味高雅,但转眼就是随波逐流;诉诸罗曼蒂克的生活方式,影视剧中充满了对性规范越轨的颂扬;变化多端的时尚,野性的诱惑,远方的呼唤,说走就走的旅行;以突破界限为乐事,在逾越中获得快感;快乐至上,享受当下,瞬间即是永恒;发散的,在各式各样匪夷所思的体验中,追求自身存在的最大化;不关心人的理想和目标,直接关照人本身;不在乎历史的地位,只在乎个人当下之感觉"②。这种充满着狂欢、快感、消费性的情感,在网络文化中比比皆是——"燃""粉""丧""嘲""爽""虐""废""卷""倦"及种种细腻微妙的情感类型。以网络文化为载体,大学生获得恣意释放的机会,不少人沉溺于虚拟情感之中难以自拔。网络

---

① 王赟志等:《国外社会科学前沿》,上海社会科学院出版社 2003 年版,第274 页。

② 成伯清:《代际差异、感受结构与社会变迁——从文化反哺说起》,《河北学刊》2015 年第 3 期。

文化能够在虚拟氛围中启动情感诱发装置,将大学生带入现实中难以达致的巅峰体验和极致快乐。大学生在虚拟世界获得的情感体验,是丰富的、狂野的、亢奋的、眩晕的,是源源不断、触手可及的,这些情感远远超越了现实生活能获取的情感的强度、频率和类型。齐美尔毫不避讳地指出,"现代人似乎想要通过将各种不同的印象攒聚一处,通过情感中急促而多彩的变化,来弥补在劳动分工中所产生的片面性和单调性"①。

另一方面,情感表达带有表演性,借助特定的平台、情境、仪式和语言,营造一种戏剧性、展示性的效果。大学生的情感表达往往有其对象指向——无论是真实的还是虚拟的,个体的还是群体的,熟悉的还是不熟悉的。情感表达的目的是向他人发出吁求、建构社会关系。因而,情感表达是一种社会行为,更确切地讲,是一种社交行为,"人们或者把自己的真实情感表达出来,或者小心掩盖自己内心的真情实感,每种表达方式都被赋予特定的意义"②。大学生在网络空间进行情感表达时,往往带有连接性、展示性和表演性的深层意蕴。譬如,他们通过自拍美照、社交平台晒图、微信上展示自我、朋友圈写小作文、短视频中制造视觉奇观等形式,将自己的情感表达出来,试图向他人进行炫示或诉说,以期获得关注、共鸣和共情。"情感是个体在情境规范和更宽的文化观念规制下所运

---

① David Frisby, *Fragments of Modernity：Theories of Modernity in the Work of Simmel Kracauer and Benjamin*, Cambridge：The MIT Press, 1988, p.94.

② 袁光锋：《迈向"实践"的理论路径：理解公共舆论中的情感表达》,《国际新闻界》2021 年第 6 期。

用的表演"①。对大学生而言,日常生活如此琐屑、庸常、重复、单调、波澜不惊,唯有通过生动的手法和夸张的叙事,从平淡如水的生活里撷取出特定的片段,建构为一幕幕的情感场景——"让人尴尬的瞬间""平凡但温暖的细节""不曾预料的时刻",才能让日常生活变得更"有味"。他们为这些瞬间、细节、时刻设定主题、赋予意义,将其转变为鲜明而清晰的情感"原料",让其具备喜、怒、哀、乐、"燃"、"丧"、"爽"等情感表征,展示在网络情境中。其实,这就像是向他者发出互动的邀约,"表演既表达了也创造出了其所表征的情感"②,通过"表演"让每一个平凡时刻、每一个平凡事件、每一种平凡情感获得"出彩"机会,将这些时刻、事件、情感连缀起来,结构化为有意义的片段,以此来抵抗变动不居的生活,点燃生活的激情。当然,类似的"表演"也常常盛行于各类情感共同体之中。大学生通过情感连接而呼朋引类,凝聚成网络部落、圈层、族群、社区等。在数字媒介中,个体不具身在场,无法进行面对面的情感互动,但却可以借助于语言、符号、仪式进行集体性"表演"。具有相似情感倾向的个体之间频繁互动,自愿连接、聚合,缔结为情感共同体。在情感共同体中,每个成员之间共享着相似的情感,保持身份、文化、情感和立场上的高度一致性。譬如,有的粉丝群体通过演唱会、同人展会、爱好者俱乐部、明星势力榜单、超话、热搜、打榜、应援等方式打造一整套情感

① [美]乔纳森·特纳:《社会理论的结构》,邱泽奇译,华夏出版社2001年版,第97页。

② Bruce Kapferer,"Emotion and Feelling in Sinhalese Healing Rites",*Social Analysis:The International Journal of Social and Cultural Practice*,1979(1).

表演系统,营造"我为爱豆狂"的情感氛围。有的情感共同体通过集体意识来进行情感表演,在"帝吧出征"中,以大学生为主体的青年人群制作大量表情包作为符号标识,以"阿中哥哥"作为彼此呼应和连接的纽带,发起#我们都有一个爱豆名字叫阿中#的微博话题,以高度的情感黏性和集体共鸣发起了出征仪式。这一语境下,情感就像一种资本,个体不断地输出情感,同时也接收他者回流的情感,群体成员通过交换和共享的符号、言论,造就以情感作为黏合剂催生出的共同体氛围,他们所共享的符号、言论构成集体的边界,也构成情感的边界。

"情感首先是一种不间断的实践,人们主动与他人一道参与其中。它不单单是一种现象,不只是'某种就这样发生的事'。它不仅是个人的,也是人际的、社会建构的和习得的"①。大学生情感表达展现出的消费性、表演性特征,是社会建构的产物,是数字化、虚拟化和消费主义语境下大学生情感诉求的集中外显。以"燃""丧""嘲""爽""粉"为代表的类型化情感,是大学生基于自身处境和感受对外部世界做出的反应,甚至可以说是应对现实世界的一种生存策略。大学生群体释放出的情感,内隐着其对所处时代的一种理解、一种体验、一种态度,"乃是一种包裹了情感外衣的世界观"②,"这种表达其实也是自我理解和自我安顿的一种尝试,同时也是一种表演。

---

① [美]罗伯特·所罗门:《哲学的快乐》,陈光华译,广西师范大学出版社2015年版,第61页。

② 林滨、罗晶:《网络时代青年群体"孤独的欢愉"的情感本体论审视》,《东南大学学报(哲学社会科学版)》2022年第4期。

'燃''丧''粉''嘲'等情感类型,作为大学生对自身情感的积极探索,确实体现了网生一代情感体制的特殊性,也昭示了情感在大学生生活中的权重"。① 我们不能简单地无视、苛责、批判,而应将其放置于时代发展的洪流中去审视大学生的情感指向及其背后隐匿的精神困境、主张和诉求,尤其是迷茫、焦虑、孤独、苦闷、无聊、无意义感等情感症候,亟待寄托于外在世界变革和公共生活完善来予以消解。

二、情感流通

情感是动态的,而非静止的,这是很多学者的共识。不同的学者使用不同的概念加以描述,如情感流动、情感传播、情感交往等,这些概念虽具有相似性但立足点却不同。本书倾向于采用"情感流通"概念,并对"情感流通""流感流动"等概念等同使用,重点分析"燃""丧""嘲""爽""粉"等情感的流通性。一方面,情感流通是情感呈现、传染、聚合、分化环节的集合。海德认为,情感不是一种状态,而是一个过程。萨拉·艾哈迈德认为情感本身是不会流通的,是承载情感的客体在传播与流动,情感客体包含语言、图像、声音等,它们的流通带扩散了我们的情感。② 袁光锋认为,情感流动赋予了情感以社会性,情感流动的本质并不是个体情感的流通,而是各类情感载体(物体、符号、语言等)的流通,在流通中,物体、符号、语言等与更多

---

① 成伯清:《当代情感体制的社会学探析》,《中国社会科学》2017 年第 5 期。

② S.Ahmed, *The Cultural Politics of Emotion*, London:Routledge,2013,p.11.

的主体接触,激发主体的情感,不断积累情感的价值。① 海德构建了
"情感流动模型"②来阐释情感变化过程,即:1. 对事件进行中性描
述;2. 依据特定文化规则定义事件,产生简单或复杂的内在情感状
态;3. 根据文化规则表达情感,在此过程中,内在情感状态会发生变
化,可能被强化、被削弱、被抵消,或者被另一种情感掩饰。③ 袁光锋
认为情感流动过程划分为聚焦、生成与扩散三个环节,这一过程伴
随着情感的增值和各种类型的情感转化。④ 另一方面,网络情感流
通是媒介化、数字化的过程。在数字化、移动性的高度卷入下,情
感流动呈现出显著的"媒介化"逻辑。"每一种媒介都为思考、表
达思想和抒发情感的方式提供了新的定位,从而创造出独特的话
语符号"⑤。"媒介化"不仅影响着情感流动的速度、方向和频率,
更影响着情感流动的过程、结果及其权力关系。"数字媒介显然是
情感流动最重要的载体之一,其技术特征、符号系统都塑造了情感
流动的形态,影响了个体情感和集体情感形成的方式"⑥。因而可

---

① 袁光锋:《增值、转化与创造边界:论数字媒介时代的情感流通》,《南京社
会科学》2022 年第 9 期。

② [德]扬·普兰佩尔:《人类的情感:认知与历史》,马百亮、夏凡译,上海人
民出版社 2021 年版,第 228—229 页。

③ [德]扬·普兰佩尔:《人类的情感:认知与历史》,马百亮、夏凡译,上海人
民出版社 2021 年版,第 228—229 页。

④ 袁光锋:《增值、转化与创造边界:论数字媒介时代的情感流通》,《南京社
会科学》2022 年第 9 期。

⑤ [美]尼尔·波兹曼:《娱乐至死》,章艳译,广西师范大学出版社 2004 年
版,第 17—18 页。

⑥ 袁光锋:《"感受的共同体":数字媒介中的情感流通与认同建构》,《南京
社会科学》2022 年第 9 期。

以说,数字媒介与情感流动的深度耦合,是一系列复杂社会实践的结果。

负载情感的话语、图片、视频在公共空间中流转,构成情感流动的起点。一般而言,情感"属于私人领域,因为它们在经历口头表达和书面表达之前已经被个体的内在自我体验到了"①。无论是积极情感如快乐、狂欢、热爱、骄傲等,还是消极情感如痛苦、愤怒、憎恨、绝望等,都要经由互动和共享,吸纳他人进入这一情感体验领域之中,才能真正流动起来。这是"通过相互作用而进行的情感转让,使一个人情不自禁地进入对方的感受和意向性感受状态的过程"②。在缺场交往的境遇下,网络交流的相对匿名性、身体和非语词互动的缺失使得大学生无法通过面对面交往中的面部表情、肢体动作、语音语调、行为姿态等线索进行情感互动,转而诉诸特定的行为和符号来表现、传达和显示。网络文化中的流行语、表情包、音视频就成为情感传递的主要载体。不同的流行语、表情包、音视频拥有不同的情感能量,这在很大程度上决定了它能够流动的程度。以图片为例,那些更直白、生动、拥有丰富的情感能量的表情包,更能争夺注意力,进入公共空间,引发公共情感。当然,流行语、表情包、音视频具有情感集束功能,可能包含了愤怒、悲伤、同情、快乐等多种类型的情感。具体集中于哪一种情感、在多大范围传播,主要取决于大学生如何解读、

---

① [意]史华罗等:《中国历史中的情感文化》,林舒俐、谢琰、孟琢译,商务印书馆 2009 年版,第 38 页。

② [美]诺尔曼·丹森:《情感论》,魏中军、孙安迹译,辽宁人民出版社 1989 年版,第 203 页。

如何构造、赋予其何种意义。譬如，表情包"微笑"早期表达单纯的微笑，但经过年轻一代的信息加工和语义反转，"微笑"脱离了原初意义，被赋予假笑、皮笑肉不笑等意味，表达不想理会、不屑一顾的嘲讽之意。媒介技术的发展为大学生情感表达提供了自由多样的形态，大学生恣意进行着自我展演，与场景化的情感彼此交叠，为情感流动创造了一幅丰富多彩的图景。

高度同质化的情感将独立、分散的个体凝聚成情感共同体，这构成情感流动的高潮。从本质上讲，情感的流通是把个体情感转化为集体情感的过程。情感扩散的范围越广，规模越大，程度越强，情感产生的能量也越大。群体情感通常比个体情感更强烈、更持久。个体情感向情感共同体的转化一般遵循两种路径：一是聚合式。群体成员同属于某种网络社群，组织性强、同质性高，联系紧密，拥有稳定且有韧性的情感规范，如论坛、知乎话题圈、微信朋友圈、粉丝社群、趣缘社群等。一旦群内涌动某种情感，就会激发共鸣，触发集体行为。这类情感具有极易唤醒、情感狂热、流通快等特征，有些甚至走向极端化和民粹化。一是分散式。不同的个体散点存在，各自具有直观、鲜活的情感体验，在公开（朋友圈、微信群）、半公开（微博、抖音）、私密（陌陌、无秘）等平台上传递情感化的符号，以"燃""粉""丧""嘲""爽""卷""emo"等寻求共鸣，有些在短时间内集结成松散的情感共同体。分散式的情感共同体通常缺乏组织性，仅在重大或紧急事件出现后才会聚合在一起，因而这种情感系统不复杂，也不稳定，譬如"网抑云"。当然，无论是聚合式还是分散式，"情感发生在生物体内，而不是生物体之间的空间，这意味着群体情感只不过是体验相同情感的个体的集合"①。通常,情感流通的过程是难以预料的,充满了变数,一些看似微小的、不起眼的突发事件可能成为"爆点",发生情感转化,情感基调、情感类型和情感指向的目标都会发生偏移或变形。譬如,在"帝吧出征"事件中,"帝吧"原本是一个娱乐性贴吧,但在民族主义情感的召唤下,迅即化身为捍卫国家利益和国族团结的集结地,爱国情感占据主导。

　　情感在流通的过程中会实现增值、强化。有些情感在萌芽初期是微弱、即时、小范围的,犹如"星星之火",仅仅表现为一张图片、一个视频、一个表情包,经过网络共情、信息流通和大规模的传播,形成"燎原"之势,演化为相对稳定甚至固化的情感构型。对当下流行的"社恐""社牛"进行溯源发现,最早见于2021年"明星双喜哥"系列视频及其评论,采用尴尬、浮夸、无厘头的风格,充斥糗事、笑料、玩梗等表演戏码,自诩为"社牛";"明星双喜哥"本身并没有引起很大关注,随后在网友的围观炒作、跟风模仿和大型数字平台的助推下,很快席卷抖音、快手、B站、豆瓣、小红书等社交平台,"社牛"一词成为风靡一时的热梗;同样地,火爆的"搭子社交"起源于年轻人无意间的一种吁求,经过小红书#新型社交关系搭子#的话题设置和推广,衍生出"饭搭子""课搭子""旅游搭子""追星搭子""考研搭子"等多种形态,泛化为"全靠搭子续命""可以没对象但必须有搭子"的集体共鸣,在互动中传递情感、最终在一定范围内催生情感同质化。数字媒介呈现显著的情感性,具有情感唤醒、表达、流通、增值等多重功能,

---

　　① 袁光锋:《"感受的共同体":数字媒介中的情感流通与认同建构》,《南京社会科学》2022年第9期。

关涉情感层面的模仿与同化,不仅在于数字媒介创设独特的情感叙事机理,"由传播技术支持和维持的情感故事结构,为网络化的和情感的公众提供了纹理、音调、话语权和叙事模式"①,更在于"这些媒体和平台邀请情感上的关注,支持情感上的投资,并传播带有情感色彩的表达"②。尽管大学生的情感流通具有属人特性,情感表达和情感流通具有其自发性和真实性,却始终无法逃离资本的布控与操纵,这种操纵表现为情感营销与消费驯化,文化消费的商业化逻辑和以利益计算为根本的冰冷法则凌驾于大学生所追求的丰富情感之上,进行"造情",让情感朝向更加激烈、尖锐、显性的方向发展,甚至引向负面、极端的方向,这是情感流通愈发加速的技术逻辑和商品逻辑所致。

三、情感溢出

所谓溢出效应,是指某种行为、现象或因素在特定范围内发生时,产生的超出预期的影响或结果。溢出效应有正反之分,分别表示除了达到预期目的之外,又为其他个人、组织、社会带来的收益的增加或减少,通常也被阐释为事物的外部性。网络情感并不止于互联网,而是在媒介技术和社会心理的双重作用下进行媒介切换,逐渐累

---

① 袁光锋:《"感受的共同体":数字媒介中的情感流通与认同建构》,《南京社会科学》2022 年第 9 期。

② 袁光锋:《"感受的共同体":数字媒介中的情感流通与认同建构》,《南京社会科学》2022 年第 9 期。

积、弥漫、渗透,呈现出延续性和传递性的溢出效应,集中体现在空间、领域和人群等三重维度,具体表现为线上向线下、文化领域向政治领域、大学生群体向全龄群体的溢出。

线上向线下的情感溢出。在网络媒介和数字平台中,大学生可以借助高超的数字技能和世代优势,以语言风格、文化品位、审美趣味、精神气质为标识,自由便捷地表达情感,进行文化情感的重度参与和自由创造。他们充分占有网络话语表达和话语呈现渠道,不仅创造出一套独特的话语符号体系,以天马行空的方式进行情感输出,更占有林林总总的网络平台,大众化、普及化的平台抑或新兴、小众化的平台,都是他们的领地和主场。他们热烈渴望主体性地位,持续进行情感输出、传播以及再生产,这成为当代中国大学生社会参与的一个演练场,也成为他们发起集体行动的主场域。对于"数字原住民"的大学生而言,他们不仅不会将互联网视为一道屏障、一种边界或一个独立空间,反而试图逾越、突破、传导和升级,由线上转向线下,由虚拟空间引向现实世界,由局部事件发展为公共事件,将网络情感延伸至公共政策、议题、事件之中,以潜在、微妙却不容忽视的姿态影响社会公共生活。与之相似,"丧"原本是流行于互联网的一种情绪类型,用于表达颓废、消极、无奈、失望等情绪,本身并无实体性、物质性载体依托,但资本力量嗅到"丧"情绪的经济价值后,商家借势营销,打造"丧茶""丧 T"等实物的"线下体验化"传播模式——Facebook 负能量网红为 UCC 咖啡定制广告文案"没有人能让你放弃梦想,你自己想想就会放弃";"丧茶"宣扬"反正你都够胖了,少喝一杯也不会变轻的",其中"治愈你的小确丧"为主题的系列菜单包含

"碌碌无为红茶""一事无成奶绿"等,茶杯上印刻"每天一杯负能量"标语,等等。诸如此类,"丧"文案、"丧"营销、"丧"产业直指年轻人群的内在压力,利用反转结构和自嘲话术来揭露"这世界的残酷真相",在深深共情中缓解尴尬和不如意,让年轻人在笑声中恍然大悟,不仅没有"致郁",反而产生"治愈"效果,在无意识间撩拨心弦,刺激消费,从文案走红到产品热卖,"丧"由线上转至线下,由虚拟转向实体,实现了经济变现。

文化领域向政治领域的情感溢出。网络文化具有其特殊形态和存在方式,以思想、观念、感情、信仰、美、价值观等一切非物质形态的精神产品为主,"在本质上是思想观念、情感信仰等一切意义的竞技场"①。网络文化中展现出的情感本身属于私人化的领域,具有个体性和隐秘性;但是这些情感一旦表现为符号系统,进入精神消费领域,成为消费对象,供人们进行交流交换时,情感便由私人领域进入公共领域。情感也不再专属于某个人、某个群体,而成为公共情感,成为任何人都可以调用的情感资源,也成为可以向任何领域扩张的情感能量,这是情感溢出文化领域、流向其他领域的前提预设。"帝吧出征""814 大团结""饭圈女孩为祖国庆生""饭圈女孩驰援武汉"就是粉丝文化介入政治过程的集体行动。2019 年"饭圈女孩"发起"814 大团结",不同阵营的粉丝群体为保护共同的"爱豆"即"阿中哥哥"而凝聚出空前的团结力量,有组织、有纪律地在互联网上对抗一切敌对势力的言论,取得压倒性胜利,被称为"饭圈里程碑";9 月

---

① 胡惠林:《作为公共领域的文化市场》,《探索与争鸣》2014 年第 8 期。

28 日晚,在新中国 70 华诞即将来临之际,"帝吧"发布《证吾国家,this is China》的"出征檄文",自发地发起一项"向世界介绍真正的中国"的"民间网络外交"活动,展现中国的强盛与和平;新冠疫情期间,27 家粉丝组织结成驰援武汉的"666 联盟",为武汉捐款捐物资等。在公众的刻板印象中,"饭圈"隶属于文化娱乐领域,他们常常被贴上"疯狂""有病""不可理喻"等标签,似乎仅仅热衷于打榜、签到、转发、投票、攒积分,甚至引流、骂战等。但他们在公共事件中展现出爱国爱社会的姿态,主动去"污名化",赢得广泛点赞,受到广泛的"盖章"肯定。"翻墙"远征、捍卫"阿中哥哥"、"公益应援"、冲上抗疫战场,"饭圈女孩"将对偶像的依恋情感与对国家的忠诚情感相耦合,将圈层组织的行为规则、组织方式和符号生产力迁移到社会公共事件中,携带着"饭圈化"情感介入公共参与,将偶像之爱升华为家国之爱,实现了圈层文化与公共政治参与之间的有效结合,指示着政治参与和集体行动的另一种可能方式,促动"饭圈化"情感由文化领域向政治领域的涌动。

大学生群体向全龄群体的情感溢出。"当前情感问题的复杂之处还在于,许多看似个体的感受其实既跟全球化背景下日益强化的相互依赖和交互影响有关,也是以互联网技术为基础的新媒体发展所致。亦即情感的传导不再依赖于和局限于特定的社会纽带,而可能直接将个体贯通于社会整体氛围"①。我国在读大学生是出生于 1995—2006 年的一代人,被称为"网生代""互联网世代""二次元世代""数媒土著"等。以大学生为主的青年人群是新媒介和新技术的

———

① 成伯清:《当代情感体制的社会学探析》,《中国社会科学》2017 年第 5 期。

创造主体和使用主体,成为主导网络价值观、话语权的社会中坚力量,他们由受教者转变为施教者,思想、观点、情感、价值观散播为整个社会的焦点议题和文化思潮,宣告了"后喻文化"的到来。"燃""丧""嘲""爽""粉""废""卷"等情感类型,连带着形形色色的情感话语,"喜大普奔""奥利给""YYDS""绝绝子""爷青回"的兴奋喜乐,"伤不起""蓝瘦香菇""我想静静""自闭""emo""蚌埠住了"的哀叹压抑,"尬聊""囧""躺枪""醉了""小丑""芭比Q""汗流浃背"的戏谑自嘲,"神马都是浮云""天空飘来五个字""躺平""佛系"的"丧"系无奈,"随便吧""钝感力""淡人属性大爆发""情绪稳定得可怕"的淡然平静,"996""007""打工人""社畜"的情绪抵抗等,很多新概念、新词语、新称谓、新表述,首先源自于青年人群,代表着他们的情感倾向和生活态度,在网络交流中传播和流行开来,在极短时间内席卷整个社会,成为一个时代的精神症候。诸种情感从大学生向全龄段的溢出,既是大学生情感社会化的过程,也是社会情感结构再造的过程。一方面,情感本身无法单独存在,必须依赖于一定的物质化传递装置——媒介才能成为实体,在媒介的流动和交互中,大学生的情感及其表述方式以其新颖性、前卫性、恰切性和形象性获得共鸣,由小众式、边缘性文化跃入大众化、主流化的视野,构成社会情感结构的重要基底;另一方面,大学生网络情感印刻着他们的人生阅历和价值认知,通过情感表达和输出,不断"出圈""破界",向其他代际、群体展现了一个真实、立体、鲜活的新时代大学生形象,为社会搭建一条增进代际柔性交流、衍生更多文化价值的新路径,在网络世界建构起包容性更强的"共有存在",让年轻人在交互交流中收获精神给养与价值认同。

"情感越是被放到聚光灯下,越是难以捉摸——因为情感本身的确认,取决于文化模式、社会规范、互动情境、心理感受和生理反应的交互作用"①。我们不能把情感简单看作大学生群体的自娱自乐,看作即时易逝的虚拟狂欢,而应将其置于社会精神文化的总体框架中,追踪大学生的情感结构及其在表达、流通、溢出中衍生的强大的影响力和社会后果,持续观察新兴的情感样态、规律和趋势,为理解更广阔的社会、政治、文化发展提供镜鉴。

第三节 大学生网络文化中的
情感异化现象

"人作为对象性的、感性的存在物,是一个有激情的存在物。激情、热情是人强烈追求自己的对象的本质力量。"②马克思十分重视情感的价值,认为情感不仅是人的自然本能的体现,也是对象性活动的产物。从现实本质上讲,情感不是先验或超验的心理现象,而是人在生产生活实践中产生的能动的感性体验。③"现实的人"不仅参与生产生活实践,而且在其中产生各种各样的情感。情感丰富了人的生活内容,使人成为现实的生命体。正是在这个意义上,弗兰克·韦

---

① 成伯清:《当代情感体制的社会学探析》,《中国社会科学》2017 年第 5 期。
② 《马克思恩格斯全集》第 42 卷,人民出版社 1979 年版,第 169 页。
③ 宗爱东:《马克思主义生命政治哲学与思想政治教育的知、情、行维度》,《毛泽东邓小平理论研究》2020 年第 2 期。

赫认为"情感是马克思人的本质概念中的核心内容"①,是人的感性存在的标识。然而,当人不能完全控制情感,情感作为一种外在的、异己的力量反过来压制人时,异化就不可避免地出现了。数字时代,情感异化倾向已是不争的事实。列斐伏尔认为随着数字技术的应用,异化已经从经济、政治、科学等领域,席卷到日常生活的"友谊、同志关系、爱、交往的需求以及游戏等"②。我国学者成伯清一针见血地指出,"互联网时代的浅薄化,首要地就体现在情感的浮薄和浅薄"③。席卷大学生群体的"燃""丧""嘲""爽"等情感,看似炫目、潮酷、新奇、刺激,但仅仅是非物质的符号性、情感性体验而已,是人为制造的、可消费的、可展示的、程序化的产物,隐含着矛盾、撕裂、空洞、同质化等倾向,引发多重精神风险。

一、游戏化倾向

数字时代大众文化的典型特征之一是"游戏性"。正是通过游戏,网络大众重塑了感觉结构,"游戏性情感"是网络时代的主导性情感模式。④ 赫伊津哈认为,"游戏是在特定的时间和空间中展开的

---

① 　L.Weyher,"Re-reading Sociology via the Emotions:Karl Marx's Theory of Human Nature and Estrangement",*Sociological Perspectives*,2012(2).

② 　H.Lefebvre,*Critique of Everyday Life*,Volume I,London and New York:Verso,1991.

③ 　成伯清:《情感的社会学意义》,《山东社会科学》2013 年第 3 期。

④ 　蒋磊:《数字时代大众文化中的"游戏性情感"》,《广州大学学报(社会科学版)》2024 年第 2 期。

活动,游戏呈现明显的秩序,遵循广泛接受的规则,没有时势的必需和物质的功能。游戏的情绪是欢天喜地、热情高潮的,随情境而定,或神圣或喜庆"①。赫伊津哈将游戏视为人类文化中本体性的存在,这种本体性在数字时代得到真正的展现。游戏性情感,或曰情感的游戏化倾向,是数字时代网络文化的显著特征,也是大学生参与网络情感传播的重要动机。

就生产实践而言,游戏性情感是不严肃的。前述的"燃""丧""嘲""爽""粉",都是"不严肃"的情感。这些情感及其传播文本并不完全对应传统的、严肃的本真情感;它们仅仅是民间的、趣味性的、个人化的,未被社会解释为意义严肃的、庄重的情感叙述文本。"燃""丧""嘲""爽""粉"等情感类型,很大程度上是一种基于玩乐心理的游戏,仅仅是为了寻求快乐,充满着消费主义色彩。"当代情感体制所鼓励的,是想方设法地寻求快乐,有计划地、系统性地制造快乐——而得不到快乐,一定程度上就是惩罚"②。游戏是快乐的,这种快乐在释放用户主体性的数字时代得到充分体现。③ 首先,"燃""丧""嘲""爽""粉"等情感表达上,采用夸张、对比、反讽、悖论、拼贴、戏仿等修辞方式,充满着不严肃、娱乐性的面向。其次,情感流通上,"燃""丧""嘲""爽""粉"等情感具有可机械复制、程序化等特征,采用表情包、玩梗、P图、自拍、恶搞、角色扮演、二次创作等

---

① [荷]赫伊津哈:《游戏的人:文化中游戏成分的研究》,何道宽译,花城出版社 2007 年版,第 25 页。

② 成伯清:《当代情感体制的社会学探析》,《中国社会科学》2017 年第 5 期。

③ 黎杨全:《以文为戏:数字时代文学的游戏批评范式》,《文学评论》2023 年第 1 期。

行为方式,对这些情感元素的传播互动带有明显的游戏性倾向。"燃""丧""嘲""爽""粉"等采用低门槛、全民性、去等级化的方式进行散播,以颜文字、表情包、弹幕为载体,喜怒哀乐之情被拆解为一张张图片、一个个表情包、一段段音视频,裹挟着不同的情感倾向,以无边界、海量化、碎片化的形态漫溢开来,在无限繁殖的语体中泛滥,以感性化、无意识的方式将所有人都吸纳进诸种情感框架之中。再次,社会后果上,无论是"爽"系情感的快感、"嘲"系情感的戏谑,还是"粉"系情感的亲密、"丧"系情感的忧郁,都具有可分享、可复制的属性,是网络"爆款"和流量密码,鼓励年轻人在分享中实现群体狂欢和情绪释放,在虚拟空间放飞自我、获取短暂性的欢愉。但集体狂欢和情绪释放并不等于问题解决,"燃""丧""嘲""爽""粉"等情感像一束绚烂的烟花,在网络空间一闪而过,却并未也不能真正、彻底地击碎现实生活中的情感困扰和生命难题。

　　"燃""丧""嘲""爽""粉"等情感具有游戏性,说明它们暗合娱乐主义叙事方式,具有娱乐人心的价值功能。"当代享乐主义的兴奋焦点从感觉转移到情感,寻求形形色色的情感体验,也成为当代人的生活风尚,而情感体验领域也变为商业化开发的沃土"[1]。迈克尔·哈特讲道,娱乐工业和各种文化工业的焦点都是创造和操纵情感[2]。"燃""丧""嘲""爽""粉"等,并不追求精神世界的充盈完满、人的自由和全面发展等终极目标,也不追求道德、审美、本真、纯粹等情感伦理;它们仅仅强调日常生活的娱乐性,不惜一切代价达到自娱

---

① 　成伯清:《情感的社会学意义》,《山东社会科学》2013 年第 3 期。
② 　Michael Hardt,"Affective Labor",*Boundary*,1999(21),p.95.

娱人的效果,而罔顾情感是虚拟的、包装的、合成的、拟想的,只要快适就好。以爽文为例,它本源自于"YY"小说。小说要营造爽感,就必须符合读者关于"YY"的心理预期,以达致"现实有限,YY无限"的境地。为了"爽",小说可以抛开任何限制无底线地幻想,制造一波又一波的"爽点";而那些所谓的"爽点",无非是人为预设的、固定的环节,是程序化、可机械复制的套路而已,无非是逆袭、升级打怪、修仙、金手指等要素的叠加。拨开爽文的层层面纱,可以发现这种文本刻意模糊了崇高与低俗、伟大与渺小、明智与愚蠢、神圣与粗鄙的界限,只保留了"爽"这一种情感体验。大学生从爽文中能且只能获得一种情感体验——爽。爽文无关乎正义、道德、审美、意识形态,仅仅追求游戏伦理和精神快感而已。正是在这个意义上,威廉·斯蒂芬森认为,所有这些都是快乐,并没有深刻的承诺[1]。必须承认,"燃""丧""嘲""爽""粉"采用符号化的编码系统,以与意识形态无关的身份出场,却指向大学生身心隐秘之处,"得到的其实更多的是平面化和无深度的体验,甚至可能导致情感的暖死亡"[2]。

数字时代,情感游戏化倾向如此普遍,以至于我们很难用"真实—虚拟""高尚—廉价""严肃—娱乐"等二元框架予以评判,更无法简单地对其进行批驳和否定。这是正在进行、尚未完成的情感模式转向,是网络叙事感性化的展现,是潜在的、静悄悄地发生着的

---

[1]　William Stephenson, *The Play Theory of Mass Communication*, Chicago: The University of Chicago Press, 1967, pp.89-90.

[2]　成伯清:《当代情感体制的社会学探析》,《中国社会科学》2017年第5期。

"心灵的革命"①。对此,我们必须深刻地意识到,"真正的快乐是一件严肃的事情"②,利用游戏性来促成情感性,看似为情感发展提供了新契机,却易于陷入情感被操控、退化、萎缩化的境地。当然,"燃""丧""嘲""爽""粉"等并不等同于大学生情感的全部,在一定意义上它们不过是游戏性情感的绚烂"外衣"而已,是年轻人在网络空间掀起的一场符号化表演。"在游戏中,我们可以在低于严肃的水平下运作,如儿童所为;但我们也可以活动在高于严肃性的水平上——在美和神圣的王国中"③,超越情感的游戏化倾向,激发大学生更加高级、更加深层的情感需要,如美德、依恋、忠诚、尊严、自我实现等,或许是数字时代情感培育的重要方向。

二、极化倾向

极化,原本是物理学中的概念,是指物体的性质在外力作用下向两极化扩展甚至在某种情形下向对立面转化的趋势,物体在极化效应下呈现的外在表征就是极化现象。一般认为,极化既是一种状态或结果,也是一个过程。作为一种状态或结果,极化往往是指情绪、观点、态度趋向极端化或激进化,是对初始状态、真实状态或中立状态的

---

① 蒋磊:《数字时代大众文化中的"游戏性情感"》,《广州大学学报(社会科学版)》2024 年第 2 期。

② [美]莱恩·霍利得、史提芬·汉赛蒙:《每日斯多葛:366 次对智慧、毅力和生活艺术的沉思》,戴晓晖等译,中国青年出版社 2022 年版,第 237 页。

③ [荷]约翰·赫伊津哈:《游戏的人:文化中的游戏成分的研究》,何道宽译,中国美术学院出版社 1996 年版,第 21 页。

大幅偏离;作为一个过程,极化描述的是随着时间推移而呈现这种状态的趋势。国内外学者对极化现象的研究较多,美国学者斯通纳·詹姆斯·芬奇于 1961 年发现了群体极化现象,他当时使用"冒险性偏移"这一概念来加以解释。莫斯科维奇和扎瓦洛尼于 1969 年提出"极化"和"极化效果"的统一定义。科林·弗雷瑟等于 1971 年将"群体"和"极化"两个词合在一起,首次提出"群体极化"概念,认为经过讨论之后群体集体所呈现的态度均值,会比讨论之前变得更加极端化。我国学者沈郊将"极化"现象划分为四种形式或意义,即政治极化、情感极化、意见极化和群体极化,其中情感极化被定义为"不同政党或群体成员间存在的强烈负面情绪,包括群体间的偏见、歧视乃至愤怒"①。借鉴这一定义,以网络文化为观察视域,我们认为情感极化是群体极化一种形态,是指个体的情感受到群体成员的影响,产生某种情感一致性、集聚性和统摄性的结果,一般分为单极化、双极化与多极化。情感极化是数字时代精神文化领域的一种独特现象,与观点极化、价值极化、舆论极化等交织耦合,塑造着大学生的心理状态和情感样态。

情感极化是大学生自由表达所引发的一种带有偏执、敌意和对抗性质的情感。在自由开放的网络空间,无论是公众人物还是普通人物,都可能成为被针对、被攻击的对象。饭圈并非散漫、无序的群体,而有着清晰的组织架构、严明的等级制度和紧密的行动方式。饭圈内部有诸多细致的分类。按属性,有"唯饭""团饭""CP 粉""毒唯""路人粉"等;按身份,有"前线""黑装粉""粉装路"等;按状态,

---

① 沈郊:《影响青年意见极化的社交媒体因素分析》,《上海交通大学学报(哲学社会科学版)》2024 年第 6 期。

有"数据粉""作品粉""事业粉"等;按关系,有"妈妈粉""女友粉"等。饭圈还有专门进行打投、转发、控评、反黑的运作规则等。基于对爱豆的忠诚拥护,饭圈内部、饭圈与饭圈之间时常发生情感竞争,不惜以"骂战""互殴"的方式对待其他粉丝群体。譬如"肖战227事件",就是由日常的追星行为升级为网络混战的典型事件。很多粉丝秉持"爱他就要为他付出一切"的狂热情感,通过抬高自家与拉踩他人的方式来提升爱豆身价,一旦与自身立场不合,动辄发表具有伤害性、侮辱性和煽动性的图文、视频,不惜以"抢死""浇水""出征"等带有人身攻击色彩的方式和各种风格粗鄙的"内涵文"进行情感宣泄,发起对"敌对者"的口诛笔伐,陷入情绪失控状态。"有意识的人格不再存在,情感和思想都被引向同一个方向"①,"脑残粉""无脑黑"就是情感极化最典型的表征。饭圈作为一种自主建构、开放流动的情感共同体,圈内实存着各式各样的情感、态度、观点和价值倾向,以满足粉丝的多样化的情感诉求,这本身无可厚非;但这并不意味着狂热化、激进化、对抗性的情感应该被鼓励,恰恰相反,这与"粉"系文化所追求的依恋型情感背道而驰,是应当被叫停的。

情感极化现象时常发生在饭圈,但不止于饭圈。从互联网早期的"键盘侠"到今日的"杠精""阴阳人",对抗性情感表达始终是网络文化发展中的一缕线索。这类人群往往无视理性,忽略真相,罔顾事实,"为杠而杠""为黑而黑",不求是非、不问对错,时常言语激烈、情绪暴躁、带有一定的攻击性,善用夸张的反驳来表达情感、态度和

---

① ［法］古斯塔夫·勒庞:《乌合之众:群体心理学》,董强译,浙江文艺出版社2018年版,第14页。

立场。他们利用社会热点事件的爆炸性、娱乐性特征,对他人、集体或社会进行批判,甚至在社会公共事务中,歪曲事实,一味抬杠、唱反调,进行"无脑吹"或"无脑喷",带有明显的攻击性、越轨性。类似情感一旦经过互联网传播后,会吸引态度相似、旨趣相近、情感相合的群体,迅速形成小众化的网络集体,逐步扩大影响力,"团体成员一开始即有某些偏向,在商议后,人们朝偏向的方向继续移动,最后形成极端的观点。在网络和新兴传播技术的领域里,志同道合的团体会彼此进行沟通讨论,到最后他们的想法和原先一样,只是形式上变得更极端了"①。身处于这样一个去理性化的氛围中,一些缺乏自主性和判断力的大学生易于跟风模仿,在煽动性、蛊惑性的负面情感中不能自拔。

必须承认,情感极化是一种具有破坏性的情感方式,既与互联网民主、自由、开放、共享的本质精神相悖,又与大学生健康和谐的情感和人格发展相悖,容易陷入非此即彼、非黑即白的二元对立框架,将身心尚未完全成熟、判断能力和辨析能力尚不足的大学生引向一种盲从、偏狭的情感发展模式。2021年中央网信办开展的"清朗·'饭圈'乱象整治"专项行动所重点整治的现象,就包含了互撕谩骂、拉踩引战、挑动对立等乱象。走出极端化的情感撕裂、对抗状态,在网络公共生活中练就更加成熟、自主和多样化的情感表达能力,是新时代大学生情感发展的重要维度。

---

① [美]凯斯·桑斯坦:《网络共和国:网络社会中的民主问题》,黄维明译,上海人民出版社2003年版,第47页。

三、矛盾化倾向

"燃""丧""嘲""爽""粉"等作为记录当代大学生年群体情感特征的"风向标"和"晴雨表",既表征着大学生情感的分型与分化,又常常杂糅与交织,展现大学生情感生活的多重样态和丰富面向,也展现着情感发展的规律性、趋势性特征。"燃""丧""嘲""爽""粉"等情感纠缠在一起,使大学生情感的具体格局、面貌、形态呈现出高度的复杂性。把握大学生情感发展,不能仅仅从情感本身出发,而需要回归大学生情感发展的根本趋势与变迁规律中去。

首先,这些情感是独特的、代际性的,展现着以大学生为主体的青年一代情感生活的剖面,描述着新时代大学生群体与前代相异的情感结构。"Z世代""数码土著""丰裕一代""独生一代"等,正以各种方式描绘新时代大学生与众不同的经历和气质,指示着观察大学生的独特线索和视角。如果将这一视角置于情感领域不难发现,大学生的情感已经远远溢出了传统框架,展现出鲜明的代际性、发展性特征。让年长一辈热血奔腾、心潮澎湃的,年轻人可能漠然视之;而年长一辈觉得"看不懂"、不可理喻的,年轻人可能甘之如饴,不同代际之间难以用推己及人的方式进行相互理解。成伯清将这种代际间的变化概括为"从理想主义激情到消费主义狂欢"①,消费主义式

———————

① 成伯清:《代际差异、感受结构与社会变迁——从文化反哺说起》,载《中国社会学会社会建设研究专业委员会2015年学术年会论集》。

的情感结构并不刻意追求崇高、宏大、无私、光芒四射,而是强调审美、游戏、轻松、欢愉,也述说焦躁、迷茫、无聊、厌倦、冷漠、抑郁、失望等微观情感;不仅如此,理想主义采用宏大叙事,强调总体性、宏观理论、普遍性;消费主义采用个人叙事、"草根"叙事和日常生活叙事,强调零散化、差异性、欲望化、非理性化、非崇高化。从这个角度上看,热血、亲密、回避、戏谑、补偿等情感都是可以言说的,映射在"燃""丧""嘲""爽""粉"系之中,成为独特的情感类型。这些情感类型未必在大学生的情感结构中占据主导性,但它们确实是新鲜的,与大学生在当下生活境遇中的新体验、新价值、新意义、新关系相联系,蕴含着新时代大学生"一种社会体验和关系的独特性质,这种独特性质历史性地区别于其他独特性质,从而赋予一个世代或时代以意义"①。抛开好与坏、对与错、伟大与渺小等价值评价框架,"燃""丧""嘲""爽""粉"就是现时代大学生总体情感生活中与前代人相异的部分,是他们精神世界的微缩景观。

其次,这些情感类型是相对独立的,"燃""丧""嘲""爽""粉"分别代表某一类情感倾向,指涉大学生在网络世界的某种特定的精神生活方式。任何个体的情感都是一种综合性构成,是多种情感的复合和叠加。"燃""丧""嘲""爽""粉"等情感类型之间是交叉兼容的,大学生在不同情感类型之间游移,时而是"燃"的,时而是"丧"的,时而是"爽"的,时而是"嘲"的,诸种情感集结在具体的个人身上,展现了大学生情感生活的丰富性和流变性特征,也折射着大学生

---

① David L.Morgan, "Focus Group", *Annual Review of Sociology*, 1996, Vol.22.

情感诉求的多重性和多元化特征。历史唯物主义认为,经济基础决定上层建筑。"95 后""00 后""05 后"大学生成长于一个独特的时代语境,他们的情感体验展现出与其生存境遇相适应的新变化,描摹着大学生多层次、立体化的精神图景,呈现出这一代人精神生活的独特性——追求感性自我,关注世俗化的生活世界,反对线性的世界观、人生观和价值观,反对同质化和统一化,追求自我个性和风格。他们习惯于通过感性微观的日常生活叙事来抒发情感,倾向于感性、具象、戏谑、幽默、直抒胸臆式的表达方式。无论乐观还是悲观,愉悦还是郁闷,他们的情感表达往往是诙谐的,是戏谑的,是张扬的,是恣意的。即使被现实所打击,自身处于颓废、孤独、挫败、失落的境地,他们也愿意用一场虚拟狂欢来将自己的情感"挂在网上""放在云端"。当然,我们也要意识到,大学生的情感是迁变的、易逝的、不稳定的和不均衡的,不同的大学生个体情感之间是异质的、相悖的,甚至同一人在不同阶段的情感都充满着变数,有些情感是破坏性的,有些是建设性的,有些是温和的,有些是激烈的,总是处在不断调整之中,书写大学生情感生活的内在矛盾性倾向及其张力。"当你感受到一种情绪时,你永远不会出错。情感总是正确的"①。我们时常看到大学生情感的两极,譬如"社恐"与"社牛"、"e 人"与"i 人"、"内卷"与"摆烂"、"躺平"与"躺赢"、"小确幸"与"小确丧"、"鸡汤"与"反鸡汤"、"emo"与"反 emo"、"致郁"与"治愈"等,我们很难判断在这样矛盾的情感格局中,哪种情感占据主要,哪种

---

① 陈食霖:《论西方生态学马克思主义对消费主义价值观的批判》,《江汉论坛》2007 年第 7 期。

占据次要,这些情感或许都同时并存于大学生群体之中,抑或并存于每一个具体的大学生个体身上。事实上,大学生并非绝对处于情感的某一极上,绝大部分处于中间的、过渡的地带,偶尔心生波澜,偶尔激动亢奋,但最终归于平静平和,这是正常学习生活的基本条件。因此,我们要客观理性地看待大学生的情感矛盾性特征,这是他们成长过程中必经的阶段,是在各种情感之间寻求动态的稳定与平衡,是在颓废和彷徨之中尚有满腔热血,是在重重阻力之下依然心怀梦想。习近平总书记也指出,"这是青年成长的规律,我们要尊重这个规律"①,给予他们充分的理解和包容,允许他们适度宣泄,创设有利于他们情感发展的社会环境,化解偏狭性、极端化情感,是引导大学生健康成长的良策。

最后,大学生情感发展的矛盾性特征,还体现在线上与线下情感的撕裂。当日常生活不断向虚拟空间迁移,真实、面对面的交往被数字连接、云端交流、虚拟陪伴所取代,大学生情感和社交模式正悄然发生着结构性变化。一方面,大学生线上连接、沟通和交往的频率、广度和范围迅速扩张,在线情感更加易得;另一方面,现实生活中,人际交往逐渐减少,疏离、困扰和焦虑感日渐加剧。"线上热闹,线下落寞"似乎成为无法逃脱的矛盾处境。雪莉·特克尔将这一处境描述为"群体性孤独",试图反思数字媒介对日常交往和情感生活的侵蚀,"数字技术用在线联络代替了面对面交谈,把复杂鲜活的人际交往化约为简单高效的连接;把借助身体展演的自我呈现变为虚假失

---

① 习近平:《在纪念五四运动 100 周年大会上的讲话》,人民出版社 2019 年版,第 13 页。

真的自我表演;把亲密关系弱化为仅仅是联系;网络亲密滑向网络疏离。结果是人们希望技术助其从现实关系中解脱,实际却加剧了交流的不确定感和人的孤独体验"①。事实上,部分大学生正陷入这一怪圈:他们一边在网络上杂谈闲聊、插科打诨、喧嚣无比,一边感叹"现实中一个朋友都没有";一边 Po 出美妆、美食、美景,一边自称"尴尬癌""社恐人社恐魂,社恐不想见到人";一边"扩列""养火""入圈",一边自我嫌弃、自我嘲讽、自我矮化。"现实中我唯唯诺诺,网络上我重拳出击",凸显着情感发展上的反差和撕裂感。网络上的"燃""丧""嘲""爽""粉"情感以亢奋、欢腾的方式释放出来以后,却发现似乎无人对此回应和给予关心,数字身份的背后仍旧横亘着不可逾越的心灵阻隔。在线情感,看似触手可及、充满魅力,使人与人的互动简单化、泛在化、高效化,却也将人淹没在海量、漂浮、短暂、随机的信息洪流和关系旋涡中不能自拔,止步于机械式的点赞、空洞式的祝福、滤镜式的美好、刷屏式的狂欢,在欢腾和喧嚣声中把大学生推向漫无边际的孤独境地,制造出越狂欢越孤独、越连接越迷失、越交流越退缩的吊诡景象。网络情感,充满着魅力和魔力,却终究无法消解和替代现实的社会关系,尤其是那些根本的、作为生存基础的社会关系及其带来的深沉厚重、无功利性、温润人心的亲密情感,"这些情感平时未必诉诸花团锦簇的语言,但在关键时候却能成为你的雪中之炭"②,当身处困境或需要帮助时,顷刻显现出庞大的活

① 刘婷:《在线社交中的身体悖论》,《新闻界》2018 年第 10 期。
② 彭兰:《沉迷数字空间可能会让心灵退化"数字自我"沉醉了谁》,《人民论坛》2013 年第 4 期。

力与支撑力。

"生活是否美好也许是个人的主观感受,但人不是、也无法独自生活,而是必然置身于世界当中。只有获得世界的支持,人们才能朝着美好的生活持续存活下去"①。身处数字化、网络化时代,大学生的情感表征发生着与时代同频的变化,也呈现出与代际共振的倾向,"燃""丧""嘲""爽""粉"仅仅是大学生五彩斑斓情感世界的一个缩影、一个部分,是外显和提取出来的几缕线索而已,大学生的情感世界要远比"燃""丧""嘲""爽""粉"复杂得多、丰富得多、完整得多。要陪伴和引导他们走向更美好的生活,尚需深入他们完整的情感世界,去触碰更加细腻丰富的情感体验,为新时代大学生的情感发展描摹一幅更加生动的全景图。

---

① [德]哈特穆特·罗萨:《新异化的诞生:社会加速批判理论大纲》,郑作彧译,上海人民出版 2018 年版,第 13 页。

第五章　新时代大学生网络文化的价值表征

　　"网络文化将在未来世界中具有越来越重要的分量,它的重量将在未来的岁月中逐渐显示出来"。① 对大学生而言,网络文化和日常生活,并不是两个孤立的事物,它们深深联系在一起。网络文化并非外在于日常生活,而与日常生活融于一体,"不仅构成人们存身的社会文化环境,更作为社会结构之上层建筑和意识形态,并通过意识形态特有的运行与操控机制对人之成为'何人'进行召唤"②。网络文化的核心是价值观,其中蕴含着对生命价值、生活意义的理解,蕴含着是非、好坏、善恶、美丑的价值判断。无论段子、弹幕、表情包与流行语文化,抑或动漫、游戏、轻小说与二次元文化,任何一种网络文化类型都包含着一定的价值观,都或多或少、或隐或显地承载着价值

---

　　① 王岳川:《网络文化的价值定位与未来导向》,《四川师范大学学报(社会科学版)》2004 年第 5 期。
　　② 鲍海波、赵亚强:《媒介文化研究应关注的若干问题》,《陕西师范大学学报(哲学社会科学版)》2023 年第 1 期。

观。可以说,网络文化不仅是新时代大学生文化生产和精神交往的重要形式,也是他们建构价值观和意识形态的鲜活载体。网络文化具有无可比拟的覆盖面、传播度和影响力,成为新时代大学生价值观最集中的提供者、体现者和塑造者。

第一节　审视大学生网络
文化的三重视角

　　网络文化如此丰盛绚烂,令大学生流连其中;网络文化如此外延宽广,以至于我们不能用单一视角去理解它,而必须秉持辩证分析的立场。首先,从主体角度出发,它是以大学生为主体的年轻一代的媒介文化实践活动及其结果,是大学生精神追求和文化创造力的集中体现,是新时代精神文明发展的显著标识之一,是价值创新的风向标。其次,从文化角度出发,它本质上是一种娱乐性、消遣性、消费性的文化,面向世俗生活,以个体叙事和日常生活叙事为主,充满着碎片化、平面化和游戏性的特质,具有去理性化、去深度化、去崇高化等精神倾向,附着和裹挟着功利主义、享乐主义、消费主义、虚无主义等形形色色的价值观,它是各种观念、思想的集散地。再次,从传播角度出发,它承载着价值观碎片,是对意识形态的隐喻表达,与宏大叙事不同,网络文化传播价值观的方式是流动的、隐性的、不可见的,往往作用于日常生活的微观世界,隐藏于日常活动中的社交、消费、交往之中,以无意识的方式潜入大学生价值活动的深处,产生持续、恒久却又不易觉察的影响,它是意识形态的隐蔽阵地。一言以蔽之,网络文化是各种价值观对话、冲突和融合的重要场域。从主体、文化、传播三重视角出发,才能全面而立体地透视网络文化及其价值观意涵。

一、主体视角:作为一种创造性实践

网络文化,是以互联网为媒介、以青年为主体、以文化信息为核心,在开放的网络空间中自由地进行多样文化信息的生产、传播、交流和创造,由此产生的精神文化成果,影响和改变人们的认知方式、行为方式、思维方式的实践活动。面对新兴的数字技术,大学生展现出了高度的智慧和创造性,他们超越了现实世界的限制,参与、设计出虚拟的身份、虚拟的符号、虚拟的关系、虚拟的社群、虚拟的文化,这些都是网络文化的基本构型。在网络世界中,不同的世界观、价值观、信仰观、人生观并存。它们经过网络技术的处理后,转化为表情包、流行语、图片、音视频等符号系统。大学生具有极大的热情和想象力,利用网络符号衍生出此起彼伏的文化景观,不断拓展网络文化界域。

大学生不仅改造和利用既有文化符号,也将自己的认知、情感和价值观以数字化的方式表达出来,使得文化符号打上主体意识的烙印,展现出极强的创造力,衍生出一系列富有时代气息的文化符号。"网络世界中任何一种新鲜事物的产生无不是为了满足人们的现实性需要或现实中不可能满足的需要……它体现着人的目的性,体现着人的价值追求和价值赋予"①。互联网是大学生驰骋的虚拟疆域,他们得以突破时空限制,将自主性、能动性和创造性发挥到极致,将文化创造视为自我实现、自我完善、自我发展的一种方式,尽情创造五彩斑斓的文化世界。追溯互联网络文化发展脉络,Web1.0时代,大学生就是使用互联网的主流人群," ;-)"(眨眼微笑)、">(<"(任性)、"^_^"(微笑)、":("(难过)、":-@"(惊讶)、"@-(-@"(震惊)、"886"(拜拜啦)、"BT"(变态)、"斑竹"(版主)、"94"(就是)、"FT"(晕)、"4U"(为你)、"520"(我爱你)、"美眉"(美女)、"酱紫"(这样子)等无不带有浓郁的青春叙事和校园叙事色彩。对早期进入互联网的大学生而言,这些新奇别致的文化符号宛如他们参与创造的虚拟"艺术品"。在数字技术的迭代变革中,大学生紧随潮流,率先充当新媒介的体验者,参与创制出段子、弹幕、表情包与流行语文化,动漫、游戏、轻小说与二次元文化,爱豆、网红、虚拟偶像与粉丝文化,国潮、国漫、国艺与新国风文化,抖音、直播、短剧与视频文化,搭子、圈层、晒秀与社交文化,佛系、内卷、淡淡与心态文化等新文化类型,"没有人发号施令,但是到目前为止,它所有的部分都日渐进步令人叹赏"②。无疑,大学生具有创造文化的内驱力和主动性,是网络文化蓬勃发展并将愈加多彩的重要主体力量。

社会存在决定社会意识。大学生文化创造的主动性源于他们的

① 刘同舫:《网络文化的精神实质》,《天津社会科学》2005年第6期。
② [美]尼葛洛庞帝:《数字化生存》,胡泳等译,海南出版社1996年版,第211页。

日常生活经验。文化创造,本质上是将日常生活中的认知、情感、价值观转化为文化符号的实践活动,是生活经验与文化生产结合的过程。换言之,网络文化是大学生日常生活、精神体验的摹刻和映射,与他们所认知的社会道德、思想观念密不可分,这是在海量驳杂的网络文化海洋中甄别大学生文化特质的依据。简言之,网络文化的特殊性是由大学生群体的特殊性所决定的。大学生处于独特的人生发展阶段,是最有朝气、最富激情、最有想象力、最有创造性的人群,处于人生的"拔节孕穗期"。这一阶段,他们的身体和心灵"狂飙突进",思想活跃、思维敏捷,观念新颖、兴趣广泛,探索未知劲头足,接受新生事物快,主体意识、参与意识强,最深刻、最强烈地感到生机和活力,但也感性、冲动、张扬,有着更多的内心矛盾和冲突,"容易从自身角度、从理想状态的角度来认识和理解世界,难免给他们带来局限性"①。大学生身心发展的二重性决定了他们参与文化创造的主体性特征,也决定了他们创造文化的主题指向和价值立场。具体而言,大学生网络文化以自身生活、生存和发展为主线,尝试构建和呈现自我意识,关涉"我是谁"这一根本问题。他们以"生活政治"取代"解放政治",关注的议题焦点从政治领域和公共问题转向生活领域和娱乐问题。② 以"95后""00后""05后"为主体的青年人群,普遍存在八类社会心理特征,即焦虑、从众、网络消费、泛娱乐化、显摆、孤

① 习近平:《在纪念五四运动100周年大会上的讲话》,人民出版社2019年版,第13页。

② 王佳鹏:《从政治嘲讽到生活调侃——从近十年网络流行语看中国青年社会心态变迁》,《中国青年研究》2019年第2期。

独、戏谑和成人化。① 这些心理在网络文化中得以呈现,当前盛行的丧文化、搭子文化、圈层文化、粉丝文化、晒秀文化、淡淡文化等,无不是关于"自我"的探索,无不是关于自我价值与困惑的追问,无不是大学生心理的映射,"涉及到我是谁或我们是谁、我在哪里或我们在哪里的反思性理解"②。对大学生而言,"自我"包含现实自我和理想自我,前者表征"我"的实然状态,"精神内耗""破防""小镇做题家""海待""卷死"等,都是关于现实自我的描述;而后者表征"我"的应然状态,"爽文""打怪升级""玛丽苏""虚拟偶像""二次元"等,都隐匿着关于理想自我的投射。大学生在参与文化创造中,常常将公共自我意识和私人自我意识相交叠糅合,前者是个体把自己作为社会对象时的自我意识,"出征""国风""燃"是大学生公共自我意识的展现;后者则指个体强烈关注自己的思想和感受,将注意力集中在个人的内部状态上,"晒""emo"是私人自我意识的外显。无论何种自我意识,都是对社会现实的反映和投射,其中既有积极、青春、阳光、率真的一面,也有消极、阴郁、矛盾、低沉的一面,这是时代和社会发展的不同剖面的具象化体现。"每一时代的理论思维,包括我们这个时代的理论思维,都是一种历史的产物,它在不同的时代具有完全不同的形式,同时具有完全不同的内容"③,文化亦如此。新时代

---

① 何天雄:《从网络流行语看"00 后"青年群体的社会心理及其启示》,《北京青年研究》2021 年第 2 期。

② 周晓虹:《认同理论:社会学与心理学的分析路径》,《社会科学》2008 年第4 期。

③ 恩格斯:《自然辩证法》,中共中央马克思恩格斯列宁斯大林著作编译局译,人民出版社 1971 年版,第 27 页。

大学生通过网络文化宣告着自身的主体性、创造性和主动性,宣告着关于"我""我们"及这一代人的心声,是他们文化创造力的显现;其中涉及的更加细致、微观、类型化的特征,则是他们利用自我意识对时代发展和时代问题的观察、回应。

二、文化视角:作为一种消费性文化

"消费即文化,文化即消费"[①]。就时代特征而言,网络文化是一种消费性文化,是以精神消费作为主要目的的文化形态。在网络文化消费中,大学生具有极强的自主性,拥有消费独立性、选择权和话语权,决定消费何种文化以及如何消费,网络游戏、网络动漫、网络音乐、网络直播、网络微短剧等,都是大学生可消费的文化产品。《第53次中国互联网络发展状况统计报告》显示,网络视频(含短视频)、网络直播、网络音乐、网络文学在全国网民中的使用率分别为97.7%、74.7%、65.4%和47.6%,这一比例在大学生中更高。应该说,网络文化消费偏重心理或情感上的满足,注重从物质消费向精神消费的转向,这是大学生精神外化的一种集中体现。

就内容来看,娱乐性、消遣性是大学生网络文化消费的底色。娱乐是指快乐有趣的活动;消遣范围更广,不仅仅是为了娱乐,还具有自我表现、自我解脱、自我排遣的目的,是以自我为中心的打发空闲

---

① 尹世杰:《消费文化学》,湖北人民出版社2002年版,第33页。

时光的方式。网络文化消费,是以大学生的意愿为中心的主动消费行为,这一行为本身并不追求真善美的永恒价值,而是强调感官欲望的满足,因而往往表现出易得的、即时性、感官性、碎片化和无深度等特点。大学生一面追求感官快乐,一面进行即时性遗忘,以便于去追求更新的、更强烈的感官上的快乐,获取快乐的阈限不断提升,"在每次激情澎湃、刻骨铭心之后,倘要再达到类似境界,必须借助于更为奇异或强烈的刺激。这就使得在享乐消费中,存在着追求新奇性乃至嗜新症的倾向"①,以至于网络文化在规模、内容和形式上都不得不推陈出新、升级迭代,以满足大学生不断增长的娱乐消遣的需求。回溯网络文化发展的历程,从第一个网络流行语诞生至今,网络文化的类型、结构和样态实现了量级飞跃,那些较具娱乐消遣性的文化样态被传递下来,成为网络文化总体结构中最具稳定性和基础性的部分,如互联网早期就诞生的"火星文""痞子蔡""一个馒头引发的血案"及其表征的网络流行语、网络文学、网络恶搞等,至今仍有极强的生命力,是大学生网络文化的重要类型。在时间长河里,网络文化的根茎上蔓延出海量的新景观、新样态,呈现出风格林立、格调多元的局面,饭圈、二次元、表情包、玩梗、躺平、丧、盲盒、祖安、杠精、弹幕、鬼畜、恶搞、同人、污、审丑、宅等,林林总总、混杂糅合,没有中心,没有边界,持续不断地创新、变异、重组、繁衍,汇聚成现象级的网络景观,为大学生的消遣娱乐带来了自由选择的充足机会,为他们在异质文化间游走、体验和享受创造了前所未有的广阔舞台,为每一个

---

① 成伯清:《当代情感体制的社会学探析》,《中国社会科学》2017 年第 5 期。

个体都能根据自己的偏好、兴趣、审美和品味去参与网络文化提供了无限可能,当然也为网络文化充分地占有大学生的闲暇时间做好了准备。

就形式来看,"刷"是大学生网络文化消费方式的生动镜像。刷网剧、刷视频、刷 QQ、刷微博、刷直播、刷朋友圈,大学生通过以手机为代表的移动互联网设备,随时随地接入网络空间中,在其中学习、交往、娱乐、消遣,随时随地的"刷"贯穿于网络文化的生产、流动、消费的全过程。网络文化以海量碎片的方式存在,在大学生有意无意的刷屏中流动。形形色色的文化符号和虚拟图像填充了大学生闲暇时间,重构了感官系统,在"刷"不到底、"刷"无止境的诱惑中,个别大学生沉浸在数字奇观中,忘记时间与空间,模糊真实与虚拟,停止追问与思考,自然而然地接受"刷屏"体验及其赋予的一切,认知、情感、价值观在无形之中得以模塑。"刷"不仅折射出网络文化消费的速食性特征,生动隐喻着文化消费速率加快的事实,更折射出大学生精神生活的时代性特征——个体化、流动性、空间化、视觉化、消遣化、同质化、去深度化、去理性化、去目的化。以刷剧为例,为在短时间内密集、高频地观看多个剧,大学生往往以桥段、梗、反转等"流量密码"为主线,以自助式、跳跃式的内容消费方式来压缩信息密度,在最短的时间内获得认知效率的最大值,实现文化消费的加速化和海量化。在网络文化海量供给的境遇中,很多大学生徜徉其中,尽情地择取任何一种文化形态,匆匆而过,随机浏览,在漫无目的之中"偶遇"某种文化。这种文化消费形式显然是弥散的、非聚焦的、无目的性的。在无意识状态下进行文化消费,既没有既定的目标设定,不刻意关注"刷到什么""产生什么体验",也没有明晰的价值评价,不会对网络文化质量的优劣高下作出判断,仅仅是无所事事的神游,"抖音 5 分钟,人间 1 小时"或许就是这种文化消费体验的传神描述。

以消遣娱乐为主的内容,以"刷"为主的形式,是消费文化介入大学生生活世界的途径。所有的精神文化的价值都隶属意识形态,或蕴含某种社会意识形态,而一切意识形态都秉持自己的价值属性或价值取向。① 网络文化消费的精神实质没有变,实现形式却日益加速化、重复化、格式化,这套机制使得感官快乐的获得变得更快、更密集、更无意识,也使得网络文化消费行为之下隐蔽着的社会思潮——享乐主义、消费主义、泛娱乐主义对大学生的精神布控更隐蔽、更有力、更难以察觉。"身处于文化消费时代的个体投身于文化消费之中,以消费为手段满足自己的精神需要,将文化消费作为彰显身份、张扬个性的方式,最终迷失于虚假的文化需求之中并被文化产品所统治,丧失了人的主体性"②,尽情消费、享受消费,部分大学生潜隐而微妙地受到诱导,陷入消费的冲动之中,罔顾消费的实质内容和潜在后果。他们在网络微短剧、网络直播、网络小说之中穿梭,在玄幻、穿越、重生文中游弋,在网络恶搞、网络自嘲、网络热梗之间嬉戏,甚至对污文化、审丑文化、祖安文化等不加辨析地照单全收,"精神活动在景观化的情景中逐渐被平面化和物象化而丧失了自身的内

---

① 欧阳友权:《网络文学论稿》,岳麓书社 2009 年版,第 258 页。

② 任鹏、丁欣烨:《文化消费主义思潮对当代青年学生价值观念的消极影响及其应对》,《思想教育研究》2018 年第 4 期。

在性、丰富性和批判性"①,精神发展在一定程度上偏离了既定的轨道,与温润心灵、培育美德、陶冶情操、塑造理想等终极价值背道而驰,与崇高、理性、深度渐行渐远,堕向了空虚、低俗、浅表的境地。网络文化,终究是一种消费性文化,在汲取快乐体验的同时,也黏附和裹挟着消费主义、泛娱乐主义加速演进、样态迭起,在"指尖触碰"和"数字狂欢"中演绎成现象级热潮,构筑起炫目、流行、普泛的精神生活样式,令年轻一代中的一些人沉浸其中,成为其追随者和忠实拥趸。"消费主义思潮也是一种意识形态,只不过是一种感性化的意识形态。'温水煮青蛙',消费主义的潜移默化作用更不容小视"②,这种影响不是疾风骤雨式的,不是昭然若揭式的,而是潜移默化式的,借助于刷屏式的符号消费来实现的,借助于吸引、同化、感染、效仿等手段,以自愿、愉悦的方式获得,影响力更深刻持久,对精神世界的渗透不容小觑。马克思指出,消费是人的感性表现,是满足内在需要、实现自身发展的手段,追求"对人的本质的真正占有"③。只有那些符合人性、增进主体性、推动人自由而全面发展的实践,才是真正自主、自觉、有意义的。以此为指引,去反思和检视网络文化消费行为,优化消费内容和方式,让文化消费成为美好生活的一部分,在当下具有别样的意义。

---

① 邹诗鹏:《现时代精神生活的物化处境及其批判》,《中国社会科学》2007年第5期。
② 余保刚:《消费主义思潮的困境与超越》,《南京师范大学学报(社会科学版)》2016年第6期。
③ 《马克思恩格斯文集》第1卷,人民出版社2009年版,第185页。

三、传播视角:处于一种算法化语境

网络文化负载着价值观,是价值观对话和冲突的重要场域,任何一种网络文化实践都承载着一定的价值观,或显或隐地传播着价值观,"一种价值观能否在社会中产生广泛影响,并不仅仅取决于其与社会主体利益需求是否相符,还取决于它的传播,包括传播范围、传播方式、传播手段和传播策略等"①。当前,在数字化、智能化的语境下,尤其是在精准算法机制的介入下,网络文化及其价值观的呈现方式和传递路径发生新变化,呈现精准化、弥散化、隐匿化的新趋向,甚至在一定程度上加剧价值观异化倾向。

作为一种新技术工具,推荐算法风靡资讯、社交、短视频、搜索引擎等 App,成为主导信息传播的幕后力量,掀起"现象级"热潮。无论微博"热搜"、微信"看一看",抑或知乎"关注页"、抖音"话题标签池"等,无不受到推荐算法的支配,大学生沉浸其中却不自知。"算法就像'黑洞',我们能清晰感受到它的影响但却并不能对其内部一窥究竟"②,厘清算法的技术原理和运作机制显得尤为必要。简单地讲,算法是完成特定任务的指令,是利用代码设置、数据运算和机器自动化判断进行决策的一套机制③,其中推荐算法备受推崇、占据主

---

① 陶东风主编:《当代中国大众文化价值观研究》,中国社会科学出版社 2020 年版,第 154 页。

② 王贤卿:《以道御术:思政教育对智能算法技术弊端的克服》,《毛泽东邓小平理论研究》2021 年第 2 期。

③ 丁晓东:《论算法的法律规制》,《中国社会科学》2020 年第 12 期。

流。常用的推荐算法包含基于内容推荐、协同过滤推荐、热点排行推荐和组合式推荐等四种类型,围绕信息的标签化处理和用户的大数据画像,抓取网络文本,追踪行为痕迹,复刻兴趣图谱,挖掘潜在需求,从而持续推送符合个体偏好的内容。应该说,推荐算法像一只"看不见的手",主导信息筛选的标准、机制和决策参数,助益大学生在海量、碎化、无序、泛在的内容池中进行精准定位,快速抵达"关注""喜爱""想要看"的界面,实现人与信息的个性化匹配,展现出无可比拟的技术优势和应用价值。无论承认与否,大学生都深度卷入推荐算法的运行框架,这是不可抵挡的潮流与事实。然而,循着光鲜繁盛的表象,可以发现推荐算法已经远远超越技术工具论的范畴,深度勾连并嵌入意识形态之中,实现认知、情感和行为的无意识塑造,成为大学生价值观建构的新中介、新变量。算法即权力,推荐算法催生的权力形态,隐匿、强大却不可描述,经由日常、重复性的网络行为悄然对大学生进行着操纵与布控。一方面,推荐算法内隐设计者的价值倾向和主观意图。"算法的运用是人类所主导的,带有人类的价值观,常受到来自经济、政治等非技术力量的影响,在看似客观的代码中运行着人的意志"①。平台、运营商和算法工程师在设计、编程、决策、执行算法时,必然涉及不同价值观的甄别、排序和取舍问题,都会有意无意地注入个人判断,甚至夹带偏见和谬误,从而使得推荐算法天然具有某种价值观缺陷。另一方面,推荐算法影响价值传播的样态与流向。"信息的富裕造成注意力的匮乏,因此我们需

---

① 陈昌凤:《让算法回归人类价值观的本质》,《新闻与写作》2018 年第 9 期。

要在丰富的信息源中有效配置注意力"①。凭借分类、筛选、排序、过滤等内置程序,推荐算法巧妙地决定着哪些信息可以被显现以及是否优先显现等,不断放大或遮蔽大学生对特定信息的注意力,影响他们关于是非、善恶、美丑、真伪的判断。不得不承认,这种运作机制隐蔽、不可见,令人无法察觉也无力反抗,是一种不露痕迹但又影响至深的驯化。不仅如此,推荐算法自诞生起,就与平台、广告、流量、粉丝、红包等盈利模式深度嵌合,充当资本的"吸金术",追求商业利润,忽略崇高意义和公共价值。因此,当高度依赖于推荐算法所支配的虚拟生活时,我们应清醒地意识到,"算法也有价值观",技术力量正强势介入并深度塑造大学生的思想行为。

对于"网生代"大学生而言,从社交娱乐到文化消费,从信息获取到价值生成,从情感体验到行为方式,无不受到算法裹挟,由此引发潜在的异化倾向。其一,精准"投喂"与价值主体弱化。在算法架构中,人人皆可量化,人的行为皆可计算。无论是性别、年龄、相貌等基础资料,或是浏览、点赞、评论等行为痕迹,甚至意见、利益、趣味等价值立场,都会被算法捕捉并标记为数据,经过关键词抽取、内容聚合、情感分析和模型建构等既定程序,汇聚成海量数据库,据此进行"私人定制"式的内容分发。当前通用的算法模型,如 PageRank、EdgeRank、NewsFeed、Matrix Factorization、Factorization Machine 等在技术细节上存在差异,但在挖掘和操纵数据上却高度一致。"世界

---

① [美]詹姆斯·韦伯斯特:《注意力市场:如何吸引数字时代的受众》,郭石磊译,中国人民大学出版社 2017 年版,第 7 页。

不再以我们能够理解的方式来表达,它已经被数据化了,任由算法阐释,按照控制论的方法重新配置"①。个人需求、情感、信仰不再重要,独立思考、判断、创造不再重要,价值观正确、主流、崇高也不再重要,这些都统一交付给了算法;大学生变成算法数据中的某个点、某个标签或某一类型,变成单一化、同质化的虚拟存在而已。与之相应,算法利用技术"黑箱"和后台程序的不可见性,决定着大学生看到什么、需要什么、赞同什么,代替他们进行价值排序和价值选择。其二,流量争夺与价值理性消退。在技术光环之下,推荐算法从不掩饰对资本和利润的追逐,把"流量为王"奉为圭臬。

资本裹挟下的推荐算法,早已偏离客观、中立的立场,异化为资本增殖的工具。"资本害怕没有利润或利润太少,就像自然界害怕真空一样"②,推荐算法隐含着逐利、竞争和信息垄断特性,将其外化为流量指标,以此牵动市场、刺激消费。为最大程度地收割流量,商业资本不惜采用工业化、流水线模式,批量生产无聊、无脑、无意义的内容,利用算法分发给大学生,进行隐蔽且持续的价值诱导,致其陷入肤浅、空洞、贫乏的精神境遇,失去对严肃、崇高、理性的主动追问,造成工具理性对价值理性的僭越。正如鲍德里亚所言,"我们被技术操纵简单化了。进入数字操纵阶段之后,这一简单化进程变得疯狂起来"③,大学生轻触指尖的转评赞行为,都受到资本监控,转化为

---

① ［美］约翰·切尼-利波尔德:《数据失控:算法时代的个体危机》,张昌宏译,电子工业出版社 2019 年版,第 229 页。

② 马克思:《资本论》第 1 卷,人民出版社 2004 年版,第 871 页。

③ ［法］让·鲍德里亚:《为什么一切尚未消失》,张晓明、薛法蓝译,南京大学出版社 2017 年版,第 88 页。

可追踪、可计算、可变现的商品要素,为流量上涨和资本谋利积累着底层资源。其三,娱乐泛化与价值导向错位。娱乐,是算法平台的核心框架,是大学生信息消费的主要方向。当前主流的算法平台,如微信、B站、知乎、头条、小红书等,往往遵循快乐原则,提供大量轻松幽默、戏谑夸张、猎奇刺激的内容,各种八卦、噱头、内涵段子层出不穷,博人一笑、打发时间,满足大学生快速娱乐的需求。"为了提升消费能力,决不能让消费者休息。他们需要不断被置于新的诱惑之下,以便于一直保持激动状态,永远不让兴奋萎缩"①。让大学生满怀欲望、热衷消费、对娱乐信息唾手可得,推荐算法显然是最具魔性的利器。大学生越喜欢搞笑娱乐,它就越不停地推送;从中获得的快感越多,对算法的依赖程度也就越深。一些自控力差的大学生,不由自主地着魔上瘾,直呼"有毒""时间杀手""根本停不下来",沉溺于"洗脑神曲""臭梗烂梗""沙雕段子"中无法自拔。在泛娱乐化语境下,大学生更愿意沉溺于即刻的、肤浅的、一次性的快乐之中,深陷消费、享受的精神怪圈,不可抑制地走向空心化和虚无化。"低俗不是通俗,欲望不代表希望,单纯感官娱乐不等于精神快乐",过度娱乐、推崇本能、张扬感性、蛊惑消费,这些与社会主流价值观相悖,无形中引发个别大学生精神生活的迷乱与错位。其四,认知固化与价值共识撕裂。就个体而言,往往倾向于接触那些与固有观念、喜好和态度相吻合的信息,而抵触相异相斥的信息,这是由人的选择性心理所决定的。"人们因为各种偶然机遇形成了各种初始信念,这些初始观念

① [英]齐格蒙特·鲍曼:《工作、消费、新穷人》,仇子明、李兰译,吉林出版集团有限责任公司 2010 年版,第 67 页。

成为他们来判断接收到的信息的认知框架"①,推荐算法正是利用这一心理特点,推送大量同主题、同语境、同价值观的信息,致其陷入一种盲目的认同和满足之中。

事实上,长期摄入片面、单一、同质的信息,会带来认知固化、视野狭窄和自我孤立等潜在风险。一方面,推荐算法对信息筛选推送时,自动划分为"猜你喜欢""个性推荐"或"猜你不喜欢""不感兴趣"等不同类型。大学生往往推崇前者而摒弃后者,只看自己想看的东西、只听自己想听的声音,接触不到异质多元的观点,无法窥见事实全貌,仅仅根据自己掌握的有限信息进行判断,容易陷入以偏概全的认知误区,思想倾向由开放、活跃走向封闭、排他,甚至走向僵化、极化。另一方面,推荐算法偏重私人、琐碎的生活旨趣,对新奇、怪异、富有争议性的话题倍加推崇;却疏于关心公共领域,对宏大、主流、严肃的议题缺乏兴趣。大学生年纪尚轻、社会认知不够全面,又处于价值观形成的关键阶段,既有个体、感性、娱人娱己、轻松愉快的心理需求,更有宏观、理性、探究时代、认知社会的深层次需求。然而,受算法推送的影响,大学生容易沉浸在微小琐碎的叙事框架中,对真正重要的社会问题却知之甚少,引发公共精神的失落和社会共识的撕裂。"我们生活在一个算法时代"②。在大数据、5G 和人工智能的支撑下,推荐算法成为一种普遍流行的新技术范式,悄无声息地

---

① [法]让·鲍德里亚:《为什么一切尚未消失》,张晓明、薛法蓝译,南京大学出版社 2017 年版,第 88 页。

② [美]凯斯·桑坦斯:《标签:社交媒体时代的众声喧哗》,陈颀、孙竞超译,中国民主法制出版社 2021 年版,第 8 页。

植入微博、微信、B 站、抖音等媒介平台。推荐算法的风靡与推广,既丰富和变革信息传播样态,又影响并形塑思想、情感和价值观,成为影响大学生价值观的新变量。

由此可见,网络文化中蕴含的价值观是多元并存、复杂多样的,既与大学生本身所秉持的价值观关联,又与数字化、算法化的传播语境关联,既呈现主流化、创造性的部分,也隐匿着边缘性、解构性的倾向,呈现价值观混合、杂糅、流变、交互的图景。对此,我们很难采用化约主义的方法将其归入某种价值观类型,也很难简单化地判定其价值观取向和发展趋向,唯有历史地、语境地、辩证地看待其价值和意义,作出科学、准确的价值判断,才能真正理解网络文化之于大学生、之于新时代的丰富意味,也才能对其作出合乎实际的批判或赞扬。

第二节　网络文化影响大学生
价值观的双刃剑效应

"社会总体文化是由多样文化类型共同构成,相互依傍,相互彰显,相互催化,互为他者,缺一不可。任何一种微不足道的文化形态都可能是'鲶鱼',因其存在而激活总体文化中多元文化创新的活力"①。

---

① 马中红:《青年亚文化:文化关系网中的一条鱼》,《青年探索》2016 年第 1 期。

作为社会总体文化的一种类型,网络文化是在虚拟空间形成、生长、传播和展演的文化形态,是基于网络的文化文本,是新媒介及其文化表征系统的统一。无疑,大学生在网络文化实践活动中源源不断地创生、输出新型文化资源,补充、丰富现有的文化样态及其存在方式,改造社会总体文化的样态、类型、结构和发展路径,像"鲶鱼"一样促动社会文化推陈出新、迭代更易。一方面,网络文化充分激活和展现新时代大学生的文化主体性、能动性,尊重个性、鼓励多元化、提升主体意识、增进社会参与感,展现大学生独特的文化品性、审美趣味、道德理想和精神境界;另一方面,网络文化中充满着新的精神气质、新的话语风格、新的表达形式、新的媒介实践,其中那些积极的、活跃的、创造性的成分,为社会总体文化提供灵感、意义和文化资本,促动大学生价值观不断调整、优化、变革和发展;而那些消极的、负面的、否定性的成分,在一定程度上引发对主流文化的解构、疏离和对抗。可以说,网络文化对大学生价值观的影响绝非单一、单向的,呈现出同化与异化、价值观发展和价值观解构的"双刃剑"效应。

一、同化效应:大学生价值观发展

以"95后""00后""05后"为主体的新时代大学生,是伴随着信息化、网络化而成长起来的"数字原生代",见证了网络技术的迭代升级和媒介形态的演变创新;与之相应,技术的赋权使当代大学生参与创造出丰富多元的网络文化样态,展现出前所未有的主体性、能动性和创造性,促进文化表达方式和内容特质的转向。近年来,网络技术发展迅猛、更迭频繁,催生出微信、短视频、虚拟社群等丰富多彩的媒介形态。大学生是新媒介技术的忠实拥趸,往往领先一步使用新的媒介空间和新的软硬件应用,进而生产各种文化形态,其中表情包、二次元、抖音、弹幕、流行语等无不彰显着大学生的符号创造力和文化话语权。网络媒介作为一种新的权力来源,以赋权赋能的方式鼓励大学生参加网络文化的更迭与创新,促动大学生价值观的衍变与发展。

1. 技术赋权下以个体化方式参与价值生产

社交媒体"通过创造无限的'连接'来构成其基本的运作逻辑,并将不断挖掘和拓宽用户连接的方式作为创造价值的核心途径。这样在深度和广度上都呈现出扩张态势的连接,有赖于无线通信技术和基建设施的快速更迭及广泛普"①。数字媒介是一个开放平台,每个分散、独立的个体都可以向自己的外部完全敞开,实现与其他节点的相遇,社会关系的生产和再生产都以节点与节点的相遇来实现。作为一个独立节点,每个个体都能够自主地创作文本、传播思想理念,从而使文化生产更具自由性、平等性和多元性。熟稔网络技术的大学生不再拘泥于现实空间,也不再受限于一种表现方式,而是恣意游弋于新媒介空间,积极使用媒介技术,参与创制一道道奇特的文化景观。就代际特征而言,新时代大学生从不拒绝标榜个性、独特和自我。他们无比渴望向人展现一个独特的自己,独特的话语、独特的个性、独特的气质,"做与众不同的、更真实的自己"。作为数字技术的

---

① 吴静:《社交媒体平台的政治学:技术、场域和社交传播化》,《山东社会科学》2023年第6期。

忠实拥趸,网络文化恰好满足了大学生的这一需求。正如罗杰斯指出的,自我概念是个人自我知觉的组织系统和看待自身的方式,对于一个人的个性与行为具有重要意义。① 对不同类型、不同样态的网络文化的深度卷入,无不是在宣告"我"的个性特质、情趣品位、身份地位和行动取向,无不是寻求自我认同的实践路径,无不是自我意识的外显呈现。不可否认,网络文化是新时代大学生建构自我意识、彰显自我价值、张扬话语权力的外在表征。"数字化生存"已然来临,新时代大学生利用网络原住民的赛道优势,通过观点表达、信息交互参与文化生产和价值生产,拓展价值观的内涵、边界、结构和形态,实现价值观内容的时代性嬗变。

譬如,"搭子"折射出新时代大学生交往价值观的新趋向——精准化、轻盈化、趣缘化、个人主义式。新时代大学生握着鼠标出生、伴随网络长大,挂在网上、时刻在线,游走于各类 App,活跃于不同圈层,恣意扩列、结识同好、彼此连接、增进亲密。搭子社交的优势在于,一方面凸显"我"在社交中的独特价值和个体偏好,以"我"的兴趣、需求、利益精准匹配"相似的灵魂";另一方面主张权利对等,优先设置双向匹配的目标、规则、流程,在社交范围、边界、分寸、深度等议题上,双方都保有极大的选择权和自由度。年轻一代不再执着于深沉持久的情感模式,不再受限于结构性、程式化安排,不再热衷于复杂微妙的人脉经营,转而追求以我为主、即刻可得、当下满足、自由抽离的情感满足。他们拒绝过度卷入和无效社交,倾向于从自己的

---

① [美]卡尔·R.罗杰斯:《个人形成论:我的心理治疗观》,杨广学等译,中国人民大学出版社 2004 年版,第 168 页。

需求、爱好、兴趣出发呼唤伙伴、招引同好，将亲密关系的需求，切割成无数个浅社交场景，通过微小、琐碎、共情、共鸣瞬间的叠加累积，来获得具体可感、真实可触的美好，建构一种轻盈、快速、自主、精细的陪伴关系，缔结自由、流动、轻盈、可缔结、可公开展示的亲密关系样态，主动塑造开放性、权利性、协商性的关联，带有某种孕育公共性、解放性和平等化的意蕴。作为数字化、网络时代的社交类型，"搭子"背后倾向于对人际关系进行提纯和简化，强调社交边界感与分寸感，较多地体现着大学生自我尺度的倾向，是新时代大学生价值观衍变的生动体现，"随着中国式现代化的推进，青年群体的个体意识和集体意识之间正在寻找新的平衡，'为自己而活'这种原本只被少数人期望的生活态度和生活模式，已经成为很多人的生活原则，在青年身上表现得尤为明显"①。事实上，自我意识和个体主义构成新时代大学生价值观的重要趋向，"个体主义的兴起，是现代社会走向成熟的重要标志"②，这一趋向在数字化、网络化境遇下得以固化和强化，逐渐内化于大学生的精神世界，成为一种愈加显性的价值观。然而，我们要时刻谨记的是，个体主义绝非放纵主义，也绝非对狭义自我的宣扬，"个体主义的信仰是对他人和自我两方的关爱"③，这才是大学生价值观发展的真谛。

2. 关系赋权下以衍生化方式进行文化传输

数字媒介交互性、便捷性、离散化和去中心化的运作逻辑，使得

---

① 廉思：《"搭子社交"：青年社交模式的新表征》，《人民论坛》2024 年第 9 期。
② 冯建华：《数字媒介时代的交流悖论》，《新闻界》2023 年第 6 期。
③ 冯建华：《数字媒介时代的交流悖论》，《新闻界》2023 年第 6 期。

每个个体都成为一个相对独立的"传播基站"。在网络世界中,大学生借助数字化信息符码为中介进行交往,理解彼此传递的信息内容及其包含的情感、意义。大学生"接受了信息,同时意味着……接受了信息的标准、规则、结构和内涵等价值属性"①。伴随着信息符码的流动,大学生本身附着的价值信息和文化资源在交流共享中被充分激活、挖掘、衍生和扩散,大学生依据身份、利益、爱好、价值观等建立圈层、社群和"平台集体",如游戏社群、知乎社群、豆瓣兴趣小组等,通过数字交往打通关系链条,促动价值观传播生态变革。

数字交往塑造了新的社会关系。马克·波斯特讲道,数字技术在社会交往层面引发的最具革命性的改变,在于为人创造了新的身份,或者说创造了新的交往主体。② 现实社会中,每个人都拥有相对固定的社会身份;但在网络空间中,这种身份不仅以数字化方式存在,更呈现多个数字身份并存的态势。譬如,QQ昵称、微信昵称、微博账号、电子邮箱账号、网络论坛中的网名、饭圈中的角色等,这些都是代表个体网络空间身份的数字符码,每一个账号、每一个IP都可以像一个主体一样行动。大学生在使用数字身份活动时,既可以依托于现实身份和社会关系,又可以依托于虚拟身份和数字画像;他们既与现实的人建构关系,也与虚拟的人建构关系。一言以蔽之,大学生可以和具有数字身份的任何物体进行信息交互,并由此形成全新

---

① 喻国明、苏芳:《从认知带宽到价值带宽:元宇宙视域下认知竞争逻辑的重塑》,《西南民族大学学报(人文社会科学版)》2023年第4期。

② [美]马克·波斯特:《信息方式——后结构主义与社会语境》,范静哗译,商务印书馆2000年版,第2页。

的社会关系。大学生建构关系的渠道、维护关系的手段、拓展关系的互动形式都实现了数字化迁移,生存空间无限扩大,身份、交往和社会关系也无限扩张。由数字技术创生的新型社会关系,不断补充和增强现实的社会关系。彭兰将数字技术影响下人与人的关系连接划分为七类,即以内容为纽带的群体互动;以社交为核心的一对一互动;基于游戏的虚拟情境互动;以个体为中心的基于内容的"表演"与"观看";以个体为节点的多链条连接;以产品或服务为中心、中介的"泛连接";借助标签的隐性连接等。① 如此丰富而广泛的连接,在连接规模、纽带及互动方式上各异,在不同方向上满足了大学生的社会关系需求。

数字交往塑造了新的文化实践。大学生网络文化中的场景、规则、身份及其思想、情感、价值观都由数字交往所塑造,不仅同质文化之间充分互动,异质文化之间也实现无障碍互动;不同文化之间碰撞融合,既相互吸纳又彼此对抗,呈现一幅复杂流变的图景。大学生作为文化实践的参与主体,必然在数字交往中不断调整自我意识和个体观念,道德秩序、价值取向、生活方式和文化观念都在数字交往的过程中趋向成熟。数字交往使"各种各样的青年文化团体只是由于兴趣、爱好聚集在一起,他们之间的联系是松散的和多样化的"②。以圈层为例,基于同质吸引、同类相聚的法则相聚,却有着较高的准入门槛、层级制度和用户黏性,展现出私密、紧韧、自组织等鲜明特性。新时代大学生高度活跃于形形色色的网络圈层,事实上,当年轻

---

① 彭兰:《连接与反连接:互联网法则的摇摆》,《国际新闻界》2019 年第 2 期。
② 曾一果:《媒介文化论》,暨南大学出版社 2020 年版,第 204 页。

人加入某种圈层,往往意味着选择、认同并确立该圈层所代表的生活方式和价值观念,"它不是通过线性的论说或意识形态的反思性论证而是通过信息、通信的直接性来运作"①。可以说,圈层所构筑的,是带有长期主义和部落主义性质的文化网络,是网络文化在群体内部进行传输的一种新方式。

数字交往促进了价值观发展。数字交往中大学生之间、大学生与其他社会群体之间进行着即时而高频的价值观互动,其中既包含个体与他人互动中的价值期待,又包含社区、圈层等集体实践中所达成的价值共识,也包含社会公共领域的价值规训,这些交往实践共同塑造着虚拟空间中大学生的行为惯习和价值秩序,规定着大学生的行为边界、互动模式和价值取向,使其获得一种区别于现实社会的、崭新的价值认知和精神体验,传统价值观逐渐被数字价值观所拓展。"一种媒介不是某一种文化借以发挥作用的中立机构,由于其特殊方式,它是价值的塑造者,是感官的按摩师,是意识形态的倡导者,是社会格局的严格组织者"②。数字媒介空间的多元性和无限性使得大学生生活在多重连接和多元文化之中,不同的网络文化主体竞相进行价值观的书写,各种类型的社群、圈层和平台"集体"因此得以繁荣发展,更进一步强化了价值观的参差和多元,使得任何一种新型价值观都有机会被创生和传播。从这个角度来说,数字化、网络化时

---

① 张昱辰:《数字交往与批判理论重构:从意识形态批判到信息批判》,《青年记者》2023年第4期。

② 钟大年主编:《电视跨国传播与民族文化》,北京广播学院出版社1998年版,第4页。

代,大学生价值观的产生过程正发生着微妙变化,个体价值观具有高度的复杂性,是不同社群、圈层、平台"集体"价值观的叠加态,为大学生自主选择和塑造自身价值观提供了无穷的机会和可能性。

3. 话语赋权下以平权化方式张扬文化权力

数字媒介重构的新型公共空间给予个体足够的话语权,为每个人创造可以发声、可以表达的机会,从而激发大学生文化创造力的极大释放。他们可以改变"无渠道说""不想说""不愿说"的边缘、弱势地位,以丰富的文化资本源源不断地创造文化符号资源。

一方面,他们追求话语权利,不断尝试话语创新、话语自主的新通路。互联网为每个个体自由表达提供了更多的可能,每一个接入互联网络的大学生都可以基于自身的兴趣、愿望或利益诉求而进行自由言说,用"年轻范儿"进行文化表达,大胆地运用各类网络平台,创造与传播各类网络话语,以此表达自我诉求、个性、情感和价值观。从抖音到小红书,从直播到短视频,他们不仅活跃其中,更创生种种流行性话语,以此作为与成人世界的区隔,为年轻人与年轻人的互动提供一种话语框架和进入壁垒。新时代大学生乐于、善于并勤于晒秀,随时随地记录生活的瞬间、片段和画面,向他人传递关于自我的信息、状态和感受,修图、发朋友圈、立人设、传视频是惯常和通用的画风。在日常琐屑的吐槽中,在娱乐八卦的胡侃中,在负面情绪的排解中,在时尚话题的跟风中,社交关系得以拓宽和延展,从中获得快乐的精神体验。

另一方面,他们渴望话语权,通过话语的输出、传播以及再生产,引发网络共鸣,以抱团取暖的方式获得更多的流量和关注,以此取得群体团结和社会接纳,确认自身的话语主体地位。"在有话语的地方就有权力,权力是话语运作的无所不在的支配力量"①。网络话语权,是大学生通过网络空间表达自身的意志权利、彰显自身利益诉求而产生的话语影响力。显然,借由网络文化这一通路,源自现实世界、由世俗成就所赋予的话语权威正在消解,而大学生的话语权得以张扬。大学生在社交网络平台分享、晒秀、转评赞中获得正向激励,把以往被抑制、被折叠的情感体验,予以激活、放大,获得愉悦体验,并在他人凝视中赢取欣赏和赞誉。譬如,充满仪式感的瞬间、新奇独特的旅行体验、难得一遇的美食美景、集体应援时亮起的一片灯海、打榜冲榜送偶像巅峰出道等,辅以出片率、关注数、点赞量等量化数据,营造一种狂野、亢奋的情绪觉知,汲取一种成功、成就的体验及获得社会资本的成就感。区别于高度内卷、绩效至上的现实体验,无须在意身高、外表、绩点、考试、求职、就业、恋爱等实际问题,他们通过搭子寻求同质体验,通过消费获得时尚品味,通过黑话行话加入兴趣圈层,即便是盲盒、手办、模型等"潮玩",也能为大学生赢取丰富的社交货币和注目眼光,为他们带来虚拟的认同感、归属感和安全感。从一定意义上说,渴求关注、吸引目光、寻求认同,以构建自我价值感和意义感,这是年轻人张扬文化权力的自然展现。

大学生追求网络文化话语权,不仅进行自我表达、自我倾诉、自我展现,更表现在积极参与社会公共议题的讨论中。理性、规范、有效地行使网络文化话语权,通过对自身话语的无限增量与放量,大学

---

① 王一川:《语言乌托邦:20 世纪西方语言论美学探究》,云南人民出版社 1994 年版,第 241 页。

生群体形成共同意志和集体行动,推动社会公共议题的关注与解决,壮大主流思想舆论,实现主流意识形态与大学生网络文化的双向互构。大学生还利用数字权力,以责任意识、担当姿态和建设性视角,以国风、国漫、国潮、国光等方式,对民族精神和文化自信进行表达,推动中华文明向其他国家输出,实现中华优秀传统文化的创造性转化和创新性发展,在数字全球化场域中讲好中国故事,拓展价值观的国际化视野。

二、异化效应:大学生价值观解构

尽管网络文化在当代大学生群体中的传播程度非常之高,但是他们将网络文化视为一种生活方式,一种"先验"的存在,并未上升至"自觉"层面,对于网络文化本身可能蕴藏的负面因素没有深入思考。面对网络文化中的虚假、错误甚至有害信息还不具备足够的分析、辨别、批判和质疑能力,价值观念容易受其干扰甚至走向偏离。大学生虽然是很好的文化生产者和文化参与者,却不一定是很好的分析者、批判者和反馈者,往往容易受限于数字媒介及其文化形态,甚至带来理想信念、道德觉悟、价值立场、生活态度的"失范"风险。在这种自发、自由的情境下,网络文化对大学生成长的负面影响是显而易见的。

1. 文化定位的娱乐性,促动消费主义价值观的盛行

网络文化蕴含自娱、娱人的娱乐精神,追求虚拟狂欢和感性消费,把消费作为人生幸福的源泉、目的和终极价值。任何可消费的商

品要素都会被纳入资本运行的逻辑之中,成为塑造身份归属、消费品味、审美情趣和价值理念的文化表达方式,不可避免地带来价值的虚无、信仰的荒芜和精神世界的崩溃。以娱乐化叙事掀起文化消费的狂欢,与公共世界逐渐疏远,这与消费主义倡导的观念不谋而合。从根本上讲,消费主义是一种获得感性愉悦的活动形式,它更多地关注欲望释放和感官刺激,以引发新奇刺激的消费体验为目的。大学生在创作和消费媒介文化的过程中,"娱乐"是其首要的精神诉求,感性的快餐式文化取代了深度的理性思考。

然而,网络"泛娱乐化"在丰富拓展虚拟精神体验的同时,黏附和裹挟着形形色色的思想观点和价值取向,尤其是将去崇高化、去公共化、去政治化等错误倾向隐匿其中、弥散渗透,悄然解构青年价值观,滋生意识形态风险。"每个单独的个体都独自经营一个世界,不依赖他人,每个人都处于自我掌控的状态之中"[1],网络文化隐匿着个人主义意识和倾向,他们完全凭借自己的喜好憎恶来对某个观点表达赞同或反对。在当代大学生的媒介文化实践中,并不存在某个占主导地位的价值标准,他们反对线性的世界观、人生观和价值观,反对雷同性和同质化、标签化。他们对多元异质的文化现象和文化价值观充满好奇、主动尝试,这为错误、虚假的价值观进入大学生精神世界提供了可能性。

2. 生产模式的拓殖性,鼓励非(反)主流价值观的渗透接合

网络文化天然具有延伸性和扩展性,从而鼓励多元异质的价值

---

① 吴静:《社交媒体平台的政治学:技术、场域和社交传播化》,《山东社会科学》2023 年第 6 期。

观念并行流播,其中糅杂一些非主流、反主流的舆论、观点,在碎片化叙事的渲染助推下蔓延流播,带来个别大学生价值观念的偏移。"人类思想中的意识形态成分总是与思考者的现存生活环境紧密相连的"①。新媒介的迭代发展,促动现代人的时空境遇由真实转向虚拟,文化发展也呈现由整及散、由大而微的趋势。一方面,外在形态上,以微型、微小、微量的信息介质为载体。冗长复杂、艰涩深奥的"长篇大论"早已不合时宜,而片段化的摘抄、观点碎片的堆积、感性情绪的渲染、影音图像的把玩则广受欢迎。一句话、一张图、一段语音、一个视频等高度浓缩、简化的文本无不承载着丰富元素,成为传递信息的主导形态。另一方面,内在意涵上,偏重好玩、刺激、愉悦的精神体验。原始冲动、本能欲望和直觉快感,最具话题性和传播性,因而成为网络文化的热点内容。一些年轻人不由自主地"只'为眼前'而活,总是通过享受、兴奋、兴趣去打发每个瞬间"②。事实上,社会发展、媒介迭代和文化演进都在昭示,微文本、微叙事和微情感已然成为当下流行的表达范式。一切艰深、费解、复杂的信息都趋向于肢解和碎片化,从而迎合瞬时生产、高速传播、张扬自我和纵情狂欢的内在欲望。然而,碎微化叙事天然轻视理性、反对秩序、否定正统、偏爱解构;久而久之,个别大学生逐渐习惯于感性、零乱、无深度的表达,反而抗拒完整的、统一的深度

---

① [德]卡尔·曼海姆:《意识形态与乌托邦》,姚仁权译,中国社会科学出版社 2009 年版,第 76 页。

② [英]帕特里克·加迪纳:《克尔凯郭尔》,刘玉红译,译林出版社 2013 年版,第 44 页。

思维模式,抗拒严谨的、主流的话语内容,抗拒真理、价值和意义等宏大命题。

3. 文化交往的符号化,弱化主体责任意识

正如鲍德里亚所言,"要成为消费的对象,物品必须成为符号"①。赛博空间在延展价值生产场域、丰富文化表达方式、满足多元精神需求的同时,也在无形中催生一股强大的符号风潮,引得一些大学生竞相追逐。以带有消极颓废、自我嘲讽意味的"丧"文化为例,从"悲伤蛙""长腿咸鱼"等"丧"表情包,到"感觉身体被掏空""我差不多是个废人了""好好活下去,每天都有新打击""咸鱼总有翻身的一天,但翻身之后还是咸鱼"等"丧格言",再到"丧茶""街头丧T"等"丧"产业,俨然升腾成为一种弥散化的校园心态、文化符码和消费景观。可以说,网络文化衍生、演进和更迭的过程,既是象征符号不断创制、叠加和演绎的过程,也是自由个性不断消解、遮蔽和沉沦的过程。无论"丧""佛""锦鲤",抑或二次元、短视频、粉丝文化,无不出自商业资本之手,无不遵循着批量化、同质化的生产流程,无不以释放欲望、诱导消费为目的。表面看来,大学生可以借助各类符号来凸显个性、区分差异;殊不知,"无论怎么进行自我区分,实际上都是向某种范例趋同……并因而放弃了那只会偶尔出现在与他人及世界的具体对立关系中的一切真实的差别和独特性"②。说到底,在消费主义语境中,"我"以及由"我"延伸而来的身份、风

---

① ［法］布希亚:《物体系》,林志明译,上海人民出版社2001年版,第223页。
② ［法］让·鲍德里亚:《消费社会》,刘成富、全志钢译,南京大学出版社2000年版,第82页。

格和品味,无非是资本抽取、提炼并同一化的时尚标签,是媒体反复宣传、不断强化的商品元素,是量身定做、机械复制的身份代码而已。由此,个别大学生在追逐、迎合和使用网络文化符号的同时,逐渐泯灭自由个性,取而代之的是平庸的趣味、泛化的审美和主体性的式微。

网络文化是建构在新媒介上的"真实虚拟"的存在。大学生的文化交往活动没有"在场"的对象作为约束,也不再受时空、身份地位、自然属性的局限,从而走向自由开放甚至"为所欲为",个体的欲望、本能充分张扬,而真实的责任感、道德感趋于隐退。大学生碎片化的媒介文化消费便充分体现了他们对逻各斯和体系化的排斥。在碎片化语境中,有些大学生自觉或不自觉地表露出对理性化、结构化、系统化叙事的偏移,以无序、零散、拼贴、解构式的叙事结构对传统理性的规约和要求提出质疑。显而易见,网络文化的使用者本是一个个分散的个体,不同的观点之间或相互印证、支持,或相互矛盾、对立,它们各自为营、并行不悖,多元化、自由化达到了前所未有的程度。对于世界观、人生观和价值观尚在形成期的大学生而言,面对网络文化及其蕴含的混乱无序的"意见市场",往往陷入雾里看花的迷乱状态,被各种极具诱惑力的、转瞬即逝、看似新奇的观点碎片所牢牢牵制。那些分散的、局部的、零碎的、小型的观点往往具有不可抵挡的吸引力,而那些宏观、抽象、深刻、理性的话语则往往遭到抛弃。个别大学生顺理成章地躲避大叙事,躲避崇高,拒绝严肃主题。如此一来,传统的思想教育所倡导的责任、担当、使命等重大议题便受到忽视。

4.传播疆域的超时空性,消解公私生活的界限

表面看来,网络文化的参与、生产、传播和消费的主体是个人,隶属于私人生活领域,但事实并非如此。在互联网空间中,各个用户、节点之间构成一种散布性的网状传播结构,不同节点所发布的信息都能够以非线性的方式发散开来,从而实现了"超人际互动"。换言之,信息可以通过层层叠加呈现出螺旋上升和爆炸式扩散态势。从这个意义上说,个体的文化参与、传播行为也具有公共性意蕴。大学生必须具备良好的个体意识和自主判断的能力,能够为自己的行为负全部的责任,自觉抵制在使用网络过程中接收到的不良信息,对虚假、有害、低俗等信息具备良好的研判、抵御能力。

网络文化传播的超时空性在一定程度上模糊了公私生活的界限。大学生在社群平台上以戏谑化、娱乐化的方式参与公共政治生活。大学生价值观念形成、展演的场域由严肃的公领域弥散化到微观私领域,一定程度上导致公共精神萎缩、公共伦理缺失。在网络文化的影响下,有些大学生醉心于流行、时尚的文化表象,热衷隐私而不顾公共,热衷享乐而不顾理想,热衷物质而不顾精神,热衷权利而不顾责任。大学生以网络媒介自愿传达关于自身信息、充分释放"自我表露"本能的文化心理与文化行为,将个体的价值观、态度、爱好、需要、焦虑、欲望、性情等私人事件告知别人,与他人共享自己的生活体验和情绪感受。在生产和消费各类文本时将形象化、浅表化、戏谑化、日常化、娱乐化作为主要诉求,追求表面愉悦和感性消遣的主要渠道。在日常化的审美图景中,在"去政治化的自我想象和个

性想象"①中,他们更多关注的是"小确幸""微话题",热心谈论明星、八卦、美容、减肥等,追求世俗物质生活和合理性得到了最大化肯定,而对公共世界、公共事务、公共议题的关注趋于消退,大学生的精神世界朝向去公共化的方向发展。毋庸置疑,诸种媒介景观喧嚣热闹、风靡一时,不断延展大学生文化选择和消费的新领域,却也提示着狂热、零碎、同质甚至粗鄙、有害等潜在风险。对此,人们充满着顾虑和隐忧,主要在于担心青年一代纠葛于泛在、空洞的文化符号里,迷失于自发、平庸的精神图景中,逐渐丧失批判性、超越性的价值追求。

在对新时代的刻画和解读中,最为鲜明、最具共识的身份标签是"数字原住民"。对他们而言,互联网、数字技术、社交媒体并非异质、外在性存在,而是不可或缺的生活方式、成长空间、"第六感官"。就积极方面而言,当代大学生生活成长于现代性趋于完善的社会中,他们的个体意识更突出、个性需求更鲜明、媒介接触范围较广、理性批判能力大幅度增强。网络文化秉持的开放性、共享性和个体主义,与当代大学生的心理与价值诉求高度契合,为他们实现自我个性提供了得天独厚的平台,因此,网络文化对大学生成长的积极作用主要表现为,它尊重个性、鼓励多元化、提升大学生的主体意识和社会参与感。可以说,新媒介技术和环境对于大学生而言,是展现数字能力、创造多元文化的载体、平台;但是,网络流行文化蕴含的价值取向及其教育引导问题,也对高校育人提出了新要求、新挑战。

① 陶东风:《从两种世俗化视角看当代中国大众文化》,《中国文学研究》2014 年第 2 期。

第三节　网络文化影响大学生
价值观的具体显像

网络空间,归根结底是一种公共领域。网络文化,是诞生在这一公共领域的、不同质的文化集合体的统称,也是特定价值观和意识形态的集中体现。以互联网为代表的信息技术日新月异,在引领网络文化变革的同时,潜隐而微妙地影响价值观,再造意识形态环境,放大了特定价值观的影响力,这里重点选取网络爱国主义和网络历史虚无主义进行深度剖析。

一、网络爱国主义

爱国主义,是人们对于祖国深厚的依恋与爱护,是朴素自然、人皆有之的基本情感。爱国主义的情感永恒持久,但爱国主义的话语表达方式却日新月异。2016 年以来,随着微博、微信、果壳、知乎、B站等社群平台的兴盛,以大学生为主体的青年力量迅速崛起,掀起了"网络爱国主义"热潮,呈现与"数字原住民"网络化生存相适应的新特点,形成网络场域的一大话语景观,也为高校爱国主义教育提出了新命题。

1. 大学生"网络爱国主义"的时代性特征

网络新媒体的发展,为人们爱国表达提供了新空间、新场域,也衍生了"网络爱国主义"的新话语、新潮流。具体表现为:

(1)"二次元"与话语表达的"萌化"。"二次元",源自日本,原意是"二维空间""二维世界",指称依托于 Animation(动画)、Comic(漫画)和 Game(游戏)构成的 ACG 场域,在国内的 A 站(Acfun)、B 站(Bilibili)等社交媒介拥有大量拥趸。网络直播、动漫游戏、鬼畜视频、弹幕吐槽等都是二次元文化的代表。与三次元纯现实世界不同,二次元文化是一种独特的文化解读和体验方式,注重幻象世界的描绘、纯粹唯美的表达和诙谐幽默的叙事。据统计,2015 年我国泛"二次元"用户达 2.19 亿,其中"90 后"和"00 后"超过 95%。[①] 作为流行文化的创造者、参与者和引领者,青年大学生将自然生发的爱国情感、旗帜鲜明的爱国立场诉诸二次元文化,其中最为典型的是《那年那兔那些事儿》。"兔"这个指涉动物的名词,也充当起了凝聚国族认同的中心能指。本质来讲,以《那兔》为代表的网络作品,是新媒体语境下二次元文化和爱国主义相结合的产物,将历史事件的生动演绎、真诚质朴的国家关切、活泼形象的叙事话语与拟人化的处理手法有机融为一体,展现出一种萌化的爱国情愫,使正统严肃的爱国话语变得感性轻盈,并逐渐成为大学生爱国情感表达的一种新话语资源,由边缘亚文化走向主流潮文化。

(2)图像表意与话语表达的视觉化。"年轻人的生活已逐渐嵌

---

① 崔宁宁:《被"兔子"圈了粉?"那兔"的走红:当爱国遇见二次元》,2016 年 8 月 12 日,见 http://edu.youth.cn/jyzx/jyyxw/201608/t20160812_8537739_1.htm。

入社交媒体的虚拟现实中,在这个虚拟空间,视觉修辞已无可争议地成为公共话语空间构建的主要修辞手段"①。图片、符号与表情包具有强烈的视觉冲击特性和身份认同特性,成为大学生表达爱国情感的重要载体。如天安门阅兵当天,一条7字微博"这盛世,如你所愿",得到广泛关注、转发和评论。这条图文微博,展示了青年一代深藏心底的国族认同,唤起了网络舆论场的集体共鸣。

表情包是一种通用的、流行的文化现象,是基于网络社交媒体而形成的独立于文字传播形态的全新话语体系。凭借直观的图像、新颖的创意和幽默的画风,表情包将抽象化的文本转化为具象化的阐释性符号,营造具有强烈代入感的对话场景,将话语内涵和意义边界进一步外拓,形成相对独立的、完整的话语叙事。在新媒体技术的支撑下,集文字、图片、声音、影像于一体的视觉画面以其得天独厚的直观感和在场感,在信息海量、声音多元的互联网,反而能令人一目了然、一见倾心,激发公众围观、表达和参与的热情,因而具有强大的传播力。使用表情包来传递和表达爱国情怀,既符合作为"数字原住民"的青年大学生的成长规律和代际特质,也使"网络爱国主义"话语表达更为丰满直观。

(3)感性叙事与话语表达的戏谑化。共青团中央官微转发由中国说唱团体天府事变创作并演唱的说唱歌曲《This is China》,一经发布,就红遍网络。这首时长4分9秒的MV最引人注目的地方,不仅在于说唱音乐与爱国情怀的结合,更在于微观感性、客观中肯的叙事

———————

① 郑满宁:《网络表情包的流行与话语空间的转向》,《编辑之友》2016年第8期。

方式。既不避讳社会问题，又毫不吝啬"我们，中国的栋梁，爱着这个国家""我们伟大的中国梦"的热忱表达。不可否认，青年一代"媒介舆论实践是以'自我'为导向的，具有明显的'去他者化'特征，即媒介舆论实践行为的出发点和归宿点均为自我而非他人"①。因此，青年一代天然抗拒大结构、大框架的叙事方式，反而更关注个人生存境遇和自我情感体验，注重从有限经验和个体视野出发，进行微观描述和感性叙事。与此同时，青年一代将逃逸传统、躲避严肃、乐于消遣的文化惰性与网络新媒体去权威化去中心化的特质相对接，共同孕育了隐喻、自嘲、贴标签等戏谑化的表达、阐释和解读方式。例如，"小粉红"作为爱国青年的网络标签，虽饱受指摘甚至蒙上污名，但他们不为所动，反而以更加开放自信、平等友善的态度接纳各种质疑诋毁，并用看似自我解嘲、戏谑调侃的方式展示爱国情怀。青年一代善用感性、戏谑的"草根"话语体系表达爱国立场，其意义已远远超越"娱乐至死"的网络狂欢，而展现出对国家民族的极度关切。"泛娱乐化"和政治正确相交融，是当代大学生"网络爱国主义"话语的典型特征。

总体而言，爱国话语因其时间向度的演进而具有历史性和时代性，每个时代都具有与这个时代相一致的爱国主义精神内涵和表达方式。在数字化浪潮中，以大学生为主体的青年一代正在用独特的话语方式、话语内容主动而赤诚地表达着对祖国的热爱，呈现有别于其他代际的典型特征。

---

① 闫方洁：《自媒体时代大学生的媒介话语机制解析》，《思想理论教育》2015年第4期。

2. 大学生"网络爱国主义"的多维价值

当代大学生是与数字技术一起成长的"原住民",受到了信息技术的充分熏陶。善用传播媒介、立于网络潮头,是基本的生活方式。据统计,19—27 岁的青年是热点事件最主要的发声群体;网上热点舆论 60% 来自"90 后";在 B 站用户中,75% 标注自己为"90 后"。[①]以大学生为主体的青年一代善于创造、敢于表达、勇于发声的群体特征与网络新媒体无界性、瞬时性、互动性、娱乐化、去中心化的技术特性相得益彰,为网络话语权的释放提供了广阔的空间;而网络话语权的释放又深刻而直接地影响着爱国主义热潮的传播格局和舆论走向。从这个意义上讲,"网络爱国主义"话语是一种文化表征,隐藏着当代大学生对网络话语权的强烈渴望、对爱国主义立场的积极确认,从而成为爱国主义教育的精神力量和重要支撑;但另一方面,"网络爱国主义"话语中蕴含的非理性、狭隘化甚至极端化倾向,对爱国主义教育提出了一定的现实挑战。

法国著名哲学家米歇尔·福柯指出,"哪里有话语,哪里就有权力,权力是话语运作的无所不在的支配力量"[②]。作为对社会实践主体具有支配性、役使性的强大社会力量,话语的权力无影无形,却又无处不在。伴随互联网成长起来的当代大学生自由自主地创造传播网络话语,自觉自发地行使践履网络话语权,展现价值立场,引领舆论方向。

大学生善用网络话语权,构建全新的爱国话语框架。他们创造

---

① 东鸟:《2016 年网络舆论场观察》,《中国党政干部论坛》2017 年第 1 期。
② 傅春晖、彭金定:《话语权力关系的社会学诠释》,《求索》2007 年第 5 期。

性地将文字、图像、声音、动漫、游戏等元素融合交叉,赋予其全新的话语意义。"小粉红""那兔"等时尚化标签成为爱国青年的自我指称;《那兔》《TG 暖暖的》《This is China(这就是中国)》《南海! 南海!》《颜色革命》《红色力量》《This is Our Generation(我们这一代)》等爱国主义题材作品内蕴情感共鸣和价值共识。

大学生善用网络话语权,将虚拟的网络爱国主义话语转化为现实的爱国行动。以大学生为主的青年网民在涉及国家主权和民族利益的原则性问题下,主动凝聚、意图明确、组织严密,共同抵抗外来威胁与非议,高调、自信、幽默地展现了他们的国家认同和爱国情怀。青年一代的爱国立场与国家态度同声相应,既针锋相对却又有理有节,既激情澎湃却又合法有度,既立场坚定却又策略灵活,为维护国家利益提供了民意基础,彰显了爱国主义的新思维。话语,不仅仅是信息容器,更负载了人的情绪情感和价值诉求。"任何话语'事件'都被同时看作是一个文本,一个话语实践的实例,以及一个社会实践的实例"①。当代大学生充分利用新媒体平台的技术优势和传播优势,既使爱国话语表达变得直接生动、立体多元,也使爱国行动变得团结凝聚、一触即发。

以当代大学生为代表的青年网民在虚拟空间掀起此起彼伏的爱国浪潮,不仅颠覆了人们的镜像化偏见,还以纯粹而执着、温情而有序、智慧而理性的姿态展现出强有力的爱国主义情感和强大的民族自信心。当代大学生平等包容、理性自信的爱国心态,是以中国民族

---

① [英]诺曼·费尔克拉夫:《话语与社会变迁》,殷晓蓉译,华夏出版社 2003年版,第5页。

独立、国家富强、人民幸福的现实境遇为支撑的,是对物质丰富、精神充盈、文化自信成长历程的映射。总之,大学生以话语为武器表达国族认同,以网络为阵地展示爱国情怀,以自律为规约捍卫国家利益,展现出更为务实坚定、理性成熟的"爱国范儿"。

爱国主义不仅仅是一种情感,更是一种价值观,具有明确的价值倾向和价值立场。依据时代和历史发展的特点,当代中国爱国主义具有丰富内涵和科学定位,是既立足民族又面向世界的新型爱国主义,因此大学生爱国情感表达也不应当是封闭的、排外的、狭隘的,而应当是开放自信、具有世界眼光的,应当是理性驾驭下的新的爱国情感。从这个意义上讲,面对复杂多变的社会现实,引导大学生深刻意识到"为什么要爱国"、全面明确"爱什么样的国"、理性思考"怎么样爱国"等基本问题,既是爱国主义教育的重要任务,也是应对社会复杂性的重要精神力量。

总之,以大学生为主体的青年一代已成为网络舆论场的新力量,成为爱国话语创造、使用和传播的主导力量,不仅以互联网为媒介掀起了爱国主义话语狂欢,更以多元多样多变的特征展现了爱国主义话语的不同内涵、不同性质和不同层次,为开展爱国主义教育提供丰富的思想资源和实践参照。

3. 大学生"网络爱国主义"的引导路径

作为流行文化的践行者和传播者,当代大学生以更加活跃、感性、张扬的话语打破了爱国主义教育固有的话语模式。他们自发创造的"网络爱国主义"话语不仅映射了大学生的思想观念、价值取向和行为表征,也成为爱国主义教育话语的重要构成性资源。我们一方面要理性梳理、辩证分析,主动把握大学生"网络爱国主义"话语的特点、规律,做到良莠有分、因势利导;另一方面要兼容并包、有机融合,建立有效的转化引导机制,实现爱国主义教育的话语创新。

第一,以人为本,尊重大学生的话语主体意识。马克思、恩格斯在《德意志意识形态》中指出,"语言是一种实践的,既为别人存在因而也为我自身而存在的、现实的意识。语言也和意识一样,只是由于需要,由于和他人交往的迫切需要才产生的"①。语言是在交往活动中产生的,同时又是交往活动有效开展的媒介。"网络爱国主义"话语是在虚拟空间的交往中应运而生的、具有丰富内涵和价值指向的话语集合,是爱国主义实践在网络话语场的一种反映。当代大学生是话语的主体,他们以话语为媒介,在虚拟世界进行爱国主义情感、思想表达,这是以互联网为平台的"网媒"兴起的必然结果,是爱国话语实践发展的基本规律,也是青年一代话语主体意识觉醒的直接映射。因此,我们应当坚持以人为本,顺势而为,尊重大学生的网络话语权,并加以合理引导和规范,发挥"网络爱国主义"话语的正面力量。

就关心的国家事务和社会现象发表意见建议,是人人皆有、不可剥夺的话语权利;在互联网媒介日益延伸人类行为空间的境遇下,公民话语权相应得到拓展。正如麦克卢汉所言,"媒介即讯息,是人之延伸"。网络媒介促使公民话语权走向了更为自由、开放而广阔的实践领域。作为网络先锋,大学生对自身话语权有着更高的要求和

① 《马克思恩格斯选集》第1卷,人民出版社2009年版,第81页。

更强的渴望,试图以话语为媒传情达意、申明主张、参与社会生活,这是他们作为网络新生代公民的基本权利和行为方式。同时,当代大学生创造、使用和传播的"网络爱国主义"话语,就其性质而言是以积极、健康、向上为主流。然而,当代大学生网络爱国话语呈现直观性、感性化倾向,是基于个体经验和直观感受的朴素情感,是话语为媒的"爱国激情"。因此我们也应辩证分析、积极引导,既包容鼓励爱国激情的合理释放,又引导其转化为"爱国理性",转化为为国为民的精神动力,投注到日常学习和生活中来,以实际行动表达对国家的热爱和忠诚。

第二,科学引领,厘清爱国主义的时代内涵。爱国主义是反映个人对祖国依赖关系的情感系统,是调节个人与祖国之间关系的行为准则体系,同时也是中华民族的精神基因,贯穿于历史的始终。"为什么中华民族能够在几千年的历史长河中顽强生存和不断发展呢?很重要的一个原因,是我们民族有一脉相承的精神追求、精神特质、精神脉络"①。爱国主义既是一个永恒主题,也是一个动态的历史范畴,在不同时代具有不同的内容和表现形式,正如毛泽东所说,"爱国主义的具体内容,看在什么样的历史条件之下来决定"②。在新的历史节点上,爱国主义具有了更为丰富的精神内涵。习近平总书记在中共中央政治局第二十九次集体学习时讲话指出,实现中华民族伟大复兴的中国梦,是当代中国爱国主义的鲜明主题。这既是新时代爱国主义的崭新蕴意,也是评价个体行为的价值标准。换言之,任

---

① 《习近平谈治国理政》,外文出版社 2014 年版,第 181 页。
② 《毛泽东选集》第二卷,人民出版社 1991 年版,第 520 页。

何行为是否为爱国行为,关键看其是否与"国家富强、民族振兴、人民幸福"的价值目标相契合。当代大学生高涨的民族情绪和积极的网络参与,运用现代化的数字媒体奏响了一曲爱国主义凯歌。不可否认,大学生爱国情感是真挚强烈的,但同时也是乐观单纯的,是自发的情绪情感表达,具有感性化、简单化与个性化特征。如何激发大学生的内在认同,促使其爱国实践由自发状态向自觉状态转变,是爱国主义教育不断深入的现实需要,也是大学生爱国主义精神理性升华的迫切需要。因此,我们应在大学生群体中深化爱国主义精神阐释,将爱国主义的抽象规范转化为鲜活、真实的具体要求,引导当代大学生在实现中华民族伟大复兴中国梦中贡献青春力量,实现个人梦想与国家梦想、人民梦想的统一,这是新时代衡量青年爱国者的基本标志,也是对新时代青年爱国者的明确要求。

第三,积极借鉴,吸纳网络话语的有益元素。话语是人类最基本的交往工具,是人们价值观念最直接的表现形式。作为意识形态培育的重要内容,爱国主义教育历来重视话语体系建设。然而,在社会思潮冲击、网络媒体崛起、多元价值并存的背景下,爱国主义教育话语在解释力、传播力和感染力方面都呈现一定的滞后状态,甚至面临失语、失效的风险。因此,我们要努力做好话语转化,不断吸收具有流行文化特质的新元素、融入反映社会发展趋势的新话语,实现爱国主义教育话语内容和形式因势而新。当代大学生的网络话语,为爱国主义教育话语体系创新提供了蓝本。一方面,话语形式上借鉴青年流行文化元素。比如,二次元文化就是典型的青年亚文化,也是爱国主义传播的重要载体。以当代大学生为主的青年人用"二次元"

指代轻小说、漫画、动画、游戏等二维平面媒介所构筑的假想世界、虚幻世界。然而,正是这样的二次元文化成为表达爱国情感、组织集体行动、进行政治参与的重要载体。风靡网络的《那兔》就是二次元文化的代表作品。正如共青团中央官方微博所说:"'兔子'/'我兔'所代表的那种爱国主义、民族主义的情绪和表达方式,是今天这个时代才可能出现的。它是官方话语与网络话语的奇异共振,是'主旋律'与'萌文化'的双面体。"此外,图片、符号、动漫、表情包、说唱音乐等都是典型的青年文化形式,其独特性、生活化、丰富性和链接性为其转化、融入爱国主义话语体系提供了契机。另一方面,话语内容上吸收青年爱国话语精髓。网络社会思潮汹涌奔流、价值取向多元纷呈,对大学生的情感态度、思想意识和社会心态的影响值得重视。大学生是否具备开放、包容、自信的良好心态? 是否具有冷静分析问题的能力和明辨是非的气度? 是否能在法治轨道上文明有序、合理合法地发表爱国言论,践行爱国行为? 这些都成为国际国内共同关注的问题。新时代,大学生在爱国热情的释放、爱国观点的表达方面整体上呈现出理性、健康的态势。当代大学生强烈的爱国心、爱国情,已经汇聚成磅礴的洪流,成为推动国家进步的"中国力量",也必将内化、融入进爱国主义教育的实践发展之中。

二、批驳网络历史虚无主义

在人类的"数字化生存"境遇中,网络日益成为多元文化交流交融交锋的重要平台、多样思潮聚合衍生发酵的重要载体和多重舆论生成传播扩散的重要渠道。互联网的迅猛发展和新媒体技术的不断涌现,不仅拓展新的传播空间,推动社会思潮的虚拟化呈现,更塑造新的话语方式,为社会思潮参与意识形态竞逐提供了便利。作为近年来相对活跃、影响力大、迷惑性强的一种错误思潮,历史虚无主义亦步亦趋地迁移、栖居于网络与自媒体空间,将其观点进行重新包装,形成一套去语境化、去本体化、去宏大化的网络话语体系,潜隐而微妙地误导公众判断、污染主流舆论场,试图颠覆主流意识形态话语权。因此,考察历史虚无主义话语生产和传播逻辑,进而把握其网络化传播的整体图景与演进态势,是批驳应对历史虚无主义思潮的现实之需。

互联网是一个由人流、物流、信息流相互交织形成的流动空间,以其开放、互动、自主、普泛、个性化、去中心化的特质而备受形形色色的流派、学说、理论的青睐。尤其是随着微博、微信、客户端等自媒体平台的普及应用,虚假消息、负面舆论、错误观点的传播渗透更呈白热化态势,话语更迭之快、流播范围之广、持续时间之长、参与人数之众、影响力之巨,都是传统媒体所无法比拟的。借助自媒体快车,历史虚无主义思潮亦突破重重限制而进入高度自由化状态,在虚拟空间大行其道,恣意妄为,歪曲真相,混淆视听。一方面,自媒体的进入门槛较低,只要拥有智能手机任何人随时随地都可以接入;另一方面,自媒体尊重并充分释放网民个体的话语权,任何人可以依据自由意志独立创作文本、发布信息、表达观点、参与讨论。可以说,自媒体塑造了一个前所未有的"自由发声"空间,也为别有用心人士制造谣言欺骗大众创造了新契机,致使各种虚无化的话题、段子、流言层出不穷；而不明真相的网民群体，"永远漫游在无意识的领地，会随时听命于一切暗示，表现出对理性的影响无动于衷的生物所特有的激情，他们失去了一切批判能力，除了极端轻信外再无别的可能"①。网民在缺乏鉴定的情况下又对其进行二次传播，助推错误观点的裂变式、病毒式传播。

历史虚无主义没有科学的研究方法，更谈不上严谨的内在逻辑，无非是利用网络自媒体的便捷性，妄图借以大众化、时尚化、商业化和"科学化"的话语外壳，包装粉饰那些经过精心挑选或"发现"的碎片的、虚假的"事实"，进而承载对立性、颠覆性和反动性的政治诉求。正因此，我们更要透过现象看本质，厘清芜杂，去伪存真，揭穿并克服历史虚无主义网络话语生产背后隐匿的多重逻辑陷阱和沉疴痼疾。

---

① ［法］古斯塔夫·勒庞：《乌合之众：大众心理研究》，冯克利译，中央编译出版社 2005 年版，第 24 页。

结语　网络文化境遇中大学生价值观引导策略

网络文化是具有开放性、流动性、圈层化、分众化的文化样态,层次品类驳杂却又缺乏统一的认定标准,呈现不同的类型、层次及价值观蕴涵,其中既有主文化,也有反文化,是多元文化的混杂体,其中蕴含的意识形态和价值观呈现多样性和流动性,这构成当前进行大学生价值观引导的基础语境和重要维度。

一、网络文化:作为一种精神生活方式

如前所述,新时代大学生的一个关键特质,是与数字化、网络化的联结。他们思维活跃、创造性强、想象力丰富,游弋于自由开放的网络空间,运用数字技术投身于文化实践,打造属于自己的文化场景和文化模式。从一定意义上讲,网络文化是新时代大学生日常性、普泛化的精神生活方式,是建构自我、经验和意义的新载体,是精神需求的外在化和具象化表达,折射并隐喻着他们的心理倾向、情感趋向

和价值取向。

网络文化对大学生的影响，并非临时性的、短暂性的，而是水乳交融般地存在于大学生的日常生活之中，在日复一日的循环往复中以看似平常、世俗的方式，塑造着他们的精神世界。在这一情境之中，大学生往往将网络文化视为日常，视为沉降在烦琐生活中的庸常事物，不会刻意去辨识和判断其中蕴含的价值倾向，而是沉溺其中，在"日用而不觉"之中实现着自身价值观念、行为方式的深度浸染和微妙变化。可以说，网络文化不仅仅是青年的文化实践，更代表着他们的生活方式和价值体系，是精神生活的剖面和缩影。

二、网络文化的双重影响：建设性与破坏性

大学生正处于人生中最重要的成长阶段，也是价值观趋向成熟的关键期，是人生的"拔节孕穗期"。受生理与心理两方面特点的制约，大学生的成人感和独立性要求日益增强，自我意识强烈、表达欲强、渴望被认同，他们善于创造、敢于表达，对新鲜事物关注度、接受度和传播度都较高；但阅历较浅，面对网络文化中的虚假、错误甚至有害信息还不具备足够的分析、辨别、批判和质疑能力，价值观念容易受其干扰甚至走向偏离。大学生虽然是很好的媒介使用者和信息接收者，却不一定是很好的分析者、批判者和反馈者，往往容易"受限于"网络媒介及其文化形态，将其作为某种日常性的、本该如此的事物，并不会天然生长出对网络文化的辨析、应变和批判意识，有时倾向于跟风和模仿，往往在无意识之中涉入网络文化及其价值观，未

经检视、不加评判地予以吸收,悄然间引发理想信念、道德觉悟、价值立场、生活态度的"失范"风险。其中的价值观念异彩纷呈,带来的价值冲突、困惑是普遍、难以避免的,为此我们要从两个维度去理解网络文化对于新时代大学生的影响。

一方面,网络文化是大学生价值观培育的建设性资源。网络文化是新时代大学生数字化技能的展现方式和现实成果,它尊重个性、鼓励多元化、提升了大学生的主体意识和社会参与感,这代表着社会的进步和主体意识的张扬,意味着新时代大学生在一定程度上摆脱了来自成长规律"盲目必然性"的制约而成为自身的主人,在文化实践中获得了更多的主动权,表征着他们面对数字媒介的理解能力、生产能力、交往能力和创造能力,是价值观发展的契机。

另一方面,网络文化存在潜在的意识形态风险。网络文化并非与价值无涉的,恰恰是各种社会思潮、观点的藏身之所,网络文化与形形色色的社会思潮深度链接,成为一些有害思潮的进驻空间和隐匿之地,是价值观解构的情境。总而言之,网络文化本身就是大学生的生活方式之一,他们不会主动、自觉地进行选择性的吸收或者有意识的抵抗。这是网络文化领域的潜在隐忧,是"网生一代"避无可避的普遍境遇。

"青年的价值取向决定了未来整个社会的价值取向,而青年又处在价值观形成和确立的时期,抓好这一时期的价值观养成十分重要"①。网络文化语境下大学生的价值观建设,要依循技术发展和文

① 程群:《论战后美国史学——以〈美国历史评论〉为讨论中心》,光明日报出版社 2009 年版,第 179 页。

化发展的规律,尊重学生的主体性,甄别、研判和推动网络文化境遇下的价值观教育范式,培育与中华民族伟大复兴同频共振的新时代大学生价值观。

三、网络文化建设:以大学生的自我发展为旨归

文化,就其本质而言,在于促使人实现自我完善,实现对美和完满的追寻,"人必须将自我理解为一种任务。因为自我不仅仅是为了活下去的缘故,而且是为了美好、完善的生活的缘故而存在于世"①。唯有促进大学生实现正确的、有意义、有责任、有价值的生活方式,网络文化才真正实现其育人效应;任何与此相偏离、相悖谬的,都会在一定程度上带来价值观的偏移和异化。在高校教育中,要主动关切、积极应对,对潜在风险和不良倾向进行纠偏和矫治;又适时转化、加强引领,实现精神生活的完善与优化,推动网络文化生活在更高维度和更长远层面上持续发展。

第一,以自我发展为旨归,完善文化生活的内容、层次和实现方式。表面看来,弹幕、二次元等各具魔力、异彩纷呈,为文化消费提供更多的选择与可能性,使得年轻人在各色文化间自由切换、随意穿梭,主体性似乎得到了前所未有的释放与张扬,精神生活也随之走向充盈丰满。然而,事实远非如此。面对海量多元的文化符号、娱乐媚俗的价值趣味、同质碎化的消费模式,大学生在体验短暂狂欢之后,

———————
① 〔德〕彼得·科斯洛夫斯基:《后现代文化》,毛怡红译,中央编译出版社1999年版,第104页。

往往陷入无聊、无趣、无所适从之中,呈现理性缺位、价值碎化、精神虚无等现实状态。凡此种种,皆是对文化本质的偏离与悖逆,是精神异化的表现。只有那些符合人性、增进主体性、推动自由而全面发展的文化实践,才是真正自主、自觉、有意义的。以此为指引,大学生要展开批判、反思和甄别。一方面,认清网络文化的商业趋利本性及其限度、危害,对浅薄、平庸的消费行为予以克制。网络文化是一种高度资本化、市场化的文化类型,善于迎合大众口味,以低俗、刺激等元素取悦于人,使之沉浸于眼前的、易得的、虚幻的精神享乐之中。从弹幕到网红、爱豆等,诸种文化样态的风行,不过意味着商业运作的获胜,意味着娱乐方式的新变种而已。理解这一逻辑,有助于大学生检视自我、加强自律,在纷繁芜杂的文化景观中适时抽身,主动摒弃无底线、无节制、廉价低质的消费行为。另一方面,优化并提升文化生活层次,由消遣娱乐型向发展导向型跃迁。作为精神和社会存在物,大学生的需求是多面、多维和多层次的。网络产品所能满足的,无非是消遣娱乐需求而已;而那些真正关涉大学生长远发展的议题,如对知识的汲取、对道德的信奉、对成才的渴望、对社会的责任等,则无法由此实现。从这个意义上讲,引导大学生以自我发展为旨归,完善文化生活的内容、层次和实现方式,向更深刻、更宏大、更具长远性的价值目标靠拢,显得尤为迫切而有意义。

第二,厘清不良文化的类型、性质和危害程度,抵制消极文化和负面倾向。网络文化生活中的种种困境,很大程度上源于网络媒介和不良文化的鼓噪。不得不说,"大众媒介是一种既可以为善服务、又可以为恶服务的强大工具;而总的说来,如果不加适当控制,它为恶的可能性则更大"①。当前,确有一些媒介、平台片面追逐利润,罔顾思想内核,呈现短视、浅薄、唯利是图趋向,对低俗、负面、错误信息一味纵容,以至于"恶搞""暴力"甚至"慕洋""辱国"等都打着"文化"旗号横行网络,使大学生受到蛊惑、诱导。事实上,这是对"文化"的曲解与亵渎,也是最深刻的危机与隐忧所在。唯有施以严格管控,滤清"杂质""毒素",才是切实的应对之策。具体而言,一要对不良文化进行界定,明确反对什么、禁止什么。不良文化与正面、主流相对,指涉那些具有一定危险性、破坏性、有损身心健康的思想内容,如恐怖、色情、暴力、虚无等。它们披着"文化"外衣,以"时尚""娱乐""无厘头"等面目示人,寄寓在二次元、流行语、短视频等之中。对于自我意识尚未成熟、辨析能力欠缺的大学生而言,这些元素新鲜刺激,具有某种隐秘的吸引力,令人悄然接受、同化并效仿。文化管理部门要有风险意识和防控能力,厘清不良文化的类型、性质和危害程度,制定"负面清单",分级分类予以规制。二要对媒介、平台和产品进行监管,引导文化生产方向。快手到抖音、A 站到 B 站、微博到豆瓣,这些年轻人扎堆的平台,往往也是不良文化的"集散地"。一旦错误、违法信息蔓延开来,负面效应则无限放大、流毒至深。可以说,在善恶、好坏、美丑都奔涌而来之时,如何恪守底线伦理、守好内容关口,就成为首要问题。对此,媒体和平台负有不可推卸的责任,应在准入、审核、发布等环节审慎把关、加强监管,引导用户在合法、合规、合于道德的范畴内娱人娱己。

---

① 李彬:《传播学引论》,新华出版社 2003 年版,第 190 页。

第三,关切大学生成长,以社会主义核心价值观引领文化生活总体方向。网络文化自带同质化、碎片化、功利化、低俗化等基因,甚至存在有害、危险等成分,但大学生依然钟情于此、乐在其中。显见的是,靠"颜值"收获点赞、扮"英雄"赢得掌声、追"爱豆"集聚同好、上"直播"赚取流量,是惯常、流行的精神生活方式,是不可阻挡的发展潮流。对此,批判与监管固然必要;但尊重、接纳、转化与引领则更为根本。我们要透过文化消费之"镜",读懂"95后""00后""05后"大学生对精神生活的新要求、新期待,读懂他们在认知、审美、社交和表达上的新特点、新偏好,因事而化、顺势而为、适时转化、加强引领,推动文化消费由低水平、平庸化向高质量、主流化的转变。要进行供给侧结构性改革,通过理念、内容、形式、方法、手段等创新,使正面宣传质量和水平有一个明显提高。为此,必须坚持以社会主义核心价值观为导向,优化内容供给,打造"流量"与"质量"兼备、"硬核"又"圈粉"的优秀作品,让真、善、美"像空气一样无所不在",悄然注入大学生心间。当然,社会主义核心价值观要转化为大学生喜爱、接受和认同的文化产品,必须在两方面着力。一要注重思想观点的细化阐释和柔性表达。在"感性至上""碎片传播""符号丛生"的网络语境中,宏大庄重的主流价值和严肃枯燥的理论知识显然无法直接赢得人心。唯有转化为生动鲜活的文本、符号、形象和情感,从细微处撩拨心弦、在点滴间书写情怀,方能润物无声。二要善用时尚化、多样态的传播载体。作为不折不扣的"数字原生代","95后""00后""05后"大学生熟稔互联网话语表征和审美风尚,惯于声、光、影的视觉感受,热衷多感官、沉浸式的文化体验。要契合年轻人的思维方式和接受规律,主动借鉴表情包、二次元、短视频等传播优势,让大学生在轻松愉悦的消费体验中接收正确的思想、情感和价值观,实现精神生活的良序发展。

四、媒介素养教育:以批判和赋权为核心

互联网是承载网络文化的基础设施,网络文化是互联网技术演化迭代的产物。从网络形态来看,第一代互联网(Web1.0)以个人电脑、信息门户和文件传输协议(FTP)为典型场景;第二代互联网(Web2.0),以移动互联网、社交媒体和平台经济为典型场景;第三代互联网(Web3.0 或元宇宙)虽未获得统一的定义,却通常被认为是以区块链技术为基础的包含人工智能、虚实共生、全真全息的互联网形态。① 不同的网络基础结构,其网络结构、核心技术、内容形式、价值实现方式等正处于不断变革中,从而促动不同的网络文化样态。互联网技术的发展,使得信息生产机制与模式得以变革,话语权开始部分地流向普通大众。信息话语权向大学生个体的回归,必须发展出与当前文化语境相适应的、新型的媒介素养,培养他们在多元文化语境中进行鉴别、参与、传播和创造的能力,引导他们将对网络媒介、对网络文化的认识从现象层面提升至本质层面,从日常应用层面提升至理性反思层面。基于网络文化对大学生的正面、负面的双重影响,在数字化、智能化语境下,高校要积极将媒介素养教育纳入思想

① 张新新、夏翠娟、肖鹏等:《共创元宇宙:理论与应用的学科场景》,《信息资源管理学报》2022 年第 12 期。

政治教育的总体格局,推行以"批判"和"赋权"为核心的教育范式,既引导大学生甄别数字内容、优化媒介使用习惯等,实现自我适应性发展,又注重将道德伦理、价值观作为必备的高阶素养,培育数字人格、数字批判等关键能力,培育新时代的数字公民。

首先,鼓励参与式文化范式,重视并培养大学生的信息伦理。网络文化是在虚拟空间应运而生的、具有丰富内涵和价值表征的文化集合,是大学生文化创造性在新媒介场域的一种集中反映。大学生以自身的文化主体性和能动性,生成新型文化样态、获取社会文化地位,并为主流文化提供灵感、意义和文化资本,是值得鼓励的。但在参与式文化范式下,要特别注重培养大学生的信息责任伦理。一方面,要引导大学生善用话语权。在 Web2.0 及 Web3.0 语境下,信息生产变得"去中心化",如何确保每个大学生都能够理性、适度、有节制地运用话语权便显得至关重要,因为"当人们把媒体掌握在自己手里时,结果可能极具创造性;当然对所有涉及的人来说也可能是坏消息"[①]。表面看来,网络文化的参与、生产、传播和消费的主体是个人,隶属于私人生活领域,但事实并非如此。换言之,信息可以通过层层叠加呈现出螺旋上升和爆炸式扩散态势。从这个意义上说,个体的文化参与、传播行为也具有公共性意蕴。为此,大学生必须具备良好的个体意识和自主判断的能力,能够为自己的行为负全部的责任,自觉抵制在使用网络过程中接收到的不良信息,对虚假、有害、低俗等信息具备良好的研判、抵御能力。

---

① [美]亨利·詹金斯:《融合文化:新媒体和旧媒体的冲突地带》,杜永明译,商务印书馆 2012 年版,第 49 页。

其次,注重媒介文化分析,培养大学生的批判性思维。保持大学生作为主体的自由认知与思辨力,是规避网络文化负面影响的根本途径。引导大学生掌握科学理论和思维方式,在面对多元文化时保持不断质疑、检视、反思和批判的态度,从而能够辨别是非、好坏、真假和对错,是形成批判性思维的关键。在"第一媒介时代",专业人士和少数机构承担信息"把关人"角色,而公众并不直接承担审查核实信息的义务,人们习惯于单向接受,并处于"信息无意识"之中。然而,在网络时代、数字时代,每个人都是一个发声器,都可以成为潜在的记者、媒介人、信息源,可以通过各类平台、App直接推送自己的信息。然而,囿于大学生本身处于无意识之中,并不刻意对各类文化进行真伪、好坏、善恶的甄别批判。为此,应从以下维度加以引导:一是作为网络文化的生产者,应具有信息规范意识,坚持以事实为依据、以道德为底线、以法律为边界、以安全为前提,应具备区分文化属性、类型、品味、导向的能力,避免过分娱乐化、低俗化、浅薄化的内容生产。二是作为网络文化的接收者,要以质疑的态度去筛选和辨别海量信息,加强信息核实,避免人云亦云,不能伪造信息、散播谣言等,更不能吸引眼球、猎奇审丑等。为此,大学生必须走出娱乐化的叙事和无用的信息碎片堆积,利用互联网空间和平台,发挥其创造思想、启迪智慧、改造社会的时代责任。三是作为网络文化的参与者,应学会驾驭互联网,发挥网络媒介的"公共空间"属性,通过主动发起话题、设置议题、参与讨论等方式积极表达自己对于集体、学校、国家、社会等领域公共事务的观点,通过交流与合作把分散于个人的见解与技能结合在一起,主动解决现实问题、发展公共生活、履行民主能力、形成集体智慧,构筑更加有益的网络社群和社群文化。

再次,培养文化自信,提升文化交往能力。网络文化时常是超越疆域、跨域文化、多元异质、相互冲突的。为此,一方面要培塑文化自信,自觉增强对主流文化的认同;另一方面增进文化理解和跨文化交流能力,这是多元文化语境下媒介素养教育发展的重要向度。事实上,随着网络技术和数字技术的迭代发展,中华文化的时代化表达方式日益多元,《唐宫夜宴》《只此青绿》等国风舞蹈,"遇见敦煌""数字故宫"等数字展览,《如果国宝会说话》《国家宝藏》等文博推介,以及大学生中广受欢迎的"国风圈""汉服圈"等,都彰显着中华文化的传播力、吸引力、感染力,也成为大学生讲好中国故事、传播中华文明的重要载体。然而,西方文化的强势渗透和广泛传播,让大学生眼花缭乱、不能自拔。面对日新月异的文化、丰富多样的生活、形形色色的思潮,部分大学生是迷茫而盲从的,他们追随西方文化的原因并不是中华文化已经过时,也不是西方文化更有吸引力,而恰恰是西方文化更多地占据网络空间,输出频率更高。唯有加大对青年大学生文化自信的培育力度,用正确的意识形态引导大学生,提高他们对纷繁复杂的多元文化进行对比、分析和选择的能力,加强不同社会文化思潮的对话和辨析,才能够培育他们以理性的态度来对待各种文化,在成长过程中辨别良莠、分清优劣,以自主自信的姿态进行文化交往。坚持中国特色社会主义文化发展道路,把社会主义核心价值观融入数字文化产品和服务之中,对进入传播或消费渠道的数字文化内容进行有效管控,是新时代大学生媒介素养培育的应有之义。

以上的分析主要基于 Web2.0 及正在孕育中的 Web3.0。然而,我们必须意识到,尽管网络技术不断演进、网络媒介不断分化,各种新技术、新平台不断涌现,然而新媒介的产生并不意味着旧媒体被完全取代,网络文化新样态的产生也并不意味着传统样态被完全取代。恰恰相反,它们是共存的,只是其作用和地位由于新技术、新媒介、新文化的引入发生了变化而已。从这个意义上讲,高校开展大学生媒介素养教育绝不仅仅是"破",是对原有媒介素养教育的完全抛弃,也不仅仅是"立",是追随新媒介、新文化样态的另起炉灶。而应是破立结合、相互兼容,从网络技术演进的总体趋势中去引导大学生全面、正确地理解网络媒介和流行文化,发展出与现时代相匹配的媒介素养。对此,有学者概括为从"释放"到"赋权"①;有学者概括为"智能素养"②;也有学者概括为从"能力"到"信仰"③;也有学者提出,不同的媒介世代持有不同的媒介观,媒介观的差异决定了对不同世代青年群体的素养教育,尤其是批判思维教育应"因代而异"④;等等。无论哪种概括,其共同的意涵都在强调,"素养的真正含义是思想、价值观、信念和趣味,而不是技巧"⑤。显然,媒介素养不应仅停

---

① 闫方洁:《从"释放"到"赋权":自媒体语境下媒介素养教育理念的嬗变》,《现代传播(中国传媒大学学报)》2015 年第 7 期。

② 彭兰:《智能素养:智能传播时代媒介素养的升级方向》,《山西大学学报(哲学社会科学版)》2023 年第 5 期。

③ 魏骊歌、刘剑虹:《从能力到信仰:我国高校媒介素养教育的价值迭变》,《中国高等教育》2022 年第 24 期。

④ 曲慧、喻国明:《虚拟社会化与批判缺失:代际媒介观演进与媒介素养研究》,《出版广角》2022 年第 8 期。

⑤ 魏骊歌、刘剑虹:《从能力到信仰:我国高校媒介素养教育的价值迭变》,《中国高等教育》2022 年第 24 期。

留在能力、技能层面，不应仅停留在对具体问题的应对层面，而应超越"媒介保护"，探索新媒介语境下的新范式，这是当前必须面对的新问题。

就高校层面而言，应重新思考和梳理媒介素养教育的历程，从"95后""00后""05后"大学生的现实际遇出发，探讨媒介素养教育的新方向。就媒介素养教育的发展历程而言，法兰克福学派、伯明翰学派和洛杉矶学派先后提出"免疫范式""辨析范式""批判范式"。就高校而言，总体处于以"媒介保护"为中心的媒介素养教育之中，其核心主要包含两方面，一是培养学生个体对媒介信息的鉴别能力和批判思维，形成对媒介信息的正确认知，比如辨别媒介信息的真伪、规避不良和有害信息、筛选有效信息，免受不良媒介信息侵害，确保获取高质量、健康、主流的媒介信息等；二是强调个体媒介能力的提升，重点是提高媒介使用技能、增进合理使用媒介的能力以及利用媒介进行社会交往、文化互动和政治参与的能力等。本书将其归纳为"防御型"媒介素养教育。

"防御型"媒介素养教育并未过时，其所强调的方面和内容仍具有现实必要性。已有众多研究表明，社交媒体、短视频、直播等方式的泛众化使用，对青年群体在自我认知、社会认知等层面产生不同程度的影响。其中学界较为担忧的是，"伴随社交媒体时代成长的青年群体，其'永久在线'的生活模式和社交化传播的交往模式决定了他们习惯于在社会化媒体中获取新闻、了解社会、发表见解甚至创造内容，在这一过程中完成社会学意义上的部分社会化，或者说虚拟社会化，这会对批判媒介思维的建立产生阻碍。随着代际的移动，未来整体主流受众的批判媒介素养能力也将面临绝对下降"①。为此，特别强调"批判"的时代意义，主张对"批判"的价值进行重估。这与本书的结论基本一致。

"批判"之于大学生的根本意义在于，大学生应具备科学的认知和全面的评估能力，以便他们将对媒介的认识从现象层面提升至本质层面，从日常应用层面提升至理性反思层面。首先，网络媒介与普通公众、网络个体之间的话语权仍然存在显著不对等关系。尤其是在超级平台、智能算法语境下，网络话语权愈发向数字平台倾斜，并呈现出结构化的演进趋向，进而导致"权力来源从狭义的国家力量走向广义的社会，尤其是'大数据掌权者'"②，从而实现对意识形态话语权的重新构造。在5G、人工智能、区块链、大数据等新技术环境下，数据成为获取意识形态话语权的关键入口，拥有数据以及掌握数据运作尤其是算法规则、算法制定等基础性能力，就具有更强的文化和话语生产、传播、流向的优势性技术条件，从而在更大程度上掌控网络文化话语权，而个体的能力无法与之匹敌。其次，网络平台以定制化、"投喂"式实现对数字用户的解析和监控。通过高精确度和海量的数据，数字平台可以实现对所有用户的精细解析和深度观察，无论是偏好、身体、社会等，还是对自然、政治、经济、情感的需求等，以及人与人之间的差异，都被"无情地、坚定不

① 曲慧、喻国明：《虚拟社会化与批判缺失：代际媒介观演进与媒介素养研究》，《出版广角》2022年第8期。
② 周尚君：《数字社会对权力机制的重新构造》，《华东政法大学学报》2021年第5期。

移地公开"①。这种精细解析的数字化方式,用以度量数字个体和数字社群,使得我们都被"看透",进而实现着有组织的、目标明确的精准"喂养",达成潜移默化、高度精准的意识形态权力运作。再次,网络平台以更加隐匿的方式进行意识形态渗透。数字平台看似民主、共享,但却以"看不见的手"施展着意识形态权力,实现着精神的、无形的、柔性的"软"控制。无法回避的是,意识形态对人的作用方式由显性、可见领域进入隐蔽、不可见,实现着全时空、弥散化渗透。人们尽管不再被强迫,但却无时无刻不受到"引诱";人们看起来进行着自我选择,但却无时无刻不在接受"召唤"。从这个意义上讲,媒介智能化语境已经成为大学生浸淫其中的日常性情境,此种情境并非临时性的、在短暂时间之内的、"奇观"般的,而是以水乳交融、日用而不觉的方式存在于大学生的日常生活中。这一语境如此普通与庸常,任何试图摆脱、抽离此情境的企图,终将是徒劳无益的。

由此看来,现时代大学生媒介素养教育中突出与强调批判意识,并非过时了,而是具有更加强烈的现实紧迫性和更深刻的内在意涵,既包含对价值观、意识形态层面的研判、区分,更包含对算法化、智能化情境主动的、有意识的抵抗与反制。正如法国哲学家亨利·列斐伏尔所提出的,"艰苦卓绝的拒绝和苦行僧式的拒绝,或是享乐主义的拒绝和感觉上的拒绝,或是革命的拒绝,或是无政府主义的拒绝"②。

---

① [德]克里斯多夫·库克里克:《微粒社会——数字化时代的社会模式》,黄昆、夏柯译,中信出版社 2018 年版,第 8 页。

② [法]亨利·列斐伏尔:《日常生活批判:从现代性到现代主义》第 3 卷,叶齐茂、倪晓晖译,社会科学文献出版社 2018 年版,第 543 页。

在重新审视并强调"批判"的同时,我们也必须深刻地意识到,批判构成当下大学生媒介素养教育的重要维度,但并非单一维度。从更加完整的意义上讲,智能媒介语境下大学生媒介素养教育应注重从"释放"转向"赋权",尤其应侧重两个维度,即"理解媒介的能力"和"回应和应用媒介的能力"。正如我国台湾地区学者吴翠珍等所主张的"赋权范式","个人有自主能力去分辨、选择、评估媒体及其内容,进而透过理性的思考与对话,去影响、督促媒体改善内容,乃至培养公民产出创意的、良性的、教育的讯息,共同建构社区品位,从而提高社会的文化品质"①。"赋权范式"的重大意义在于,鼓励人们跳脱出新技术、新媒介、新文化圈定的条条框框,以一种开创性的思维来统筹信息生产、流通过程。其中人的主体创造能力是最关键的环节,是在信息的直观识辨、记忆储存基础上的升维。这一理念,凸显着对人的主体性的呼唤,是智能媒介、流行文化境遇中对人的全面发展提出的新要求,也是重新认识媒介素养的一个新视角。

构建以"赋权"为核心的新型媒介素养教育,这是高校应努力的方向。1989 年欧洲国家教育部长会议所发布的"媒体与新科技教育"的决议已然提出,教育必须具有"赋权"与"解放"的积极目的,使未来的公民具备政治的敏觉。亨利·詹金斯则指出,"我们需要重新思考媒介教育的目标,以便让年轻人能把自己看作是文化生产者和参与者而不只是挑剔或相反的消费者"②。哈特利强调,媒介可以

---

① 李欣人、叶玲珍:《媒介素养的人学解读》,《山东社会科学》2010 年第 3 期。

② [法]亨利·詹金斯:《融合文化:新媒体和旧媒体的冲突地带》,杜永明译,商务印书馆 2012 年版,第 37 页。

是社会控制或规范的工具,更是争取解放的进步武器,因此今天的阅听人不但要有理解、诠释、思辨的能力,更要有主动参与社会的能力,也就是从消费者成为有行动力的公民。① 由此可见,以提升大学生的行动能力为导向,增进大学生应对媒介及其文化产品的权力、能力为旨归的"赋权式"媒介素养教育,具有面向未来、应对数字环境变化的新型意义。就其本身而言,"赋权"至少蕴含两层含义,一是强化大学生理解、运用及在媒介、媒介文化中交往的权力和能力;二是鼓励和引导大学生主动采取行动,并改进公共生活状况。显然,前者是后者的基础和条件保障,后者是前者的结果和价值所在。换言之,"赋权式"媒介素养教育的核心要义在于,大学生在面对形形色色的媒介、媒介变化及其衍生的文化品类时,牢牢地将主动权掌握在自己手里,视其本身为有能力影响自己周围发生的事情的人,努力达成自我造就、自我实现及公共参与、公共行动的目的。

正如詹金斯所指出的,"新媒介素养应该被看作是一项社会技能,被看作是在一个较大社区中互动的方式,而不应被简单地看作是用来进行个人表达的技巧"②。就其教育内容而言,第一,增进对媒介及其生产方式的理解。媒介,既生产和传播产品,同时也生产出消费者,媒介按照其特有的生产方式决定大学生的接受能力;但同时大学生的能动作用是不可忽视的,他们影响甚至决定着媒介产品价值能否实现,以及在多大程度上实现。高校应充分向大学生展示媒介

---

① J. Hartley, *Communication, cultural and media studies: The key concepts*, London: Routledge, 2002, p.25.

② 李欣人、叶玲珍:《媒介素养的人学解读》,《山东社会科学》2010 年第 3 期。

的运作过程和机理,增进他们对媒介信息、媒介组织、媒介环境的认识,引导他们以独立、自主的态度体认媒介运作机理,建构出一种合批判与自省为一体的认知体系。第二,提升大学生的思辨能力,使其得以觉察媒体信息环境中可能出现的各种失当和失范状况。当大学生认为互联网信息、言论、文化不正确或有毒、有害时,就有道德责任去质疑、去辩驳、去探索事实真相,反驳那些不准确的、具有伤害性的或错误的信息。第三,提升大学生的公共品格和公共参与能力。新媒介打破了私人领域和公共领域的分界,既成为大学生获取资讯、延伸视野的载体,又是大学生有序、自由、公平地参与公共事务和社会生活的依托。为此,高校要引导大学生认识媒介的变化及个体的责任,引导大学生不只留心与个人有关的东西,而是要用心思考媒介如何影响公共生活,积极利用媒介、利用文化载体加强对公共事务的关注和对公共权力的监督,以此来整合意见、达成共识、凝练集体智慧、促进社会和谐。在我国网络文化语境下,媒介素养教育的目标,就是培养会思辨、有见识、讲道德、具备批判力和行动力的数字公民。这里涉及的,绝不仅仅是一套知识、技能或者技术,而是思维方式、价值观念的重构。换言之,要培养学生在媒介交往、媒介生活中的理性、行动力和创造力。显然,媒介素养教育是实践型教育,具有动态性、累积性和建构性等特质,需要高校以行动探究和实践养成的方式来达成。

参 考 文 献

《马克思恩格斯选集》第 1 卷，人民出版社 2009 年版。

《马克思恩格斯选集》第 2 卷，人民出版社 2012 年版。

《马克思恩格斯选集》第 3 卷，人民出版社 2012 年版。

《马克思恩格斯文集》第 4 卷，人民出版社 2009 年版。

《马克思恩格斯文集》第 8 卷，人民出版社 2009 年版。

《在纪念五四运动 100 周年大会上的讲话》，人民出版社 2019 年版。

《新时代的中国青年》，人民出版社 2022 年版。

《习近平总书记关于网络强国的重要思想概论》，人民出版社 2023 年版。

《网络强国学习辅导》，学习出版社 2023 年版。

[英]埃德蒙·利奇：《文化与交流》，卢德平译，华夏出版社 1991 年版。

[美]埃里希·弗洛姆：《逃避自由》，刘林海译，国际文化出版公司 2002 年版。

[英]安东尼·吉登斯：《社会的构成》，李康等译，生活·读书·新知三联书店 1998 年版。

[英]阿兰·斯威伍德：《大众文化的神话》，冯建三译，生活·读书·新知三联书店 2003 年版。

[美]安德鲁·基恩:《网民的狂欢:关于互联网弊端的反思》,丁德良译,南海出版公司2010年版。

[德]彼德·科斯洛夫斯基:《后现代文化——技术发展的社会文化后果》,毛怡红译,中央编译出版社1999年版。

[美]戴维·斯瓦茨:《文化与权力:布迪厄的社会学》,陶东风译,上海译文出版社2006年版。

[美]丹·吉摩尔:《草根媒体》,陈建勋译,南京大学出版社2010年版。

[美]丹尼尔·贝尔:《资本主义文化矛盾》,赵一凡等译,生活·读书·新知三联书店1989年版。

[美]丹尼斯·麦奎尔:《受众分析》,刘燕南等译,中国人民大学出版社2006年版。

[美]迪克·赫伯迪格:《亚文化:风格的意义》,陆道夫等译,北京大学出版社2009年版。

[美]E.R.塞维斯:《文化进化论》,黄宝玮等译,华夏出版社1991年版。

[美]E.埃里克森:《同一性:青少年与危机》,孙名之译,浙江教育出版社1998年版。

[美]亨利·詹金斯:《融合文化:新媒体和旧媒体的冲突地带》,杜永明译,商务印书馆2012年版。

[德]卡尔·曼海姆:《文化社会学论要》,刘继同、左芙蓉译,中国城市出版社2002年版。

[法]路易·多洛:《个体文化与大众文化》,黄建华译,上海人民出版社1987年版。

[美]格尔茨:《文化的解释》,韩莉译,译林出版社1999年版。

[美]利奥·洛文塔尔:《文学、通俗文化和社会》,甘锋译,中国人民大学出版社2011年版。

[法]米歇尔·德·赛托:《日常生活实践》,方琳琳等译,南京大学出版社2009年版。

［美］马克·波斯特：《第二媒介时代》，范静晔译，南京大学出版社 2005 年版。

［加］马歇尔·麦克卢汉：《理解媒介——论人的延伸》，何道宽译，商务印书馆 2000 年版。

［西］曼纽尔·卡斯特：《网络社会的崛起》，社会科学文献出版社 2001 年版。

［美］曼纽尔·卡斯特：《认同的力量》，夏铸九等译，社会科学文献出版社 2003 年版。

［美］尼古拉斯·米尔佐夫：《视觉文化导论》，倪伟译，江苏人民出版社 2006 年版。

［美］R.K.博克：《多元文化与社会进步》，余兴安等译，辽宁人民出版社 1988 年版。

［法］让·鲍德里亚：《消费社会》，刘成富、全志钢译，南京大学出版社 2014 年版。

［英］特瑞·伊格尔顿：《文化的观念》，方杰译，南京大学出版社 2003 年版。

［美］托比·米勒编：《文化研究指南》，王晓路译，南京大学出版社 2009 年版。

［美］约翰·费斯克：《理解大众文化》，王晓珏、宋伟杰译，中央编译出版社 2001 年版。

［英］约翰·斯道雷：《文化理论与通俗文化导论》（第二版），杨竹山等译，南京大学出版社 2006 年版。

［美］约翰·费斯克：《关键概念：传播与文化研究辞典》，李彬译注，新华出版社 2004 年版。

［英］约翰·B.汤普森：《意识形态与现代文化》，高话译，译林出版社 2012 年版。

［美］约书亚·梅罗维茨：《消失的地域：电子媒介对社会行为的影响》，

肖志军译,清华大学出版社 2002 年版。

[美]詹姆逊:《后现代主义与文化理论》,唐小兵译,北京大学出版社 1997 年版。

郑晓云:《文化认同与文化变迁》,中国社会科学出版社 1992 年版。

黄会林主编:《当代中国大众文化研究》,北京师范大学出版社 1998 年版。

汪晖、陈燕谷主编:《文化与公共性》,生活·读书·新知三联书店 1998 年版。

俞吾金:《意识形态论》,上海人民出版社 1998 年版。

苏颂兴、胡振平主编:《分化与整合:当代中国青年价值观》,上海社会科学院出版社 2000 年版。

陆扬、王毅选编:《大众文化研究》,上海三联书店 2001 年版。

马戎、周星:《21 世纪:文化自觉与跨文化对话》,北京大学出版社 2001 年版。

陶东风:《文化研究:西方与中国》,北京师范大学出版社 2002 年版。

金元浦主编:《文化研究:理论与实践》,河南大学出版社 2003 年版。

罗钢、刘象愚主编:《文化研究读本》,中国社会科学出版社 2003 年版。

孟繁华:《众神狂欢——世纪之交的中国文化现象》,中央编译出版社 2003 年版。

陈章龙、周莉:《价值观研究》,南京师范大学出版社 2004 年版。

萧俊明:《文化转向的由来》,社会科学文献出版社 2004 年版。

陈序经:《文化学概观》,中国人民大学出版社 2005 年版。

金民卿:《文化全球化与中国大众文化》,人民出版社 2005 年版。

陶东风、徐艳蕊:《当代中国的文化批评》,北京大学出版社 2006 年版。

曹天予主编:《文化与社会的转型》,浙江大学出版社 2006 年版。

童世骏:《意识形态新论》,上海人民出版社 2006 年版。

陶东风主编:《文化研究精粹读本》,中国人民大学出版社 2006 年版。

刘自雄、闫玉刚:《大众文化通论》,中国广播电视出版社 2007 年版。

谢轶群:《流光如梦:大众文化热潮三十年》,广西师范大学出版社 2008 年版。

赵孟营:《跨入现代之门:当代中国的社会价值观报告》,北京师范大学出版社 2008 年版。

周宪:《视觉文化的转向》,北京师范大学出版社 2008 年版。

潘维、廉思主编:《中国社会价值观变迁 30 年》,中国社会科学出版社 2008 年版。

周志强:《大众文化理论与批评》,高等教育出版社 2009 年版。

王晓升等:《西方马克思主义意识形态理论》,社会科学文献出版社 2009 年版。

陆玉林:《当代中国青年文化研究》,人民出版社 2009 年版。

赵勇:《大众媒介与文化变迁:中国当代媒介文化的散点透视》,北京大学出版社 2010 年版。

赵月枝:《传播与社会:政治经济与文化分析》,中国传媒大学出版社 2011 年版。

周宪、刘康主编:《中国当代传媒文化研究》,北京大学出版社 2011 年版。

樊浩等:《中国大众意识形态报告》,中国社会科学出版社 2012 年版。

孔明安主编:《精神分析视野下的意识形态》,河南大学出版社 2012 年版。

易前良、王凌菲:《御宅:二次元世界的迷狂》,苏州大学出版社 2012 年版。

吴学琴:《当代中国日常生活维度的意识形态研究》,人民出版社 2014 年版。

陶东风主编:《当代大众文化价值观研究:社会主义与大众文化》,辽宁教育出版社 2014 年版。

黄峻岭主编:《多元社会背景下意识形态传播与治理研究》,湖北人民出版社 2015 年版。

王秀艳:《当代社会生活及其意识形态变迁》,人民出版社 2017 年版。

陆扬:《文化研究的必然性》,《文艺争鸣》2009 年第 11 期。

胡智锋:《我们该如何推进当代中国大众文化价值观研究》,《探索与争鸣》2012 年第 5 期。

闫方洁:《自媒体语境下的晒文化与当代青年自我认同的新范式》,《中国青年研究》2015 年第 6 期。

李艳艳:《美国网络意识形态输出战略没有变》,《红旗文稿》2017 年第 12 期。

Chris Weedon, *Identity and Culture: Narratives of Difference and Belonging*, Maidenhead: Open University Press, 2004.

Hartley. J, *Communication, Cultural and Media Studies: the Key Concepts*, London: Routledge, 2002.

Norman F. Cantor and Michael W. Werthmaned, *The History of Popular Culture*, New York: The Macmillan Company, 1968.

Strinati Dominic, *An Introduction to Theories of Popular Culture*, London: Routledge, 2004.

Theodor W. Adorno, *The Cultural Industry*, London: Routledge, 1991.

责任编辑：赵圣涛

封面设计：胡欣欣

图书在版编目（CIP）数据

大学生网络文化图景与价值观引导研究／栗蕊蕊著.
北京：人民出版社，2024.9. -- ISBN 978-7-01-026903-0

Ⅰ.G641-39

中国国家版本馆 CIP 数据核字第 202476N3Q6 号

大学生网络文化图景与价值观引导研究

DAXUESHENG WANGLUO WENHUA TUJING YU JIAZHIGUAN YINDAO YANJIU

栗蕊蕊　著

人民出版社 出版发行
（100706　北京市东城区隆福寺街 99 号）

北京汇林印务有限公司印刷　新华书店经销

2024 年 9 月第 1 版　2024 年 9 月北京第 1 次印刷
开本：710 毫米×1000 毫米 1/16　印张：20
字数：320 千字

ISBN 978-7-01-026903-0　定价：109.00 元

邮购地址 100706　北京市东城区隆福寺街 99 号
人民东方图书销售中心　电话（010）65250042　65289539